家具市场营销（第2版）

主　编　陈　旭

副主编　刘兴星　彭力立　廖世陶

编　委　何　金　王　伊　李　雪

　　　　刘　成　田梦晶

重庆大学出版社

图书在版编目（CIP）数据

家具市场营销 / 陈旭主编. --2版. --重庆：重
庆大学出版社，2020.9
ISBN 978-7-5624-8753-1

Ⅰ.①家… Ⅱ.①陈… Ⅲ.①家具工业—工业企业管
理—市场营销学 Ⅳ.①F407.885

中国版本图书馆CIP数据核字（2020）第070226号

家具市场营销
（第2版）

主 编 陈 旭

副主编 刘兴星 彭力立 廖世陶

责任编辑：杨 敬　　版式设计：杨 敬
责任校对：刘志刚　　责任印制：邱 瑶

*

重庆大学出版社出版发行
出版人：饶帮华
社址：重庆市沙坪坝区大学城西路21号
邮编：401331
电话：（023）88617190　88617185（中小学）
传真：（023）88617186　88617166
网址：http://www.cqup.com.cn
邮箱：fxk@cqup.com.cn（营销中心）
全国新华书店经销
重庆升光电力印务有限公司印刷

*

开本：787mm×1092mm　1/16　印张：18.25　字数：346千
2020年9月第2版　2020年9月第4次印刷
ISBN 978-7-5624-8753-1　定价：46.00元

前　言

　　中国是世界第一家具制造大国，每年家具国内销售和出口额均过千亿元。这个伟大的数字是在数十万家具营销人员的努力下实现的。现在虽然市面上关于市场营销的书籍汗牛充栋，但专门介绍家具市场营销的书籍却屈指可数，与家具市场的繁荣不相匹配。

　　在这样的背景下，开发和编写一本适合高职高专的家具市场营销教材就显得特别重要。2015 年我们出版了本书第 1 版，主要作为高职高专家具市场营销课程教材，同时也有部分家具企业将其作为培训教材使用。本书第 1 版出版使用后得到了全国很多高职院校师生的支持和鼓励，他们同时也提出了很多宝贵的意见，再加上这几年我国家具行业的进步和发展，我们决定推出本书的第 2 版。

　　本书由陈旭负责统筹和撰写，四川现代职业学院商务系市场营销教学团队成员刘兴星、彭力立、廖世陶、何金、王伊、李雪、刘成、田梦晶老师协助进行资料的收集，并且多次参与讨论。校企合作单位成都九天家具有限公司等家具企业为本书提供了大量素材和资料。

　　在本书的编写过程中，编写团队参考了大量的论著和文献资料，在此我们特别向这些作者表示万分的谢意！同时，本书在编写过程中还得到了四川现代职业学院领导的大力支持和帮助，在此一并感谢！

　　由于作者水平有限，书中不妥之处在所难免，敬请广大同行和读者批评斧正。

陈　旭

2020 年 7 月

目 录

项目 1
家具产品基本知识

任务 1　家具基本知识

一、家具的定义和基本特征

1. 家具的始祖

早在史前时期，原始的先民们就用勤劳的双手创造了家具、创造了家具艺术。先民们在筑巢而居的远古时代，为避免潮湿和寒冷，用茅草、树叶、兽皮作为坐卧之具，这就是最古老的家具——席。当时的席，既是坐具又是卧具，是床榻之始祖，也可谓家具之始祖。

《伏生授经图》中的席

2. 家具的含义及其特征

从字义上来看，家具就是家庭用的器具，在广东地区称为家私，即家用杂物。

3. 家具的广义与狭义之分

广义的家具是指人类维持正常生活、从事生产实践和开展社会活动必不可少的一类器具；狭义的家具是指在生活、工作或社会实践中，供人们坐卧或支承与贮存物品的一类器具和设备。

4. 家具的二重特点

家具不仅是一种简单的功能物质产品，而且是一种广为普及的大众艺术品。它既要满足某些特定的用途，又要满足供人们观赏、使人在接触和使用过程中产生某种审美快感和引发丰富联想的精神需求。所以，家具既是物质产品，又是艺术品，这便是家具的二重特点。

家具的类型、数量、功能、形式、风格、制作水平，以及当时的占有情况，还反映了一个国家或地区在某一历史时期的社会生活方式、社会物质文明的水平，以及历史文化特征。家具是某一国家或地区在某一历史时期社会生产力发展水平的标志，是某种生活方式的缩影，也是某种文化形态的显现。因此，家具凝聚了丰富而深刻的社会性。

二、 家具的构成要素

家具由材料、结构、外观形式和功能四种因素组成，这四种因素互相联系又互相制约。其中功能是先导，是推动家具发展的动力；材料、结构、外观形式是主干，是实现功能的基础。下面，阐述这四个要素的主要内容及相互间的关系。

1. 材料

材料是构成家具的物质基础。在家具的发展史上，从用于家具的材料上可以反映出当时的生产力发展水平。除了常用的木材、金属、塑料外，家具材料还有藤、竹、玻璃、橡胶织物、装饰板、皮革、海绵等。然而，并非任何材料都可以应用于家具生产中，家具材料应用也有一定的选择性，其中主要应考虑下列因素。

（1）加工工艺性。材料的加工工艺性直接影响家具的生产。木质材料在加工过程要考虑其受水分的影响而产生的缩胀、各向异裂变性及多孔性等。塑料材料要考虑其延热塑变形等。玻璃材料要考虑其热脆性、硬度等。

（2）质地和外观质量。材料的质地和肌理决定了产品的外观质量。木材属于天纹理自然、美观，形象逼真，手感好，且易于加工、着色，是生产家具的上等材料其合成材料具有模拟各种天然材料质地的特点，并且具有良好的着色性能，但其易于老化、受热变形，用于生产家具，家具的使用寿命和使用范围会受到限制。

（3）经济性。家具材料的经济性包括材料的价格、材料的加工劳动消耗、材料的利用率及材料来源的丰富性。木材虽有具有天然纹理、香气等优点，但随着需求量的增加，木材蓄积量不断减少，资源日趋匮乏，与木材材质相近、经济美观的材料将广泛地用于家具的生产中。

（4）强度。强度方面要考虑其握着力、抗劈性能及弹性模量。

（5）表面装饰性能。一般情况下，表面装饰性能是指对家具材料进行涂饰、胶贴、雕刻、着色、烫、烙等装饰的可行性。

2. 结构

结构是指家具所使用的材料和构件之间一定的组合与连接方式，是依据一定的使用功能而组成的一种结构系统，包括家具的内在结构和外在结构。内在结构是指家具零部件间的某种结合方式，它取决于材料的变化和科学技术的发展。例如，金属家具、塑料家具、藤家具、木家具等都有自己的结构特点。

家具的外在结构直接与使用者相接触，是外观造型的直接反映，因此在尺度、比例和形状上都必须与使用者相适应。例如，座面的高度、深度、后背倾角恰当的椅子可解除人的疲劳感；贮存类家具在方便使用者存取物品的前提下，要与所存放物品的尺寸相适应；等等。按这种要求设计的外在结构，也为家具的审美要求奠定了基础。

3. 外观形式

具的外观形式直接展现在使用者面前，是功能和结构的直观表现。家具的外观形式其结构，特别是外在结构。但是，外观形式和结构之间并不存在对应的关系，不同的可以采用同一种结构来表现。外观形式存在着较大的自由度，在空间的组合上具有选择项，如梳妆台的基本结构都相同，但其外观形式却千姿百态。

的外观形式作为功能的外在表现还具有认识功能，因此，具有信息传达功能和符号外，家具的外观形式还能发挥其审美功能，从而产生一定的情调氛围，形成一效果，给人以美的享受。

件家具都是为了达到一定的功能目的而设计制作的，因此，功能构成了家具的能是先导，是推动家具发展的动力。在进行家具设计时，首先应从功能的角度出发，对设计对象进行分析，由此来决定材料结构和外观形式。

一般而言，可把家具产品的功能分为四个方面，即技术功能、经济功能、使用功能与审美功能。

三、家具的分类

要更好地了解和把握家具市场，必须熟悉家具产品；而要熟悉家具产品，又要首先从家具的分类入手。对家具进行分类，是为了帮助人们更好地对家具产品的材料、工艺、品质、用途进行分析和比较，更好地研究不同家具的市场、价格及客户特点，更好地对营销手段和开拓市场的具体方法进行设计，更好地进行营销决策。

分类的方式不同，结果也就不同。在营销实践中，我们往往按照家具的风格、所用材料、功能、年代和造型等方面进行分类。

1. 按风格分类

家具产品按风格可以分为现代家具、欧式古典家具、新古典家具、美式家具、中式古典家具（也就是红木家具）等。

1）现代家具

现代家具多从功能观点出发，着重发挥形式美，多采用新工艺，使用新科技手段生产的材料制作。其突出的特点是简约、时尚，兼具个性化展现，注重色彩造型。

2）欧式古典家具

这是一种追求华丽、高雅的古典家具。为体现华丽的风格，家具框的绒条部位饰以金线、金边。

3）新古典家具

传统的古典家具太过复杂，并不适合现代家居生活。而新古典家具去除了传统古典家具的繁复部分，既保留了古典家具的古风古韵，又适合现代人的生活。新古典家具主要分为两类，一类是中式，另一类是西式。

中式新古典风格家具一般颜色都较深，显得书卷味较浓；西式新古典风格家具在色彩上或是富丽堂皇，或是清新明快，或是古色古香，其款式和设计风格较为多样化。

4）美式家具

美式家具特别强调舒适、气派、实用和多功能。从造型来看，美式家具可分为三大类：

仿古、新古典和乡村风格。怀旧、浪漫和尊重历史是对美式家具最好的评价。

其他风格家具本处不再叙述。

2. 按所用材料分类

家具产品按材料可以分为实木家具、软体家具、竹藤家具、金属家具和其他人造材料制成的家具（如玻璃家具、大理石家具等）。

1）木制家具

木制家具在家具产品中所占的比例较大，是家具产品的主体。木制家具又分为三种：普通实木家具、红木家具、人造板家具。

（1）普通实木家具。普通实木家具是相对于红木家具而言的，指的是白木家具，所用的木材有桦木、榄木、楸木、橡胶木、榉木、影木等。普通实木家具由天然木材制成，这样的家具一般都能看到表面上美丽的木材花纹。家具制造者采用清漆或亚光漆等涂饰实木家具，以此来表现木材的天然色泽。实木家具的特点是坚实耐用、质感丰满、古朴典雅、豪华气派。

实木家具有以下两种形式：

一种是纯实木家具。就是说家具的所有用材都是实木，包括桌面、衣柜的门板、侧板等均由纯实木制成，不使用其他任何形式的人造板。纯实木家具对工艺及材质要求很高。实木的选材、烘干、指接、拼缝等要求都很严格。如果哪一道工序把关不严，小则出现开裂、结合处松动等现象，大则整套家具变形，甚至无法使用。

另一种是仿实木家具。所谓仿实木家具，从外观上看是实木家具，木材的自然纹理、手感及色泽都和实木家具一模一样，但实际上是实木和人造板混用的家具，即侧板顶、底、搁板等部件使用薄木贴面的刨花板或中密度板纤维板，门和抽屉则采用实木。这种工艺节约了木材，也降低了成本。仿实木家具从外观上看和纯实木家具几乎没有什么区别，但是成本要比纯实木家具低很多。

（2）红木家具。红木家具也是实木家具的一种，但红木家具在家具业内是一种单独风格的家具，不同于其他实木家具，因此在这里特别说明一下。红木家具历史悠久、工艺复杂，大多饰有十分精致细腻的手工雕刻图案，选用花梨木、紫檀木、红酸枝木等较为贵重的木材制作。红木家具的款式与工艺都比较传统，属于高档家具之列。按照国家质量监督检验检疫总局的有关规定，所谓红木家具主要是指用紫檀木、酸枝木、乌木、花梨木、鸡翅木等权威机构认定的红木制成的家具，采用除此之外的木材制成的家具都不能称为红木家具。

（3）人造板家具。人造板家具，指的是由中纤板、刨花板、宝丽板、腊面板、防火板、三聚氰胺板等人造板制成的家具。其中，宝丽板、腊面板、防火板、三聚氰胺板等可直接用来开料加工，而后进行组装，不需要再进行喷漆。而中纤板、刨花板则需要贴纸或贴木皮，然后作喷漆处理。人造板家具由于更多地使用机械化生产，因此成本比实木家具低。

2）金属家具

金属家具由金属材料制成，一般由空心的圆管或方管焊接而成。金属家具可分以下三种：

（1）铁制家具。铁制家具由铁材料制成，表面镀镍、镀锌、镀锡或烤漆、喷漆。

（2）不锈钢家具。不锈钢家具由不锈钢材料制成，比铁制家具更为豪华，且经久耐用。

（3）合金家具。合金家具由新型合金材料制成，如铝合金、铁镍合金等。合金家具质轻、坚固，更加实用。

3）玻璃家具

纯粹的玻璃家具很少，常将玻璃与金属或木制材料相结合制作成家具。玻璃家具的特点是线条明快、赏心悦目，如灯、茶几、餐桌、柜子等。

4）竹藤家具

竹藤家具由竹、藤、柳等天然材料制成，如竹地板、竹桌、竹椅、藤椅、柳编的各种器皿等。

5）软体材料家具

软体材料家具是指由各种真皮、仿皮、布料等材料制成的家具，如各种沙发、床垫等。

3. 按功能分类

家具产品按功能可分为生活家具、办公家具、酒店家具等。

1）生活家具

生活家具是居民家庭生活中所使用的家具，主要包括床、床头柜、衣柜、化妆台、化妆凳、写字台、电脑台、餐桌、餐椅、茶几、茶水柜、沙发、酒柜、电视柜、地柜、鞋柜等。生产生活家具所用的材料最为丰富，款式变化多端，档次也拉得较大，参差不齐。

2）办公家具

办公家具是指办公室所用的各类家具，主要包括大班台、经理台、职员台、电脑台、文件柜、屏风、会议台、会议桌、大班椅、中班椅、职员椅、沙发系列等。生产办公家具的工厂要配有安装队。

3）酒店家具

酒店家具包括以下几类家具：套房类、办公类、卡拉 OK 类、沐浴桑拿类等。酒店家具的生产常常要与酒店装修相结合，有些产品要根据实际情况来设计制造。酒店家具有自身的结构与款式特点，常常用料讲究且有较多的雕刻部分。

4. 按结构分类

对家具产品按结构分类，有助于了解不同结构家具的特点，更好地根据客户需求提供相应的产品，具体产品分类见下图。

1）整装家具

这种家具指某件家具是一个整体，各零部件用钉子、胶水、木榫等形式永久连接在一起，正常情况下不能拆开。

整装家具的体积较大，因为不能拆开，所以搬动与运输比较麻烦。

2）拆装家具

拆装家具的零部件之间是靠连接键或木榫等连在一起，可以拆开，但需要派专人为客户安装。

3）折叠家具

折叠家具可以通过折叠的方式减少家具所占的空间，方便实用，如折叠椅子、折叠桌子、折叠餐台等，以金属家具为多。

4）组合家具

组合家具指某套家具由若干分件组成，这些分件摆到一起组合成一套家具。摆放时可根据房间和个人喜好的不同，采用不同的摆放方法，形成不同的造型和风格。

5）联壁家具

联壁家具是指根据居室的实际尺寸定制的、与墙壁联为一体或可以充当墙壁用的家具。联壁家具可以大大地节省空间，深受客户的欢迎。

6）悬吊家具

这类家具为充分利用空间，使家具向立体化发展，如吊柜、吊厨等。

5. 按年代分类

家具按年代可分为仿古家具、现代家具等。明清时期是我国家具生产与开发的鼎盛时期，因此，目前许多仿古家具均以仿制这一时期的家具为主。

1）仿古家具

仿古家具是指应用一定的工艺，在家具的款式、结构和外观上，仿照古代家具历经年代的冲刷而形成陈旧样子的家具。

仿古家具在年代上以仿明代及清代家具为主。在材料上，有用纯实木的，也有部分采用人造板贴面材料的，甚至个别部件（例如背板）直接采用夹板。在结构上，有全部采用榫卯结构，整件家具不见一颗钉子的，也有掺杂了现代工艺结构或采用拆装形式的。

仿古家具的仿古处理有两种方式。

（1）宫廷式仿古。宫廷式仿古是将家具模仿成宫廷用旧的效果，其仿古处理表现：家具经常与人体接触的部分，如背部、手臂、臀部、腿及放脚的部位，被磨凹、磨白。

（2）乡间式仿古。乡间式仿古是将家具模仿成在乡间用旧的效果，其仿古处理表现在家具上可见钉眼、刀痕、碰伤、烧灼、曝晒、蚁洞、蝇屎、蜘蛛网等。这些都是由乡间特有的环境所造成的。

仿古家具在用漆上多为专用的仿古漆，工艺独特而复杂。其特有的油漆工艺包括破坏（做旧）、擦色、布印、牛尾、喷蝇屎、喷蜘蛛网等，以体现仿古特色。

仿古家具在配件方面也十分讲究，如抽屉导轨多采用木制导轨，拉手及五金配件采用锻造工艺制成，以展示手工技巧。

2）现代家具

与仿古家具相比，现代家具有如下特点：

①在使用的材料上更加多样化。

②在结构上更加丰富，采用了更多的连接件，并可拆装。

③在款式上变得简练、明快。

④在风格上能更好地与现代环境相融合。

⑤在表面处理上更加活泼，并采用了更多的先进技术。

总之，现代家具从它的色彩与整体造型上都能更好地体现现代文明，更贴近人们的生活，更能体现出现代的审美情趣。

6. 按造型分类

家具按造型进行分类，可分为以下两种：

1）普通家具

这是以满足人们的使用需求为主要目的的家具。这类家具的特点是主要保留家具的使用功能。

2）艺术家具

艺术家具在满足人们使用功能的基础上，更注重家具外观、造型与艺术特色。这类家具或者在选材上标新立异，或者在结构上大胆尝试，或者在色彩与款式上进行改革创新，为家具产品赋予思想、活力和生命。艺术家具在某些方面满足了人们的审美需要，逐渐成为家具行业的新秀。

7. 按生产方式分类

按照生产方式的不同，家具可以分成手工家具、成品家具和定制家具。

1）手工家具

手工家具通常采用大芯板、实木等，利用简单的手持设备或电动设备制造。手工家具的样式风格和质量受制作者个人因素的影响较大，制作工艺水准跳跃性较大。它可能仅是一件勉强能用的家具，但也可能是一件无价之宝。

2）成品家具

成品家具是"现成"的家具，就是统一设计、批量生产、已经做好了的家具。床、床头柜、立柜、书桌、电脑桌、餐桌、鞋柜等都可以是成品家具。成品家具通常采用密度板、刨花板、实木等材料，利用电子开料锯等现代设备流水线生产，生产水平得以大大提高，节省了劳动时间，降低了成本。

（1）成品家具的优点。

①样式：样式已经确定，客户能够看到实际产品，可移动，即买即用。

②品质：客户可以直接看到家具的格局，观察做工的精细程度。

③价格：因为是批量生产的，所以价格没有定制家具高。

④即买即用：小家具基本上可以直接拿回家，大家具经过运送基本上第二天或者当天下午也就到了。

（2）成品家具的缺点。

①空间布局：成品家具因为没有进行过实际测量，所以不可能适合每一个家庭使用，需要具体测量室内空间后再选择成品家具。

②实用性：功能比较单一，风格不一定能和房屋装修风格相配，不一定完全符合客户需求。因为成品家具在设计之初需要考虑很多因素，所以很多内部空间不一定适合客户需求

或者可能浪费使用空间。

3）定制家具

定制家具指可以根据用户个人喜好、房屋空间细节，定做个性化的家具配置，每件定制家具都是独一无二的。家具企业在大规模生产的基础上，将每一位客户都视为一个单独的细分市场，客户根据自己的要求来设计想要的家具，企业则根据客户的设计要求来制造其个人专属家具。

真正意义上的"定制"并不仅是家具样式的制作，而是涵盖设计、布置、制作工艺、物流等各方面的定制。此类定制服务在欧美地区及日本早已流行。

（1）定制家具的优点。

①设计多样化：设计师上门测量，根据客户需求进行个性化设计。例如，如果卧室足够大，可以将衣柜设计成一个步入式衣帽间，外面设置一个推拉门，一个私有空间就这样打造完毕。

②空间个性化：定制家具可以根据客户的使用需求进行空间布局设计，最大限度地合理利用空间。

③产品实用美观：设计师根据客户的具体需求，经过专业设计，产品美观大方、实用性强。

④可以根据需要制作收纳区域：对于一些小户型的家庭来说，收纳是非常重要的。定制家具可以根据客户的需要来设计，更加灵活实用。

（2）定制家具的缺点。

①制作周期长，需要等待时间久：心急的客户就不用考虑了，如果时间上充裕，完全可以采用定制家具（周期一般为1~2个月）。

②价格会比一般的成品家具高：一方面，定制家具成本高于成品家具。定制家具基本上需要专人设计一种方案，不像成品家具那样，可以批量生产降低成本，因此成本比成品家具高。另一方面，定制家具作为一种"新产品"，家具企业普遍采用"去脂定价"方式，利润空间大、定价高。因此，经济型的客户会对定制家具有"价格虚高"的看法。

四、家具原材料的基本知识

1. 实木

实木材质主要分为硬木和软木。以红木为代表的硬木材质更适合透雕工艺，而用软木制作的家具则价格更为实惠。

1）硬木

我们最熟悉的硬木就是红木。红木作为一种家具原料，并不是某一特定树种，而是明清以来对稀有硬木家具制作材料的统称。红木只是硬木的一部分，柚木等欧美地区特有的珍贵硬木并没有被列入红木范畴。

（1）紫檀。紫檀是世界上最名贵的木材之一，主要产于南洋群岛的热带地区，其次是越南，我国广东、广西地区也产紫檀木，但数量不多。紫檀为常绿亚乔木，高五六丈，叶为复叶，花蝶形，果实有翼，木质甚坚，色赤，入水即沉。紫檀木分新、老两种。老者色紫，新者色红，都有不规则的蟹爪纹。紫檀木的特征主要表现为颜色呈犀牛角色，它的年轮大多是绞丝状的，尽管也有直丝的地方，但细看总有绞丝纹。紫檀木鬃眼细密，木质坚重。鉴别新老紫檀的方法：新紫檀用水浸泡后掉色，老紫檀浸水不掉色；在新紫檀上打颜色不掉，在老紫檀打上颜色一擦就掉。与紫檀同类的木材还有檀香，其为常绿灌木，产于我国广东、云南等地。其叶为长卵形，叶尖无花瓣，萼裂为四片，实为核果，木质坚重、清香，有黄、白两种，多用作香料，或制成扇骨、箱匣等小器。檀香木质不如紫檀木。

据《中国树木分类学》介绍，紫檀属豆科中一种。约有十五种，多产于热带。其中有两种亦产于我国，一为紫檀，一为蔷薇木。王世襄先生的《明式家具珍赏》说，美国施赫弗曾对紫檀作过调查，认为中国从印度支那（现中南半岛）进口的紫檀木是蔷薇木。从目前国内现存的紫檀器物看，至少有一部分是蔷薇木。其他紫檀料是否属同一树种，还有待于植物学家作进一步鉴定。

紫檀木树种虽多，但它们有许多共同特点，尤其是色彩，都呈紫黑色。制作紫檀木家具多利用其自然特点，采用光素手法。紫檀木木质坚硬，纹理纤细浮动、变化无穷，尤其是它的色调深沉，显得稳重大方而美观，如果雕花过多，掩盖了木质本身的纹理与色彩，就画蛇添足了。

近年来，随着家具收藏队伍的扩大，一些唯利是图的商贩将次紫檀做旧出卖，谋取不义之财。收藏者在购买紫檀木家具时，要提高警惕，凡表面上漆、上色，使木质纹理浑浑不清的，应首先考虑是否为新制仿旧，再仔细观察，作出正确判断，以免上当受骗。

（2）花梨木。花梨木色彩鲜艳，纹理清晰美观，我国广东、广西有此树种，但数量不多，大批用料要靠进口。据《博物要览》载，花梨产交（即交趾）广（即广东、广西）溪润，一名花榈树，叶如梨而无实，木色红紫而肌理细腻，可做器具、桌、椅、文房诸器。《广州志》云，花榈，色紫红、微香、其纹有若鬼面，亦类狸斑，又名"花狸"，老者纹拳曲，嫩者纹直，其节花圆晕如钱，大小相错者佳。《琼州志》云，花梨木产崖州、昌化、陵木。明代黄省曾《西洋朝贡典录》载，花梨木有两种，一为花榈木，乔木，产于我国南方各地，一为海南檀，落叶乔木，产于南海诸地，二者均可做高级家具。该书中还指出，海南檀木木质比花榈木更坚细，可为雕刻用。我国自唐代起就已用花梨木制作器物。唐代陈藏器《本草拾遗》中就有榈木出安南及南海，用作床几，似紫檀而色赤，性坚好的记载。明《格古要论》提到，花梨木出南番、广东，紫红色，与降真香相似，亦有香。其花有鬼面者可爱，花粗面色淡者低。广人多以做茶酒盏。侯宽昭的《广州植物志》介绍了一种在海南被称为花梨木的檀木——"海南檀"。海南檀为海南岛特产，森林植物，喜生于山谷阴湿之地。其木材颇佳，边材色淡，质略疏松；心材红褐色，坚硬；纹理精致美丽，适于雕刻和做家具。

从以上记载可知，所谓花梨木品种当在两种以上，而黄花梨即明代黄省曾《西洋朝贡典录》中所介绍的"海南檀"。

还有一种与花梨木相似的木种，名"麝香木"。据《诸番志》载，麝香木出占城、真腊，树老仆湮没于土而腐。以熟脱者为上。其气依稀似麝，故谓之麝香。若伐生木取之，则气劲而恶，是为下品。泉人以为器用，如花梨木之类。

花梨木也有新、老之分。老花梨木又称黄花梨，颜色由浅黄到紫赤，色彩鲜美，纹理清晰而有香味，明代比较考究的家具多为老黄花梨木制成；新花梨木色赤黄，纹理色彩较老花梨稍差。花梨木的这些特点，在制作器物时多被匠师们加以利用和发挥，一般采用通体光素，不加雕饰，从而突出了木材本身纹理的自然美，给人以文静、柔和的感觉。

目前市场上流通的老挝花梨木和越南花梨木，其色彩、纹理与古家具中的花梨木接近，唯丝纹较粗，木质也不硬，色彩亦不如海南黄花梨木鲜艳，凡此类木材制品，多为新仿。

（3）鸡翅木。鸡翅木又叫作"杞梓木"，因其木质纹理酷似鸡的翅膀而得名。我国广东、海南出产这种木材。屈大均的《广东新语》把鸡翅木称为"海南文木"。其中讲到有的白质黑章，有的色分黄紫，斜锯木纹呈细花云状。其子为红豆，可作首饰，因之兼有"相思木"之名，还有以其实呼为"红豆木"者。唐诗"红豆生南国，春来发几枝"之句即指此。据《格古要论》介绍，鸡翅木出西番，其木一半紫褐色，内有蟹爪纹，一半纯黑色，如乌木。据陈嵘《中国树木分类学》介绍，鸡翅木属红豆属，计约四十种，在我国生长有二十六种。可见现今保存的传世鸡翅木家具也并非同一种树种。鸡翅木也有新、老之分。根据北京家具界老师傅们的经验，新者木质粗糙，紫黑相间，纹理浑浊不清，僵直呆板，木丝容易翘裂起茬；老者肌理细腻，有紫褐色深浅相间的蟹爪形花纹，细看酷似鸡翅，尤其是纵切面，木纹纤细浮动、变化无穷，自然形成各种山水、风景图案。由于鸡翅木较花梨木、紫檀木等木质纹理独具特色，因此匠师们在制作家具时需反复衡量每一块木料，尽可能把纹理整洁和色彩优美的部分用在表面上。优美的造型加上色彩艳丽的木纹，能使家具增添浓厚的艺术韵味。鸡翅木家具在明清两代数量并不多，因而备受收藏者青睐。目前市场上所见鸡翅木家具多为仿品。

（4）铁梨木。铁梨木在《格古要论》中写作"铁力木"。《广西通志》谓铁力木一名"石盐"，一名"铁棱"。铁梨木产于我国广东，木性坚硬而沉重，呈紫黑色。《南越笔记》载，铁力木理甚坚致，质初黄，用之则黑。梨山中人以为薪，至吴楚间则重价购之。在硬木树种中，铁梨木是最高大的一种。因其料大，所以用之制作大件家具较多。常见的明代翘头案面，往往长3～4米、宽60～70厘米、厚14～15厘米，竟是用一块整料做成。为减少器物的质量，在案面里侧挖出4～5厘米深的沟槽。铁梨木材质坚重，色泽纹理与鸡翅木相差无几，不仔细看很难分辨。有些破损的铁梨木家具构件常用鸡翅木混充。凡用铁梨木制作的家具都极为经久耐用。

（5）楠木。楠木产自我国四川、云南、广西、湖北、湖南等地，为常绿乔木，高十余丈，叶为长椭圆形。《博物要览》记载，楠木有三种，一曰香楠，二曰金丝楠，三曰水楠。南方者多香楠，木微而清香，纹美。金丝者出川涧中，木纹有金丝，向明视之，白烁可爱。楠木之至美者，向阳处或结成人物山水之纹。水楠色清而木质甚松，如水杨之类。惟（唯）可做桌凳之类。

《格物总论》还有"石楠"一名，石楠叶如枇杷，有小刺，凌冬不凋，春生白花，秋结细红实。人多移植庭宇间，阴翳可爱，不透日气。《群芳谱》曰，楠生南方，故又作"楠"。黔蜀诸山尤多。其树童童若幢盖，枝叶森秀不相碍，若相避。然叶似豫章，大如牛耳。一头尖，经岁不凋，新陈相换。花赤黄色，实似丁香，色青，不可食。干甚端伟，高者十余丈，粗者数十围。气甚芬芳，纹理细致，性坚，耐居水中。子赤者材坚，子白者材脆。年深向阳者结成旋纹为"骰柏楠"。

晚明谢在杭在《五杂俎》中谈道，楠木生楚蜀者，深山穷谷不知年岁，百丈之干，半埋沙土。故截以为棺，谓之沙板。佳板解之中有纹理，坚如铁石。试之者，以暑月做盒，盛生肉经数宿启之色不变也。传说这种木材水不能浸、蚁不能穴，南方人多用作棺木或牌匾。传世的楠木家具，则如《博物要览》中所说，多用水楠制成。

明代宫殿及重要建筑，其栋梁必用楠木，因此明代采办楠木的官吏很多。清代以此举太奢，劳民伤财，始改用满洲黄松。故今日北京之古建筑，楠木与黄松参半。世俗因楠木美观，多有于杂木之外包一层楠木者；至用于器物者，使用楠木则占少数，原因是其外观不如硬木华丽。

（6）瘿木。瘿木亦称影木，"影木"之名系指木质纹理特征，并不专指一种木材。据现在北京匠师们所讲，有楠木影（或作瘿）、桦木影、花梨木影、榆木影等。《博物要览》介绍花梨木产品时提道，亦有花纹成山水人物鸟兽者，名花梨影木焉。我国辽东、山西、四川等地均有生产。《博物要览》卷十云，影木产西川溪涧，树身及枝叶如楠，年历久远者，可合抱，木理多节，缩蹙成山水人物鸟兽之纹。书中还提到，《博物要览》作者谷应泰曾于重庆余子安家中见一瘿木桌面，长一丈一尺、阔二尺七寸、厚二寸许，满面胡花，花中结小细葡萄纹及茎叶之状，名"满面葡萄"。《新增格古要论》中有"骰柏楠"一条云，骰柏楠木出西蜀马湖府，纹理纵横不直，中有山水人物等花者价高。四川亦难得，又谓骰子柏楠。今俗云豆柏楠。按《博物要览》中所说，［影］木产地、树身、枝叶及纹理特征与骰柏楠木相符，估计两者为同一树种。影木的取材，据《新增格古要论》"骰柏楠"条和《博物要览》"影木出产品"条介绍，似乎取自树干，将其木纹形态描绘为"满架葡萄"。而《新增格古要览》"满面葡萄"条中记载，近岁户部员外叙州府何史训送桌面是满面葡萄尤妙。其纹脉无间处云是老树千年根也。我们现在还时常听到老师傅们把这种影木称为桦木根、楠木根等。可知影木大多取自树木的根部，取自树干部位者当为少数。取自树干部位的多为取树之瘿瘤，为树木生病所致，故数量稀少。瘿木又分南瘿、北瘿，南方多枫树瘿，北方多榆木瘿，南瘿多蟠屈秀特，北瘿则大而多。《格古要论·异木论》"瘿木条"载，瘿木出辽东、山西，树之瘿有桦树瘿，花细可爱，少有大者；柏树瘿，花大而粗、盖树之生瘤者也。国北有瘿子木，多是杨柳木，有纹而坚硬，好做马鞍鞒子。这里所说的影木和瘿木，取材部位不同，树种也不一样，但它们的纹理特征却大体一致，制成器物后很难区分，以致人们往往把影木和瘿木混称，有的通称影木，有的通称瘿木。由于影木比其他材料更为难得，因此大都用作面料，四周以其他硬木镶边，世人所见影木家具，大致如此。

（7）乌木。乌木为常绿亚乔木，产于海南、南番、云南等地，叶似棕榈，青干耸直，高十余丈，雌雄同株，其木坚实如铁，可为器用。老者纯黑色，光亮如漆，世人誉为珍木。

晋代崔豹《古今注》载，乌木出波斯国，又称"乌文木"。《诸番志》卷下称"乌楠木"。明代黄省曾在《西洋朝贡典录》里又称"乌梨木"。乌木似乎并非一种，《南越笔记》载，乌木，琼州诸岛所产。土人折为箸，行用甚广，志称出海南，一名"角乌"，色纯黑，甚脆。有曰"茶乌"者，自番舶来，质坚实，置水则沉。其他类乌木者甚多，皆可做几杖，置水不沉则非也。明末方以智的《通雅》又把乌木称为"焦木"。可见乌木可分数种，木质也不一致，有沉水与不沉水之别。

（8）酸枝木。酸枝木在长江以北广大地区多称为"红木"。广东无此名，而统称为"酸枝木"。因其在加工时发出食用酸的味道，故名酸枝木。酸枝木分3种：黑酸枝、白酸枝和红酸枝。黑酸枝色彩接近紫檀木，唯丝纹较粗；白酸枝色彩接近花梨木或黄花梨木，木段中多带悬线；红酸枝颜色鲜红，纹理顺直。鉴别此木时要仔细辨别纹理色彩，模糊不清者多为缅甸红木，质地较酸枝木要差。

2）软木

（1）橡木。橡木属麻栎，山毛榉科，树心呈黄褐至红褐，生长轮明显，略成波状，质重且硬。我国北至吉林、辽宁，南至海南、云南都有分布，但优质材并不多见，优等橡木仍需要从国外进口。优良用材每立方米价格近万元，这也是橡木家具价格高的重要原因。

橡木家具的特性如下：

①优点。

• 具有比较鲜明的山形木纹，并且触摸表面有良好的质感。

• 档次较高，适合制作欧式家具。

②缺点。

• 优质树种比较少，如果进口，价格较高。

• 由于橡木质地硬沉，水分脱净比较难，而用未脱净水的木材制作的家具，过一年半载便会变形。

• 市场上以橡胶木代替橡木的现象普遍存在，如果客户专业知识不足，将直接损害其利益。

（2）橡胶木。橡胶木原产于巴西、马来西亚、泰国等地，国内产于云南、海南及东南沿海地区一带，是乳胶的原料。橡胶木颜色呈浅黄褐色，年轮明显，轮界为深色带，管孔甚少；木质结构粗且均匀；纹理斜，木质较硬。

①优点：切面光滑，易胶粘，油漆涂装性能好。

②缺点：橡胶木有异味；因含糖分多，易变色、腐朽和虫蛀；不容易干燥，不耐磨，易开裂，容易弯曲变形；实木材易加工，而板材加工易变形。

（3）水曲柳。水曲柳主要产于我国东北、华北等地。木材呈黄白色（边材）或褐色略黄（心材）；年轮明显但不均匀；木质结构粗，纹理直；花纹美丽，有光泽；硬度较大。水曲柳具有弹性、韧性好，耐磨，耐湿等特点。但其干燥困难，易翘曲。它的加工性能好，但应防止撕裂。其切面光滑，油漆涂装、胶合性能好。

（4）栎木。栎木俗称"柞木"。栎木重、硬、生长缓慢；心边材区分明显，纹理直或斜；耐水、耐腐蚀性强，加工难度高；但切面光滑、耐磨损，胶接要求高，油漆着色、涂饰性能良好。国内的家具厂商多采用栎木作为原材料。

（5）胡桃木。胡桃木属木材中较优质的一种，主要产自北美洲和欧洲。国产的胡桃木颜色较浅。其中的黑胡桃木呈浅黑褐色带紫色，弦切面为美丽的大抛物线花纹（大山纹）。黑胡桃木非常昂贵，做家具通常用木皮，极少用实木。

（6）樱桃木。进口樱桃木主要产自北美洲和欧洲。木材呈浅黄褐色，纹理雅致，弦切面为中等的抛物线花纹，间有小圈纹。樱桃木也是高档木材，做家具也是通常用木皮，很少用实木。

（7）枫木。枫木分软枫和硬枫两种，属温带木材，产于我国长江流域以南直至台湾地区，国外产于美国东部。木材呈灰褐至灰红色，年轮不明显，管孔多而小，分布均匀。枫木纹理交错，结构纤细而均匀，质轻而较硬，花纹图案优良。其容易加工，切面欠光滑，干燥时易翘曲。因其油漆涂装性能好、胶合性强，故主要用于板材类贴薄面。

（8）桦木。桦木年轮略明显，纹理直且明显，材质结构细腻且柔和光滑，质地较软或适中。桦木富有弹性，干燥时易开裂翘曲，不耐磨，但加工性能好，切面光滑，油漆涂装和胶合性能好。桦木常用于雕花部件，现在较少用。桦木属中档木材，实木家具和木皮家具都常见。桦木产于我国东北、华北地区，木质细腻淡白微黄，纤维抗剪力差，易"齐茬断"。其根部及节结处多花纹，古人常用来做门芯等装饰。其树皮柔韧美丽，古人对此极有感情，常镶嵌刀鞘弓背等处。唯其木多汁，成材后多变形，故绝少见全部用桦木制成的家具。

（9）榉木。榉木质沉、坚固，抗冲击，蒸汽下易于弯曲，可以制作造型，但是易开裂。榉木为江南特有的木材，其纹理清晰，木材质地均匀，色调柔和、流畅。由于其比多数硬木都重，因此在窑炉干燥和加工时容易出现裂纹。

（10）松木。松树是一种针叶植物（常见的针叶植物有松树、杉树、柏树），具有带松香味、色淡黄、疖疤多、对大气温度反应快、容易胀大、极难自然风干等特性，故需经人工处理。例如，经烘干、脱脂去除有机化合物，漂白统一树色，中和树性，使之不易变形。

下面，就几种常见的松树进行简单介绍。

①新西兰（智利）松：色泽淡黄，纹理通直，干燥易，变形小，力学强度中等，加工性能好，适宜制作家具和各种木制品。

②阿根廷松：颜色偏黄，密度比较大，容易开裂，色差比较明显。

③巴西（乌拉圭）松：颜色淡黄，纹理清晰，力学强度中等，适宜制作家具和各种木制品。

④俄罗斯松：与东北松是同一品种，只是因为国界不同，故称呼不同而已。东北松的种类很多，包括红松（生长年限长一些，纹理比较细密，颜色偏红）、白松（生长年限短一

些，纹理比较粗）两种。白松又包括很多类，如樟子松、鱼鳞松、冷杉，它们都是东北松，樟子松易变色，而冷杉是其中质量最差的一种松木，没有多少用处。

（11）鹅掌木。国内鹅掌木产于长江流域以南各省区，国外鹅掌木产于美国东部及南部各州。鹅掌木边材呈黄白色，心材呈灰黄褐色或草绿色；年轮略明显，轮间呈浅色线，管孔大小一致、分布均匀；纹理交错成一块，结构甚细而均匀，有光泽。

鹅掌木易加工，刨削面光滑，干燥快而不开裂，油漆涂装和胶合性能好，宜用作雕花件。

（12）杨木。杨木是我国北方地区常用的木材，其质细软，性稳，价廉易得，常作为榆木家具的辅料和大漆家具的胎骨在古家具上使用。这里所说的杨木也称"小叶杨"，常有缎子般的光泽，故也称"缎杨"，不是 20 世纪中叶才引进的那种苏联杨、大叶杨、胡杨等。杨木与桦木类似，但常有"骚味"且比桦木轻软；而桦木有微香，常有极细褐黑色的水浸线。这是二者的差别。

（13）杜木。杜木也称"杜梨木"，色呈土灰黄色，木质细腻无华，横竖纹理差别不大，适于雕刻，旧时多用此木雕刻木板和图章等。笔者曾见山西商号所用微雕商标雕版，方寸之内人物、舟车、山川、屋宇等精致之极，并有数百蝇头小字刻于其上，令人叹为观止。此版即用杜木镌成。

（14）柏木。柏木有香味，可以入药，柏子可以安神补心。每当人们步入葱郁的柏林，望其弯曲多姿的枝干，吸入那沁人心脾的幽香，联想到这些千年古木耐寒常青的品性，极易净化人的心灵，由此可知古人用柏木做家具时的情境。柏木色黄、质细、气馥、耐水、多节疤，故民间多用其做"柏木筲"。上好的棺木也用柏木制作，取其耐腐性。北京大葆台出土的古代王者墓葬内著名的"黄肠题凑"，即为上千根柏木整齐堆叠而成的围障，可见其在木植中级别之高。

（15）樟木。樟木在我国东南各省都有分布，而台湾、福建盛产。樟木树径较大，材幅宽，花纹美，尤其是有浓烈的香味，可使诸虫远避。我国的樟木箱名扬中外，其中有衣箱、躺箱（朝服箱）、顶箱柜等诸品种，唯桌椅几案类以北京地区使用居多。旧木器行内将樟木依形态分为数种，如红樟、虎皮樟、黄樟、花梨樟、豆瓣樟、白樟、船板樟等。

（16）核桃木。山西吕梁、太行二山盛产核桃木。核桃木为山西地区做家具的上乘用材。该木经水磨烫蜡后会有硬木般的光泽，其质细腻，易于雕刻，色泽灰淡柔和。其制品明清都有，大都是上乘之作，可用可藏。其木质特点为只有细密似针尖状棕眼，并有浅黄细丝般的年轮。其质量与榆木相等。

（17）楸木。民间称不结果之核桃木为楸。楸木棕眼排列平淡无华，色暗、质松软、少光泽，但其收缩性小，可做门芯、桌面芯等。楸木常与高丽木、核桃木搭配使用。楸木比核桃木质量轻、色深、质松、棕眼大而分散，是二者的区别要点。

（18）楠木。楠木是一种极高档之木材，其色浅橙黄略灰，纹理淡雅文静，质地温润柔和，无收缩性，遇雨有阵阵幽香。南方诸省均产，唯四川产为最好。明代宫廷曾大量伐用。现北京故宫及上乘古建筑多为楠木构筑。楠木不腐、不蛀、有幽香，皇家藏书楼、金漆宝座、室内装修等多为楠木制作。如文渊阁、乐寿堂、太和殿、长陵等重要建筑中都有楠木装修及家具，并常与紫檀木配合使用。可惜今人多不识之，常以拜物心理视之，觉得质不坚不重、色不深不亮，故而弃之。行内人视其质地有如下称呼：金丝楠、豆瓣楠、香楠、龙胆楠。另外，在山西等地民间，常称红木黄梨等硬木为"南木"，原意应为来自南方的木材，乍听起来却极易与此"楠木"混同，不可不知。

2. 板材

现在市场上的主流板材可分为木工板、刨花板、纤维板、实木指接板、实木颗粒板和多层实木板六大类。

1）木工板

木工板（俗称大芯板）是具有实木板芯的胶合板，其竖向（以芯板材走向区分）抗弯压强度差，但横向抗弯压强度较高。现在市场上大部分是实心、胶拼、双面砂光、五层的细木工板，是目前装饰中常用的板材之一。

优点：

①细木工板握螺钉力好，强度高，具有质坚、吸声、绝热等特点。细木工板含水率不高，为 10%~13%。其加工简便，用于家具、门窗及套、隔断、假墙、暖气罩、窗帘盒等处，用途最为广泛。

②由于内部为实木条，因此木工板对加工设备的要求不高，方便现场施工。

木工板

2）刨花板

刨花板是将各种枝丫、小径木、速生木材、木屑等切削成一定规格的碎片，经过干燥，拌以胶料、硬化剂、防水剂等，在一定的温度、压力下压制成的一种人造板。因其剖面类似蜂窝状，故称为"刨花板"。

在刨花板内部加入一定的"防潮因子"或"防潮剂"等原料，就成了平时人们所讲的防潮刨花板，简称防潮板，有一定的防潮作用；加上刨花板本身有一定的防潮性，吸收水分后膨胀系数较小，因此被普遍用于制作橱柜、浴室柜等家具。在刨花板内部再加入绿色染色剂，就形成了目前市面上所说的绿基刨花板，而国内外顶级品牌的刨花板其实多为本色基材。

刨花板

3）纤维板

纤维板又称密度板，以植物纤维为主要原料，经过热磨、施胶、铺装、热压成型等工序制成。纤维板有密度大小之分，密度在450千克/立方米以下的为低密度板纤维板，密度为450～880千克/立方米的为中密度纤维板，密度在880千克/立方米以上的为硬质纤维板。纤维板主要用于成品家具的制作，同时也用于制作强化木地板、门板、隔墙等。

纤维板

4）实木指接板

指接板，又名集成板、集成材、指接材，也就是将经过深加工处理的实木小块像"手指头"一样拼接而成的板材。由于木板间采用锯齿状接口，类似两手手指交叉对接，因此称为指接板。由于原木条之间是交叉结合的，因此这样的结合构造本身有一定的结合力；又因不用再上下粘表面板，故其使用的胶极少。

优点：因指接板的连接处较少，用胶量也较少，故环保系数相对较高。它具有易加工性，可切割、钻孔、锯加工和成型加工。

缺点：指接板容易变形、开裂。好的指接板品质有保证，但成本较高。

指接板

5）实木颗粒板

所谓实木颗粒板，其实是以刨花板的工艺生产的板材，是刨花板的一种，属于均质刨花板。

均质刨花板的学名为定向结构刨花板，是一种以小径材、间伐材、木芯、板皮、枝丫材等为原料，通过专用设备加工成长 40 ~ 70 毫米、宽 5 ~ 20 毫米、厚 0.3 ~ 0.7 毫米的刨片；再经干燥、施胶和专用设备将表芯层刨片纵横交错定向铺装后，经热压成型后的一种人造板。

实木颗粒板

6）多层实木板

多层实木板以纵横交错排列的多层胶合板为基材，以优质实木贴皮或科技木为面料，经冷压、热压、砂光等数道工序制作而成。由于多层实木板具有不易变形的特点，以及良好的调节室内温度和湿度的优良性能；面层实木贴皮材料又具有自然真实木质的纹理及手感，选择性较强，因此备受消费者的青睐。

多层实木板结构稳定性好，不易变形。由于使用纵横胶合、高温高压技术，从内应力方面解决了实木板易变形的缺陷。

多层实木板

3. 饰面

没有进行表面处理的板材，称为基板或裸板，也就是没有经过饰面的板材，这种板材需要加上饰面。这里就介绍一下除了使用油漆涂装之外的几种常见的饰面方法。

1）三聚氰胺饰面

将装饰纸表面印刷花纹后，放入三聚氰胺胶浸渍，制作成三聚氰胺饰面纸，再经高温热压在板材基材上。由于它对板材的基材表面平整度要求较高，故通常用于刨花板和中密度纤维板的饰面。经过三聚氰胺压贴饰面的板材通常称为三聚氰胺板，其表面纹理真实感强，耐磨、耐划，防水性较好，便于生产，主要用于板式家具的制造。

以下介绍三聚氰胺树脂装饰板的性能。

饰面前

饰面后

①可以任意仿制各种图案，色泽鲜明，用作各种人造板和木材的贴面，硬度大，耐磨、耐热性好。

②耐化学药品性能好，能抵抗一般的酸、碱、油脂及酒精等溶剂的侵蚀。

③表面平滑光洁，容易维护清洗。

由于它具备了上述天然木材所不能兼备的优异性能，因此常用于各种家具的装饰。

2）实木贴皮板饰面

将实木皮经高温热压机贴于中纤板／刨花板／多层实木等板上，就成为实木贴皮板饰面。

实木贴皮板表面应做油漆处理。因为贴皮与油漆工艺不同，同一种木皮易做出不同的效果，所以实木贴皮对贴皮及油漆工艺要求较高。

木　皮　　　　　　　　　　　　　成　品

实木贴皮板饰面因其手感真实、自然，档次较高，是目前国内外高档家具主要采用的饰面方式，但材料及制造成本相对较高。

目前国内又流行一种科技木皮，以其纹理真实自然、花纹繁多、没有色差、幅面尺寸较大的特性而备受消费者青睐。

3）纸饰面

纸饰面是一种比较薄的装饰纸（又名波音软片），材质多为 PVC，采用白乳胶贴于家具表面后用油漆封闭。因其易于铣型与造型，故主要用于中密度纤维板的表面饰面。虽然纸饰面耐磨度较差，容易留下划痕、起泡变色，但相对成本较低，目前是我国许多成品家具的首选饰面方式。因工艺的不同，起泡变色和划痕的系数就不一样，如现场制作的家具就往往要高于在工厂精细施工制作出来的家具。

纸饰面

4）防火板

防火板是采用硅质材料或钙质材料为主要原料，与一定比例的纤维材料、轻质骨料、黏合剂和化学添加剂混合，经蒸压技术制成的装饰板材。防火板具有更好的耐高温性、耐磨性、耐化学药品性，有的防火板经加温后可以弯曲。防火板不能单独使用，一般要把它粘贴在人造板材或木材的表面。由于防火板有干缩性，如果贴时不注意按工艺标准操作就容易开胶，因此在施工时对粘贴胶水的要求比较高。质量较好的防火板，其价格比普通装饰面板贵。防火板的厚度规格一般为 0.8 毫米、1 毫米和 1.2 毫米。

防火板

5）油漆

油漆按用途及基材分类，品种类别繁多，有木器漆、铁器漆、玻璃漆、铝材漆等。这里只介绍木器漆。

使用木器漆喷涂实木表面，可起到防护、美观的作用。实木喷涂一般采用二道底漆、一道面漆技术，底漆用低成本 PE 漆、面漆用 PU 漆，喷涂出来的面漆表面较硬。面漆有高光、光亮、亚光或磨砂等不同效果。底面漆可依不同产品设计去调配各种颜色，如果追求原色，则以透明漆为主；如果要看到木纹但又不要木的本色，则可调配与木纹深浅相同的色调。

木器漆中有一种特殊漆种——UV 漆，它是一种光固化不饱和树脂，经光照聚合成饱和树脂。UV 漆面在全部木器类漆护中最硬，耐候性最好，同时生产效率比 PU 漆、PE 漆高出 10 倍以上，但生产设备价格较高。木器漆加工一般采用空气喷涂工艺进行。

4. 橡塑类

1）塑胶件

在家具中应用塑料制品十分普遍，而材料类别也很多，如 ABS、PP、PVC、PU、POM、PA、PMMA、PE、PS、PC，材料不同，适应范围也不同。

（1）ABS：俗称工程塑料，可用于制作连接件、座椅背、座板，它是塑料中能进行电镀（水镀）的主要原料。

（2）PP：俗称聚丙烯，用于制作五星脚、扶手、脚垫及强度要求不高的连接件。缺点：耐磨性差，表面硬度低。

（3）PVC：俗称聚氯乙烯，挤出成型的特性使它主要用于制作封边件、插条件。同时，PVC 材料属塑料件中的不燃材料，加工成型后温度稳定性差，特别是颜色的稳定性不好。

（4）PU：俗称聚氨酯，主要用于制作扶手（发泡）配件。

（5）POM：俗称赛钢，主要用于制作耐磨件，如脚垫、脚轮、门铰、合页等。其性能耐磨、耐压，但尺寸稳定性较差。

（6）PA：俗称尼龙，主要用在脚垫、五星脚、脚轮等耐磨、寿命要求高的地方。优点：耐磨、耐压、强度高、室内使用寿命长，个别型号如 PA66 耐高温达 220 ℃。缺点：在太阳底下晒易改变性能，易断，耐候性差。

（7）PMMA：有机玻璃（俗称亚克力）。塑料中有 5 种透明材料，而 PMMA 透明度最高。工件切割时有醋酸味，加工变形容易，用开水浸泡能整形变弯。缺点：表面易划伤，硬度偏低，弯曲时容易龟裂，价格比 ABS 高 20% 以上。

（8）PC：俗称聚碳酸酯。该品种也属透明材料，表面硬度高、耐划伤、耐冲击力强、强度高、耐候性好。特点：价格成本高，比 PMMA 高约 40%。

2）橡胶件

橡胶品种成型大多采用硫化工艺。优点：柔软度好，可进行不同硬软度调整，制作成复杂形状部件，不存在不能脱模的情况；耐油、酸、碱性及耐磨性均好。缺点：调色较难（特别是深色改为浅色），硬度有一定限制，表面较粗糙，不像塑料可以做出镜面效果。但模具造价低、周期快，材料生产中可掺进磁粉，改性为磁性体，起隔音、密封作用。

家具行业采用的橡胶有丁腈橡胶、硅胶等，一般用于制作家具中的屏风隔音胶条、脚塞、真空吸盘塞、导轨阻尼件等部件。

3）树脂类

树脂类产品目前有一大趋势，越来越多地用于家具建材，如市场上的人造石材料、人造浴缸、阻燃板、玻璃钢等制品。树脂属不饱和高分子化学物，原料以液体为主，与配方中固化剂混合发生聚合反应，从而发热固化。它与塑料的不同之处是工件粉碎回收后不能再利用。其成本价格与 PP 差不多，在生产过程也要用模具进行浇注成型，不过模具简单，可用木模、石膏模、橡胶模等。它特别适用制作造型多变、周期短、产量不高的产品。

5. 玻璃制品

玻璃类产品根据生产工艺不同有平板玻璃、吹制玻璃两大类。目前，平板玻璃使用量较大，特别是经过深加工后的平板玻璃，更受消费市场欢迎。吹制玻璃多用于做工艺品等立体造型，在古典家具中使用较多。特点：耐酸（除氟酸外）、耐碱、耐油、防火，钢化后可耐300℃高温。

1）平板玻璃

平板玻璃是以硅酸盐为原材料，经1300℃高温炉熔成液体，流经锡水表面成型的玻璃，俗称浮化玻璃。由于原料配方、工艺参数差异，平板玻璃从外观上分为青玻、白玻、有色玻3种。在平板玻璃制造过程中，越薄（低于3毫米以下）难度越大，而太厚（超过15毫米）难度也大，因此，在市场上此二者造价较高。

平板玻璃采用金刚石（即普通玻璃刀）、高速水进行切割，经切割后玻璃各边可进行磨边处理，如磨直边、斜边、圆边、鸭嘴边，磨边价格较高。

平板玻璃表面也可进行磨砂（化学、机械两种）、丝印喷漆、烤漆、雕刻处理，不同表面处理工艺的价格也不一样，从高到低排序大致为磨砂→喷漆→丝印→烤漆→雕刻。

2）工艺加工玻璃

这里重点讨论平板玻璃工艺加工方法。平板玻璃除前面提到的磨边工艺之外，还能进行热弯、钢化、粘接等处理，从而使"平面"效果变为"立体"效果。

（1）热弯：指平板玻璃在500℃左右开始软化时，用模具轻轻压下即达到需要的变形效果。因热弯工艺过程中不同工厂及设备不一致，故要做热弯的平板玻璃应先进行磨边或喷砂处理。

（2）钢化：指玻璃在900℃左右进行急降温处理。特点：玻璃破碎后没有尖角，同时玻璃耐温性提高到300℃不破裂，其强度也提高约10倍。

（3）粘接：指采用UV胶水，经紫外光照射固化，经粘接后玻璃可耐200千克以上拉力。上述3种工艺加工方式按成本，价格由高到低依次为钢化→热弯→粘接。

3）艺术加工玻璃

此处重点介绍平板玻璃艺术加工方法及效果。顾名思义，"艺术"即对玻璃有一定的艺术效果处理。

（1）磨砂效果：在平板玻璃艺术加工中如采用机械磨砂技术，实际效果会因磨砂砂粒太粗而易起手印。而采用化学磨砂技术，即采用含氟等药水进行浸泡，就不会产生手印，看起来成品比较细腻。该工艺结合丝面工艺，即可做出各种图案、文字。

（2）压花效果：即采用有各种花纹、图案的模具，在玻璃达到热弯变形温度时，机压而成。目前花纹、图案的模具很多，也可自行设计、制作压花模具。压花玻璃实质上是热弯中的一种特例。

（3）喷涂效果：喷涂效果有两种，一种是透明彩色效果，另一种是单色不透明效果。喷涂本质为玻璃蚀剂加上彩色的效果，它不会改变玻璃表面，不涉及玻璃结构本质。

（4）烤漆效果：即对玻璃表面进行喷漆处理。为了提高漆层附着力，经喷漆的玻璃应进行烘炉烤干，从而达到永久性的附着效果。

（5）烤花效果：利用透明薄膜将图案印刷上去，并粘贴到玻璃表面，经高温烘烤，使薄膜碳化，图案、文字即可留在表面上。

6. 海绵

家具中使用的海绵种类很多，有定型棉、发泡棉、橡胶棉、再生棉等。

1）定型棉

用聚氨酸材料，经混合发泡剂等多种添加剂，压入简易模具加温，即可压出不同形状的海绵，称为定型棉。它适合制作转椅沙发座垫、背棉，也有少量扶手用定型棉制作。

定型棉弹性、硬度可依产品不同部位的不同要求进行调整。一般座棉较硬度高、密度较大，背棉次之，枕棉更软。

2）发泡棉

此材料用聚醚发泡成型，像发泡面包一样。它可用机械设备发泡，也可人工用木板围住发泡，经发泡的棉好像一块方型大面包。使用切片机经过切片工序，按不同要求切削厚度，发泡棉也可调整软硬度。座棉一般采用 25～28 千克/立方米密度，其他棉采用 20～22 千克/立方米密度。

海绵中有一种防火棉，其实是在海绵发泡前，在材料配方中添加防火剂，如氯、溴，使海绵着火时能阻烟并使着火部位自熄，起到阻燃作用。

3）橡胶棉

这是海绵的一种，它采用天然乳胶原料发泡而成，具有橡胶特性，有弹力极好、回弹性好、不会变形等优点，但价格不菲，比发泡棉高出 3～4 倍。

上述 3 种棉按价格从高到低排序为：橡胶棉→定型棉→发泡棉。

4）再生棉

家具产品有一种"再生棉"，其实是用海绵碎料挤接而成的。它成本极低，但弹性极差，密度不一。

7. 皮革类

皮革类在国家工业行业中是一大门类，也有一套相应的标准。

1）人造皮革

人造皮革俗称仿皮，它按厚度分有一型（0.9～1.5毫米）、二型（大于1.5毫米）两种。人造皮革外观花纹很多，一般要求纹路细致、均匀，色泽均匀，表面没有划伤、龟裂。

人造皮革采用高分子塑料PVC、PE、PP等吹膜成型，并经过表面喷涂各种色浆而成，多用于制作沙发转椅。人造皮革十分注重手感，应做到平滑、柔软、有弹性、无异味。其中断裂伸长率应大于等于80%，不易脱色，即颜色摩擦牢度应达4.3级以上。

2）天然皮革

天然皮革采用动物皮，经过加工而成。目前，家具用皮中以牛皮为主，它的外观要求与人造皮革一致，但它的抗张力、撕裂强度均比人造皮革好。牛皮的缺点是外观花纹不均匀，特别是小牛皮，还存在自然疤痕，而疤痕周边的皮弹性较差。

天然皮按厚度分为头层皮和二层皮。以牛皮为例，头层牛皮分为两种：一是用牛的脱毛原皮直接加工；二是将质地较厚的牛皮剖层，将纤维组织严密的上层部分进行两次加工打造。头层牛皮普遍存在自然疤痕和血筋等现象，所以整张头层牛皮中会产生许多边角料。这种边角料被用于生产低档皮革制品，成品常常出现皮纹左右粗细不一的情况，但比二层皮耐用。二层牛皮顾名思义，即将原牛皮横切出来的第二层皮，在其表面附着聚乙烯材料重新黏合，再经化学原料喷涂，覆上PVC、PU薄膜加工制成。二层牛皮工艺比较复杂，但是品质确实不及头层皮。中档皮革制品使用就是这种皮质，外观与头层皮几乎没区别，显得大气上档次。二层皮的皮面直径为2～2.5米，皮面常常伴有虻伤。二层皮一般偏硬，手感比较差。

8. 胶水类

家具产品使用的胶水品种较多，合理与适当选择胶水对产品品质影响较大，特别是耐久性。按胶水溶剂性能的不同，分为水性胶和溶剂胶。

1）水性胶

水性胶指所用溶剂可用水调节浓度的胶水，它用于家具中防火板与夹板或与刨花板之间的黏合、板材之间的黏合，如门用中纤板与门芯蜂巢纸的黏合。其特点是价格低、环保效果好，但黏合固化时间在4小时以上。水性胶生产周期较长，生产操作简单，可用刷、擦、涂等方法。

由于水性胶加工周期长，对于急单来说影响较大，另外人工涂布容易不均，并由此引发起泡、局部变形等质量事故。

2）溶剂胶

目前溶剂胶采用无苯的溶剂制造，胶的主体为树脂等高分子材料，它的黏性、固化时间均比水性胶快，也可用喷枪喷涂，故省时省力、胶水涂布均匀。

目前屏风与屏风布黏合，座椅、沙发海绵与布黏合等均采用喷溶剂胶的方法，可以做到即喷即放置或安装。

实木产品中使用溶剂胶，多数为实木（如沙发脚、架）之间的黏接、板材与木皮之间的黏接。

溶剂胶固化形式与水性胶不同，后者是让水分在蒸发过程固化，而前者则多数借空气中氧的作用固化或内部分子间氧的作用自身发热固化。

溶剂胶喷涂海绵、定型棉或不同布类时，所选型号均不同，主要原因是上述材料也是高分子材料，用错会出现脱胶、起泡、脱水等现象。

溶剂胶分为玻璃胶、金属胶、玻璃与金属胶等种类。

9. 布类

家具产品中选用的布类分两大类：人造化纤布、天然纺织布。一般使用人造化纤布居多。

1）人造化纤布

人造化纤布有9大类，即聚酰胺、聚酯、聚氨酯、聚脲、聚甲醛、聚丙烯腈、聚乙烯醇、聚氯乙烯及氟类。其实，人造化纤布本质即为上述9类高分子材料（与塑料同属一类原材料）经纺丝编织而成，所有化纤布品质指标分为细度、强度、回弹性、吸湿度、初始模量5个，其中前4个指标为重要品质参数。

细度即为纱线粗细程度，强度指能承受的拉力，回弹性指拉伸后回到原尺寸的比率，吸湿度指吸收水分的比率，初始模量指拉抻长为原长10%时的拉力。

对于用户来说，应知道何种材料适合什么场合、在什么条件下使用才是有用的。现介绍如下：

（1）吸湿性低的材料：丙纶（聚丙烯）、维纶、涤纶。此类材料适用于气候潮湿的地区。

（2）耐热性好的材料：涤纶、腈纶（聚丙烯腈）。此类材料适用于热带地区及高温作业环境。

（3）耐光性好的材料：腈纶、维纶、涤纶。此类材料适用于室外环境产品，如沙滩椅。

（4）抗碱性好的材料：聚酰胺纤维、丙纶、氯纶（聚氯乙烯纤维）。此类材料适用于碱性环境。

（5）抗酸性好的材料：腈纶、丙纶、涤纶。此类材料适用于酸性环境。

（6）不易发霉的材料：维纶、涤纶、聚酰胺纤维。此类材料适用于潮湿地区。

（7）耐磨性好的材料：氯纶、丙纶、维纶、涤纶、聚酰胺纤维。此类材料适用于易磨损的家具。

（8）伸长率好的材料：氯纶、维纶。此类材料适用于要求弹性好的家具。

2）天然纤维布

天然纤维布有棉、麻、羊毛、石棉纤维制品，而适合在家具制造中使用的只有棉、麻两大类。天然纤维布的特点是环保，保温性好，耐磨性好。由于棉麻类耐碱性好，麻类耐酸性差，毛类耐光性不好，因此，依上述特点选配材料、进行设计十分关键。

天然纤维布价格比人造化纤维布价格略高。

10. 家具五金配件

家具五金配件泛指家具生产、家具使用中需要用到的五金部件，如沙发脚、升降器、靠背架、弹簧、枪钉、脚码、连接件、活动件、紧固件、装饰件等金属制件。

我国目前尚没有关于家具五金配件的规范性行业分类，它属于五金行业—五金、工具分支，同时也属于家具行业—家具原辅材料的分支。因此，国内对家具五金配件的概念尚无明确的定论。下面，介绍一下常用的两类五金配件。

1）铰链

铰链（包括合页），是用来连接两个紧固件并允许两者之间做相对转动的机械装置。铰链多由可移动的组件构成，也可由可折叠的材料构成。合页主要安装于门窗上，而铰链更多安装于橱柜上。铰链按材质可分为不锈钢铰链和铁铰链两种。为让人们得到更好的享受，又出现了液压铰链（又称阻尼铰链），其特点是在柜门关闭时有缓冲功能，能最大限度地减小柜门关闭时与柜体碰撞发出的噪声。

铰 链

2）滑轨

滑轨又称导轨、滑道，是指固定在家具的柜体上，供家具的抽屉或柜板出入、活动的五金连接部件。滑轨适用于橱柜、家具、公文柜、浴室柜等木制与钢制家具的抽屉连接。那些大大小小的抽屉能否自由顺滑地推拉、承重如何，全靠滑轨的支撑。从现在的技术来看，底部滑轨较侧滑轨好，整体与抽屉连接的滑轨比三点连接的滑轨好。抽屉滑轨的材料、原理、结构、工艺等千差万别，优质滑轨阻力小、寿命长，抽屉拉取顺滑。

五、家具环保知识

在 21 世纪的中国，随着市场的进一步开放，出现了越来越多样式新颖的家具。在基本的生活需求得到满足后，一些人开始注重家居生活的质量，特别是家居产品对健康的影响。因此，环保渐渐被人们所重视，绿色消费风潮也推动了环保家具的发展。

2017 年 2 月 1 日，由环保部发布的《环境标志产品技术要求　家具》（HJ 2547—2016)正式实施。此标准规定了家具环境标志产品的术语和定义、基本要求、技术内容和检验方法，适用于室内家具，包括木家具、金属家具、塑料家具、软体家具、藤家具、玻璃石材家具和其他家具及配件。符合标准的家具产品拥有一个环保标志，标志着该产品除了符合相应的产品质量和安全标准要求外，还在生产和使用过程中符合国家的环保要求。

由于国家标准比较复杂、指标繁多，令普通顾客望而生畏，因此家具企业一般喜欢简单地宣传自己的产品符合 E0 级环保标准。目前在国际上，甲醛限量等级（每升空气中甲醛的释放量）被分成 E2、E1、E0 三个级别，即 E2 ≤ 5.0 毫克／升，E1 ≤ 1.5 毫克／升，E0 ≤ 0.5 毫克／升。

1）环保等级 E2 级

E2 级是指在每升空气中含有甲醛 5 毫克，所以 E2 级的甲醛含量已经超出了国家的标准。目前在板材制作行业很少有 E2 级的板材，E2 级的产品必须经过饰面处理之后才能用于室内装饰。

2）环保等级 E1 级

按照国家环保规定，室内板材的环保等级必须要达到 E1 级才算达标，也就是说它是安全环保的，所以不会对人的身体造成伤害。E1 级环保标准是国家强制性的健康标准，也是强制实行的安全标准。E1 ≤ 1.5 毫克／升，就是说 1.5 毫克／升的甲醛含量是符合国家的标准的，也是环保的，对人体无害。

3）环保等级 E0 级

E0 级是国际标准，是非常环保的，也就是说每升空气中所含游离甲醛的释放浓度是符合国际标准的。E0 级中 0.5 毫克／升的甲醛含量已经是一个非常安全的数值。据相关资料表明，饮用水的甲醛含量为 0.9 毫克／升，也就是说，E0 级标准家具中的甲醛含量比饮用水中的甲醛含量还少。

需要注意的是现行的国家标准中最高只有 E1 级，并没有 E0 级。

小知识：甲醛

1）家具中为什么会存在甲醛？

家具中的甲醛主要存在于板材中。众所周知，家具中的板材是将木材打碎加入胶压制而成的，使用的胶是尿醛胶。

尿醛胶是用尿素加上甲醛，经过高温高压合成的。甲醛本身是一种气体，如果融入水中就称为福尔马林，也就是医院使用的防腐剂。在尿素和甲醛的合成过程中，要求在短时间内急剧实现同步升温升压，有时温度和压力不能实现同步，就会有一部分甲醛不能和尿素有效合成，呈现为气体状，游离于尿醛胶中。在压制板材过程中，甲醛也就随着尿醛胶转移到板材中了。这就是家具中含有甲醛的原因。

2）怎样降低甲醛，使家具更加环保呢？

我们现在知道，甲醛是含在尿醛胶中，因此从以下几个方面去控制甲醛才能生产出更加环保的家具：

（1）购买合格、环保的板材。国家规定，优等品板材甲醛含量是 1.5 毫克/升（干燥器法测定），按此标准购买板材即可。

（2）从生产工艺上控制甲醛。甲醛气体具有遇热挥发的特性，因此家具生产的热压工艺是降低甲醛的关键一步。当板材热压达 800~1 000 ℃高温时，板材中的甲醛会大量挥发出来，起到良好的降甲醛效果。

板材中的甲醛大部分是从家具中板材裸露处挥发的，如果家具板材密封性好，甲醛的挥发性就会降低。

采用三聚氢胺板材。三聚氢胺板的表层是三聚氢胺胶，它是甲醛的捕捉剂，能使板材中的甲醛和尿素实现二次合成，通过对板材的热压来降低甲醛。

3）为什么我们放在家中的家具会有气味呢？

家具中的气味由两种气味混合而成，一种是木材的香味，另外一种是挥发的甲醛味道。

相对于复合地板来讲，家具中的甲醛挥发量并不高，可是为什么会有气味出现呢？如果我们将家具的柜门、抽屉等全部关闭，我们是闻不到什么气味的，只有打开柜门、抽屉等才会有气味出现。原因是我们家具的柜门、抽屉等长时间关闭，木材和甲醛气味全都闷在这个狭小的家具空间内，味道就会较浓，一旦打开柜门、抽屉等就会闻到气味。

一旦有以上情况出现，马上开窗通一下风就会消除气味。而且家具中的甲醛含量是固定的，挥发后也就没有了。复合木地板完全暴露在空气中，挥发的甲醛更是马上就随空气流通消失了。这就是家中铺装复合木地板，而甲醛气味却并不严重的原因。

任务 2　中国古代家具基本知识

一、中国家具史

中国家具的产生可上溯到新石器时代。从新石器时代到秦汉时期，受文化和生产力的限制，家具都很简陋。人们席地而坐，家具均较低矮。南北朝以后，高型家具渐多。至唐代，高型家具日趋流行，席地坐与垂足坐两种生活方式交替消长。至宋代，垂足坐的高型家具普及民间，成为人们起居作息用家具的主要形式。至此，中国传统木家具的造型、结构基本定型。此后，随着社会经济、文化的发展，中国传统家具在工艺、造型、结构、装饰等方面日臻成熟，至明代而大放异彩，进入一个辉煌时期，并在世界家具史中占有重要地位。清代家具以体量增大、注重雕饰而自成一格。20 世纪初，因受外来家具的影响，出现了"西式中做"的新式家具。20 世纪 50 年代后，中国家具工业迅速发展。20 世纪 80 年代，在借鉴各国不同的家具风格和先进生产技术的同时，中国家具不断发掘传统技艺，并结合自己的国情民俗，逐渐形成一种新的家具风格。

1. 史前至春秋时期的家具（史前—前 476 年）

1978—1987 年，中国社会科学院考古研究所在发掘山西襄汾县陶寺村新石器时代晚期遗址（前 2300—前 1900 年）时，从器物痕迹和彩皮上辨认出随葬品中已有木制长方平盘、案俎等，这是迄今为止发现的最早的中国木家具。公元前 21 世纪，中国发明了青铜冶炼和铸造技术，出现了坚固、锋利的金属工具，为制造木器用具提供了条件，西周以后木家具逐渐增多。在《诗经》《礼记》《左传》的记载中，这一时期的木家具已有床、几、扆（屏风）和箱等；同时，也出现了青铜家具。从出土文物中见到的商代铜禁和饕餮蝉纹铜俎，反映出这一时期青铜家具在铸造技术，以及实用、装饰方面都已达到较高的水平。

在家具结构上，早期的木家具已从建筑中移植应用了榫卯结构。1979年，在江西贵溪春秋晚期崖墓出土的两件木制架座残件中，发现了方形榫槽。

青铜家具在商代为整体浑铸，至春秋时期已发展为分铸、焊接、失蜡铸造、镶嵌等多种工艺。1979年河南淅川下寺楚墓出土的春秋晚期多层云纹铜禁，就是采用失蜡铸造工艺制造的，造型更加精美且富有装饰性。

家具漆饰。新石器时代，人们就认识了漆的性能并用于制器。商、周时期，漆饰工艺已较为普遍。当时的涂料取自漆树的汁液，称为生漆，其中含有漆酚、漆酶、树胶质和水分。漆可配成多种色彩，用它做涂料既能保护器物，又能起到装饰作用。东周时期留存的漆木家具较多。黄河中、下游地区出土的漆箱等，表面多饰以云雷纹、回纹、蟠螭纹、窃曲纹等图案的彩绘；江汉、江淮地区楚墓出土的座屏、几、案等漆木家具，造型优美、纹饰流畅。

2. 战国时期家具（前475—前221年）

战国时期，漆木家具处于发展时期，青铜家具的制作工艺也有很大的进步。

战国时期的漆木家具种类繁多、饰面新颖、富丽端庄。1957年河南信阳战国楚墓出土的漆案，案边有4个可提挽的铺首，案角镶铜，案足铜制，案面髹漆彩绘与铜饰件相映生辉。1978年湖北随县（现随州）战国早期曾侯乙墓出土的绘有二十八宿像图的衣箱，黑漆作底、朱纹其上，绘有北斗和青龙、白虎天文图像。河南信阳楚墓出土的六足漆绘围栏大木床、栅足雕花云纹漆几，以及1958年湖南常德战国墓出土的漆几等，造型淳朴、漆饰华丽，反映出当时的漆饰工艺已较成熟。

3. 宋代家具（960—1279年）

宋代是中国家具承前启后的重要发展时期。首先是垂足而坐的椅、凳等高脚坐具已普及民间，结束了几千年来席地坐的习俗；其次是家具结构确立了以框架结构为基本形式；最后是家具在室内的布置有了一定的格局。宋代家具正是在继承和探索中逐渐形成了自己的风格。

宋代家具以造型淳朴纤秀、结构合理精细为主要特征。在结构上，壸门结构已被框架结构所代替；家具腿断面多呈圆形或方形，构件之间大量采用割角榫、闭口不贯通榫等榫结合；柜、桌等较大的平面构件，常采用"攒边"的做法，即将薄心板贯以穿带，嵌入四边边框中，四角用割角榫攒起来，不但可控制木材的收缩，还可起到装饰作用。此外，宋代家具还重视外形尺寸和结构与人体的关系，工艺严谨、造型优美、使用方便。

宋代家具有开光鼓墩，交椅，高几，琴桌，炕桌，盆架，坐地檠（落地灯架），带抽屉的桌子、镜台等，各类家具还派生出不同款式。宋代出现了中国最早的组合家具，称为燕几。它是一套按比例制成的大小不同的几，共有 3 种式样、7 个单件，可以变化组合成 25 样、76 种格局。燕几也是目前已知的、世界家具史上最早出现的组合家具。

4. 明代家具（1368—1644 年）

明代中叶（16 世纪），随着手工业的进一步发展，家具成了流通的商品，许多文人雅士参与了室内设计和家具造型研究。这些都促成了明代家具的大发展。

明代家具在继承宋代家具传统的基础上，发扬光大、推陈出新，不仅种类齐全、款式繁多，而且用材考究、造型朴实大方、制作严谨准确、结构合理规范，逐渐形成稳定、鲜明的明代家具风格，把中国古代家具推向巅峰时期。

5. 清代家具（1644—1911 年）

清代家具多结合厅堂、卧室、书斋等不同居室进行设计，分类详尽、功能明确。其主要特征：造型庄重、雕饰繁重、体量宽大、气度宏伟，脱离了宋、明以来家具秀丽实用的淳朴气质，形成了清代家具的风格。

清代家具作坊多汇集沿海各地，并以扬州、冀州（河北）、惠州（广东）为主，形成全国三大制作中心，产品分别称为苏作、京作、广作。苏作大体师承明式家具特点，重在凿磨、工于用榫，不求表面装饰；京作重蜡工，以弓镂空，长于用雕；广作重在雕工，讲求雕刻装饰，其装饰方法有木雕和镶嵌。木雕分为线雕（阳刻、阴刻）、浅浮雕、深浮雕、透雕、圆雕、漆雕（剔犀、剔红）；镶嵌有螺钿、木、石、骨、竹、象牙、玉石、瓷、珐琅、玻璃，以及镶金银、装金属饰件等。装饰图案多用象征吉祥如意、多子多福、延年益寿、官运亨通之类寓意的花草、人物、鸟兽等。家具构件常兼有装饰作用，如在长边短抹、直横档、望板脚柱上加以雕饰；或用吉子花、古钱币造型的构件代替短柱矮桩。特别是家具的脚型，变化最多，除方直腿、圆柱腿、方圆腿外，又有三弯如意腿、竹节腿等；腿的中端或束腰或无束腰，或加凸出的雕刻花形、兽首；足端加有兽爪、马蹄、如意头、卷叶、踏珠、内翻、外翻、镶铜套等。束腰变化有高有低，有的加鱼门洞、加线；侧腿间有透雕花牙挡板等。北京故宫太和殿陈列的剔红云龙立柜，沈阳故宫博物院收藏的螺钿太师椅、古币蝇纹方桌、紫檀卷书琴桌、螺钿梳妆台、五屏螺钿榻等，均为清代家具的精粹。

在家具种类上，清代坐卧类家具有太师椅、扶手椅、圈椅、躺椅、交椅、连体椅、凳、杌、交杌、墩、床、榻等；凭倚承物类家具有圆桌、半圆桌、方桌、琴桌、炕桌、书桌、梳妆桌、条几（案）、供桌（案）、花几、茶几等；贮藏类家具有博古柜、架格、闷芦橱、书柜、箱等；

其他家具还有座屏、围屏、灯架等。

6. 现代家具（20世纪初以后）

自1902年始，全国各地官方或商人相继办起了许多工艺局、手工业工场。至1920年，全国木器工场和作坊，以及手工艺者已遍布各地，形成了一支浩大的手工业工人队伍，家具生产出现了中国传统家具与"西式中做"的新式家具并存的局面。传统家具生产有久远的历史和广大的市场，如江西赣县的彩绘皮箱、江西铅山河口镇的柳木器、上海的硬木家具、北京的雕漆家具、扬州的螺钿家具等，都在国内外市场享有一定声誉。北京雕漆屏风曾于1915年获巴拿马博览会一等奖。但由于社会的进步，人们文化水准的提高，生活习惯的改变，以及传统家具价格较昂贵、加工工艺烦杂等原因，新式家具在各大城市中逐渐占据主要地位，传统家具则退居次要地位。

新式家具多仿制西方流行的款式。早期有法国路易十五式（洛可可式）、路易十六式、英国维多利亚式及德国新古典主义风格等家具，后期又有日、美流行款式家具。这些家具用材广泛，构件加工方便，造型款式新颖，涂饰工艺简便，产品价格适宜，深受用户喜爱。沿海城市是新式家具的主要产地。这些家具产品，除木家具外，还有金属家具、竹藤家具、塑料家具、柳条蜡杆家具及软家具等，品种日益繁多、款式日益新颖。家具产品结构从框架结构发展到板式结构等，从而使加工工艺大为简化，为工业化生产提供了条件。

二、明式家具

中国家具发展到明代，开始进入黄金时代，出现了大量精美实用的各式家具。至清代乾隆年间，家具材料虽然优良，但雕饰烦琐，风格也为之大变。到清代末期，家具和其他工艺品一样，呈衰退不振之势。明清家具由于其本身具有的真、善、美的丰富内涵和独特艺术价值，近十几年来，始终处于国际收藏的热潮之中。明清工匠们把优质的材料、完美的设计和精心的匠艺相结合，制造出令西方人惊叹的"如谜一般美妙"的家具，而且制作中绝对不用铁钉，只是用榫舌和榫眼等复杂而巧妙的设计来组合家具，因而使明清家具成为中华民族优秀文化的一部分。

明清家具发端于明式家具，而明式家具是我国明代匠师们总结前人经验和智慧，并加以发明创造，在传统艺术方面取得的一项辉煌成就。它除了在结构上使用了复杂的榫卯外，造型工艺技术也充分满足人们的生活需要。因而，它是一种集艺术性、科学性、实用性于一身的传统艺术品。

1. 明式家具的风格特点

明式家具的风格特点，主要表现在以下几个方面：

①造型稳重、大方，比例尺寸合适，轮廓简练舒展。

②结构科学，榫卯精密。

③精于选料、配料，重视木材本身的自然纹理和色彩。

④雕刻及线脚装饰处理得当。

⑤金属饰件式样玲珑、色泽柔和，能起到很好的装饰作用。

明式家具的造型及各部比例尺寸基本与人体各部的结构特征相适应。例如，椅凳坐面高度为40~50厘米，大体与人的小腿高度相符合。大型坐具，因形体比例关系，坐面较高，但必须有脚踏相配合，人坐在上面，双脚踏在脚踏上，实际使用高度（由脚踏面到坐面）仍是40~50厘米。桌案也是如此，人坐在椅凳上，桌面高度基本与人的胸部齐平。人的双手可以自然地平铺于桌面，或读书写字，或挥笔作画，极其舒适自然。两端桌腿之间留有一定空隙。桌牙也要控制在一定高度上，以便人腿向里伸屈，使身体贴近桌面。椅背大多与人的脊背高度相符，后背板根据人体脊背的自然特点设计成"S"形曲线，且与坐面保持100°~105°的背倾角，这正是人体保持放松姿态的自然角度。其他如座宽、座深，扶手的高低、长短等，都与人体各部的比例相适合，有着严格的尺寸要求。

明式家具造型的突出特点是侧脚收分明显，在视觉上给人以稳重感。一件长条凳，四条腿各向四角的方向叉出。从正面看，形如飞奔的马，俗称"跑马叉"；从侧面看，两腿也向外叉出，形如人骑马时两腿叉开的样子，俗称"骑马叉"；每条腿无论从正面还是侧面都向外叉出，又统称"四劈八叉"。这种情况在圆材家具中十分突出。方材家具也都有这些特点，但叉度略小，有的凭眼力可辨，有的则不明显，要用尺子量一下才能分辨。

明式家具轮廓简练舒展，是指其构件简单，每一个构件都功能明确，分析起来都有一定意义，没有多余的造作之举。简练舒展的格调，达到朴素、文雅的艺术效果。

明式家具的又一特点是材质优良。它多用黄花梨木、紫檀木、铁梨木、鸡翅木、楠木等珍贵木材制成。这些木材硬度高、木性稳定，可以加工出较小的构件，并做出精密的榫卯，做出的成器都异常坚实牢固。明代匠师们还十分注意家具的色彩效果，尽可能把材质优良、色彩美丽的部位用在表面或正面明显位置，不经过深思熟虑，绝不轻易下手。因此，优美的造型及木材本身独具的天然纹理和色泽，给明式家具增添了无穷的艺术魅力。

2. 明式家具的艺术风格

明式家具分为两种艺术风格：简练形和浓华形。

1）简练形

一般来说，简练形家具所占比重较大。无论哪种形式，这种家具都要施以适当的雕刻装饰。简练形家具以线脚为主，如把腿设计成弧形，俗称"鼓腿澎牙""三弯腿""仙鹤腿""蚂蚁腿"等；有各种造型，有的像方瓶，有的像花尊，有的像花鼓，有的像官帽。在各部构件的棱角或表面上，常装饰各种各样的线条，如腿面略呈弧线的称"素混面"，腿面一侧起线的称"混面单边线"，两侧起线、中间呈弧线的称"混面双边线"，腿面凹进呈弧形的称"打洼"。还有一种仿藤做法的装饰手法，它是在腿表面做出两个或两个以上的圆形体，好像把几根圆材拼在一起，故称"劈料"，通常以四劈料做法较多。因其形似芝麻秸秆，又称"芝麻秆"。线脚的作用不仅增添了器身的美感，而且因其将锋砺的棱角处理得圆滑、柔和，收到了浑然天成的效果。

2）浓华形

浓华形家具与简练形家具不同，它们大多都有精美繁缛的雕刻花纹，或用小构件攒接成大面积的棂门和围子等，属于装饰性较强的类型。浓华形家具的效果是雕刻虽多，但做工极精；攒接虽繁，但极富规律性。家具的整体效果气韵生动，给人以豪华浓丽的富贵之像，而没有丝毫烦琐的感觉。

3. 明式家具的特点

明式家具的特点通常的说法是"精、巧、简、雅"四字。因此，判别明式家具，也常以此为标准。

精，即选材精良、制作精湛。明式家具的用料多采用紫檀木、黄花梨木、铁梨木这些质地坚硬、纹理细密、色泽深沉的名贵木材。在工艺上，采用榫卯结构合理连接，使家具坚实牢固、经久不变。

巧，即制作精巧、设计巧妙。明代家具的造型结构十分重视与厅堂建筑相配套，家具本身的整体配置也主次井然、十分和谐。使用者坐在上面感到舒适，躺在上面感到安逸，陈列在厅堂里有装饰环境、填补空间的巧妙作用。

简，即造型简练、线条流畅。明式家具的造型虽式样纷呈，常有变化，但有一个基点，即简练。有人把它比作"八大山人"的画，简洁、明了、概括。几根线条和组合造型，给人以静而美、简而稳、疏朗而空灵的艺术效果。

雅，即风格清新、素雅端庄。雅，是一种文化，即"书卷气"。雅是一种美的境界。明代文士崇尚"雅"，达官贵人和富商们也附庸"雅"。由于明代很多居住在苏州的文人、画家直接参与造园艺术和家具的设计制作，工匠们也迎合文人们的雅趣，因此，形成了明式家具"雅"的品性。雅在家具上的体现，即是造型上的简练，装饰上的朴素，色泽上的清新、自然，而无矫揉造作之弊。

总之，明式家具以做工精巧、造型精美、风格典雅著称，现代家具中仍有仿明式家具出现，而且受到人们的偏爱。

三、清式家具

清式家具与明式家具在造型艺术及风格上有些差异。清式家具的特点首先表现在用材厚重上，家具的总体尺寸较明式宽大，相应的局部尺寸也随之加大。其次是装饰华丽，表现手法主要是镶嵌、雕刻及彩绘等，给人的感觉是稳重、精致、豪华、艳丽，和明式家具的朴素、大方、优美、舒适形成鲜明的对比。清式家具和明式家具相比，自然不如明式家具那样有很强的科学性，但仍有许多独到之处。它不像明式家具那样以朴素、大方、优美、舒适为标准，而是以厚重、繁华、富丽堂皇为标准，因而显得厚重有余、俊秀不足，给人沉闷笨重之感，也缺乏应有的科学性。但另一方面，由于清式家具以富丽、豪华、稳重、威严为准则，为达到设计目的，常利用各种手段，采用多种材料、多种形式，巧妙地装饰家具，效果也很不错，因此清式家具仍不失为我国家具艺术中的优秀作品。

清代，生产家具的主要产地有广州、苏州、北京，其中以广州最为著名。上述三地生产的家具被誉为清代家具的三大名作。

1. 广式家具

明末清初时期，由于西方传教士的大量来华，传播了一些先进的科学技术，促进了中国经济、文化艺术的繁荣。广州由于它特定的地理位置，成为我国对外贸易和文化交流的一个重要门户。随着对外贸易的进一步发展，各种手工艺行业如象牙雕刻、瓷器烧造、景泰蓝制作等也都随之恢复和发展起来。加之广东又是贵重木材的主要产地，南洋各国的优质木材也多由广州进口，制作家具的材料比较充裕。这些得天独厚的有利条件，赋予了广式家具独特的艺术风格。

广式家具的特点之一，是用料粗大充裕。广式家具的腿足、立柱等主要构件不论弯曲度有多大，一般不使用拼接方法，而习惯用一木挖成。其他部位也大体如此。所以，广式家具大都比较粗壮。广式家具为讲究木性一致，大多用一种木料做成。通常所见的广式家具，或紫檀木，或红木，皆为清一色的同一木质，绝不掺杂别种木材。而且广式家具不加漆饰，使木质完全裸露，让人一看便有实实在在、一目了然之感。

广式家具的特点之二，是装饰花纹雕刻深浚、刀法圆熟、磨工精细。它的雕刻风格在一定程度上受西方建筑雕刻影响，雕刻花纹隆起较高，个别部位近乎圆雕。加上磨工精细，使纹表面莹滑如玉，丝毫不露刀凿的痕迹。

广式家具的装饰题材和纹饰，受西方文化艺术的影响较大。明末清初之际，西方的建筑、雕刻、绘画等技术逐渐为中国所应用，自清代雍正至乾隆、嘉庆时期，模仿西式建筑的风气大盛。除广州外，其他地区也有这种现象。如在北京西苑一带兴建的圆明园，其中就有不少建筑从形式到室内的装修，无一不是西洋风格。为装修这些殿堂，清廷除每年从广州定做、采办大批家具外，还从广州挑选优秀工匠到皇宫，为皇家制作与这些建筑风格相协调的中西结合式家具。即以中国传统做法做成器物后，再用雕刻、镶嵌等工艺手法饰以西洋式花纹。这种西式花纹，通常是一种形似牡丹的花纹，也有将其称为西番莲的。这种花纹线条流畅、变化多样，可以根据不同器形而随意伸展枝条。它的特点是多以一朵或几朵花为中心，向四外伸展，且大都上下左右对称。如果装饰在圆形器物上，其枝叶多作循环式，各面纹饰衔接巧妙，很难分辨它们的首尾。

广式家具除装饰西式纹饰以外，也有相当数量的传统纹饰，如各种形式的海水云龙纹、海水江崖纹、云纹、凤纹、夔纹、蝠、磬、缠枝或折枝花卉，以及各种花边装饰等。有的广式家具中西两种纹饰兼而有之；也有些广式家具乍看都是中国传统花纹，但细看起来，或多或少总带有西式痕迹，为我们鉴定其是否为广式家具提供了依据。当然，我们不能凭这一点一滴的痕迹就下结论，还要从用材、做工、造型、纹饰等方面综合考虑。

2. 苏式家具

苏式家具，是指以苏州为中心的长江下游一带地区所生产的家具。苏式家具形成较早，举世闻名的明式家具即以苏式家具为主。它以造型优美、线条流畅、用料和结构合理、比例尺寸合度等特点，以及朴素、大方的格调博得了世人的赞赏。进入清代以后，随着社会风气的变化，苏式家具业开始向烦琐和华而不实的方向转变。这里所讲的苏式家具，主要指清代而言。苏式家具为了节省材料，在制作桌子、椅子、凳子等家具时，还常在暗处掺杂其他柴杂木。这种情况，多表现在器物里面穿带的用料上。现在故宫博物院收藏的大批苏式家具，十之八九都有这种现象，而且明清两代的苏式家具都是如此。苏式家具都在里侧油漆，目的在于使穿插件避免受潮，保持木料不变形，同时也有遮丑的作用。

总之，苏式家具在用料方面和广式家具风格截然不同，苏式家具以俊秀著称，用料较广式家具要少得多。由于硬质木料来之不易，苏作工匠往往惜木如金。在制作每一件家具前，他们要对每一块木料进行反复观察、衡量，精打细算，尽可能把木质纹理整洁美观的部位用在表面上。不经过深思熟虑，他们绝不轻易动手。

苏式家具的镶嵌和雕刻主要表现在箱柜和屏联上。以普通箱柜为例，通常以硬木做成柜架，当中起槽镶一块松木或杉木板，然后按漆工工序做成素漆面，漆面阴干后，开始装饰。先在漆面上描出画稿，再按图案形式用刀挖槽，将事先按图做好的各种质地的嵌件镶进槽内，用胶粘牢，即为成品。苏式家具中的各种镶嵌也大多用小块材料堆嵌，整板大面积雕刻成器的不多，常见的镶嵌材料多为玉石、象牙、螺钿和各种颜色的彩石，也有相当数量的木雕。在各种木雕中，又以鸡翅木居多。苏州家具镶嵌手法的主要优点是可以充分利用材料，哪怕只有黄豆大小的玉石碎或螺钿沙硝，匠人都不会废弃。

苏州家具的装饰题材多采自历代名人画稿，以松、竹、梅花、山石、花鸟、山水风景，以及各种神话传说为主；其次是传统纹饰，如海水云龙、海水江崖、龙戏珠、龙凤呈祥等。折枝花卉也很普遍，大多借其谐音寓意一句吉祥语。局部装饰多以缠枝莲和缠枝牡丹为主，西洋花纹极为少见。一般情况下，是苏式的缠枝莲还是广式的西番莲，已成为区别苏式家具和广式家具的一个特征。

3. 京作家具

京作家具一般以清宫造办处所做家具为主。造办处有单独的广木作，由广东征选优秀工匠充任，所制器物较多地体现着广式风格。但由于木材多由广州运来，一车木料，辗转数月才能运到北京，沿途人力、物力、花费开销自不必说。皇帝本人也深知这一点，因此，造办处在制作某一件器物都必须先画样呈览，经皇帝批准后，方可作成。在这些御批中经常记载着这样的事，皇帝看了后觉得某部分用料过大，及时批示将某部分收小。久而久之，形成京作家具较广式家具用料小的特点。在造办处普通木作中，多由江南广大地区选招工匠，做工趋向苏式。不同的是，他们在清宫造办处制作的家具较江南地区用料稍大，而且掺假的情况也不多。

从纹饰上看，京作家具较其他地区又独具风格。它从皇宫收藏的古代铜器和石刻艺术上吸取素材，巧妙地装饰在家具上。清代在明代的基础上又发展得更加广泛了。明代多限于装饰翘头案的牙板和案足间的镶板，清代则在桌案、椅凳、箱柜上普遍应用；明代多雕刻夔龙、螭虎龙（北京匠师多称其为拐子或草龙），而清代则是夔龙、夔凤、拐子纹、螭纹、虬纹、蟠纹、饕餮纹、兽面纹、雷纹、蝉纹、勾卷纹等无所不有。根据家具的不同造型特点，而施以各种不同形态的纹饰，显示出各式古色古香、文静典雅的艺术形象。

总的说来，清式家具的形成继承了历代的工艺传统，并有所发展。清代匠师们使用各种手段、各种材料，想尽各种办法，都是为了达到他们预想的华丽、稳重的目的。因而，清代家具在装饰手法上多种材料的应用、多种工艺的结合，构成了自己的独有特色和风格。它和明式家具一起，以其不同时代、不同特点，代表着中华民族灿烂、悠久的艺术和文化传统，在国际市场上也占有重要位置。清代中后期，由于帝国主义的侵略和统治阶级的腐败，农民起义风起云涌，国内战乱频繁，人民流离失所，国民经济遭到极大的破坏，民族手工业等各项传统文艺也随之衰落下去。清末皇宫也曾制作过一批家具，遗憾的是再也找不到技艺高超的匠师了。这时期生产的家具大多制作粗糙、雕刻臃肿、造型呆板，毫无艺术性可言，没有研究和借鉴的价值。它们是帝国主义侵略造成的恶果，不能代表清式家具，更不能与清式家具相提并论。

四、古代家具的保养

对于高价购进的家具，如何在兼顾实用性的同时，又不至于对古家具造成损伤，并进行有效的维护和保养，需要相关方面的知识。大体来说，古家具的保养主要注意以下4方面：

（1）湿布是古家具的天敌。因为湿布中的水分和灰砂混合后，会形成颗粒状渣子，一经摩擦家具表面，就容易对其造成一定的损害，而人们通常又意识不到其危害性，习惯用湿布擦家具。因此，这一点尤其值得人们注意。那么，如果古家具上积了灰尘，该如何清扫呢？最好用质地细、软的毛刷将灰尘轻轻拂去，再用棉麻布料的干布缓缓擦拭。若家具沾上了污渍，可以沾取少量水溶性或油性清洁剂擦拭。

（2）木制家具因为材质的原因，过度的阳光照射或潮湿，会损害其材质，造成木材龟裂或酥脆易折。因而古家具不宜在阳光下过度照射，室内温度一般为20～30°，湿度为40％～50％比较合适。我国南方，气候比较湿润，对古家具的保护极有利。

（3）在搬运古家具的时候，一定要将其抬离地面，轻抬轻放，绝对不能在地面上拖拉，以避免对它造成不必要的伤害，如脱漆、刮伤、磨损等。

（4）古家具要经常上蜡保养。上蜡时要在完全清除灰尘之后进行，否则会形成蜡斑，或造成磨损，产生刮痕。蜡的选择也很重要，一般的喷蜡、水蜡、光亮蜡都可以。上蜡时，要掌握由浅入深、由点及面的原则，循序渐进、均匀上蜡。上蜡周期视情况而定。如果有刮痕、碰撞或磨伤，就得请专家及时修补了。

任务 3   世界家具基本知识

一、世界家具史

世界各国的家具在其发展过程中,因受时代、地域、艺术流派和建筑风格的影响,在造型、色彩、材料和制作技术上都有着显著的差别,从而形成了各自特殊的风格。中国传统家具具有悠久历史和独特风格,在世界家具史上占有十分重要的地位,17—18 世纪的欧洲古典家具曾受中国风格的影响而发生过巨大的变化。

1. 古代家具

古代家具以古埃及家具为开端,亚述和希腊早期家具都曾受到古埃及家具的影响。公元前 5 世纪,古希腊家具随其文化的高度发展而出现了新的形式,进而影响到罗马家具的发展。

1) 古埃及家具

古埃及家具的起源可追溯至古埃及第三王朝时期（约公元前 2686—前 2613）。在古埃及第十八王朝图坦阿蒙法老（约公元前 1358—前 1348）的陵墓中,已有了十分精致的床、椅和宝石箱等家具。其造型严谨工整,脚部采用模仿牛蹄、狮爪等兽腿形式的雕刻装饰;家具表面经过油漆和彩绘,或用彩釉陶片、石片、螺钿和象牙作镶嵌装饰,纹样以植物和几何图案为主。古埃及家具的用料多为硬木,座面用皮革和亚麻绳等材料,结构方式有燕尾榫和竹钉。

2) 亚述家具

在西亚建筑遗迹的浮雕上,记载着公元前 7 世纪亚述家具的形象,其品种、造型和装饰与古埃及家具十分相似。较具特色的是旋木椅脚的出现,以及在榻、椅和凳上都铺设有穗子镶边的软垫,显示出华丽的东方色彩。

3) 古希腊家具

公元前 5 世纪以后,古希腊家具出现了新的形式。典型的是被称为"克里斯莫斯"的希腊椅子,它采用优美的曲线形椅背和椅腿,结构简单、轻巧舒适。古希腊家具的表面多施以精美的油漆,装饰图案以在蓝底上漆画的棕榈带饰的"卍"字花纹最具特色。

４）罗马家具

罗马家具常用名贵的木材制作，采用金属作贴面和镶嵌装饰。除木制家具外，罗马的铜质和大理石家具也取得了很大的成就。这些家具多数雕刻着狮首、人像和叶形装饰纹样。

2. 中世纪家具

中世纪前期的家具风格以拜占廷式和仿罗马式为主流。至14世纪，哥特式家具风靡整个欧洲大陆。

１）拜占廷式家具

拜占廷式家具即拜占廷帝国的家具，是一种由罗马和东方艺术融合而成的家具。其雕刻和镶嵌装饰十分精细，并且常用象牙雕刻来作装饰。装饰图案主要是花叶藤蔓，其间夹杂着基督教的圣徒、天使和各种动物纹样。

２）仿罗马式家具

仿罗马式家具是13世纪流行于欧洲的一种家具的式样。其特征是椅和凳的腿多由旋木制成，箱和柜采用简单的板状结构，表面涂以明快的色漆，并以金属铸件作加固和装饰。家具偶尔略施一点简洁的浅浮雕，显出质朴无华的风格。

３）哥特式家具

14世纪后，哥特式建筑上的装饰纹样开始被应用于家具，框架镶板式结构代替了用厚木板钉接箱柜的老方法，出现了诸如高脚餐具柜和箱形座椅等新的品种。哥特式家具的主要特征在于层次丰富和精巧细致的雕刻装饰，最常见的有火焰形饰、尖拱、三叶形和四叶形饰等图案。常用的木材是橡木。

４）日本式家具

日本式家具中常见的家具有矮桌、梳妆台、书柜和折屏等，这些家具体积小巧、造型简练，表面涂饰着光滑美观的日本漆。奈良时代（710—794），日本已有螺钿镶嵌、金银平脱和莳绘等3种漆饰。彩绘图案以山水、莲花、牡丹和鸟为主，并以一种在黑色漆面上涂沥金银粉末的装饰最具特色。柜子多装有镀金的铜配件。

3. 文艺复兴时期和17世纪家具

从15世纪后期开始，文艺复兴式建筑取代了哥特式建筑，由此产生的文艺复兴式家具便在整个欧洲大陆盛行。直至17世纪初，又在此基础上逐渐演变出一种新的巴洛克式家具。

１）文艺复兴式家具

意大利最早将希腊、罗马古典建筑上的檐板、半柱、台座，以及其他细部形式移植为家具的装饰，而建筑的外形也同时影响到家具造型。文艺复兴式家具的主要特征：外形厚重端庄，线条简洁严谨，立面比例和谐，采用古典建筑装饰等。文艺复兴式家具在欧洲流行了近两个世纪。总的说来，其早期装饰比较简练单纯，后期渐趋华丽优美。此外，不同的国家也都有各自的特点。如法国采用繁复的雕刻装饰，显得富丽豪华；英国把文艺复兴风格与自己传统的单纯刚劲的风格融合在一起，形成一种朴素严谨的风格；北欧的文艺复兴式家具发展缓慢，实际上是将哥特式后期的结构方式与文艺复兴式装饰融为一体。

2）巴洛克式家具

巴洛克式家具是 17—18 世纪流行于欧美的一种家具。巴洛克风格脱胎于文艺复兴风格，但与文艺复兴式的理智的古典主义相反，是一种热情奔放的浪漫主义风格。巴洛克式家具的主要特征：强调整体装饰的和谐，采用夸张的曲线，应用中国式的漆绘装饰等。巴洛克式家具传入法国后，发展成一种既豪华又独特的法国巴洛克家具，称为路易十四式家具。巴洛克家具的常用材料为胡桃木和橡木，并镶嵌龟甲和铜片，在家具的边角上采用包铜处理，最常见的装饰图案是神话人物、螺纹和花叶饰等。

4. 18 世纪家具

18 世纪初期，洛可可风格的建筑和新古典家具已发展成熟并流行于欧洲。18 世纪后半叶，作为欧洲古典主义文艺思潮的反映，新古典风格兴起并取代了洛可可风格。18 世纪也是英国家具发展的黄金时期，涌现了许多著名的设计师。

洛可可式家具是在刻意修饰巴洛克式家具的基础上形成的一种浪漫主义风格的新家具。由于这种风格的家具形成并流行于法国路易十五时期，故又名路易十五式家具，其主要特征是优美弯曲的线条和精细纤巧的雕饰相结合。所有洛可可式家具的脚都是弯曲形的，有的连柜门也被处理成柔和起伏的曲面。家具上的雕刻装饰以带状的涡卷饰，四周满布的叶饰，以及蚌壳、水草等曲线形花纹最为典型。洛可可式的彩漆家具也很具特色，其中以黑漆和白漆为多，并饰以华丽的贴金浮雕和镶铜装饰，具有异常纤秀典雅的艺术效果。

新古典式家具，法国的新古典风格家具成熟于路易十六时期，因此又称为路易十六式家具。它很快被传播到意大利、德国和西班牙等国。新古典式家具的特征是以削瘦的直线为造型的基调，追求整体比例的协调，不作过分的细部雕饰，表现出了注重理性、讲究节制、结构清晰和脉络严谨的古典主义精神。家具多采用由上而下、逐渐收缩的方形或圆形的脚，柜体的边框部分则多用桃花心木等名贵木材做菱形或锥形的镶嵌贴面装饰。

英国家具。英国在 18 世纪前后出现了一批杰出的家具设计师。最著名的有 T. 齐彭代尔。他以英国本土家具为基础，接受了洛可可风格和中国艺术的影响，进而创造出一种具有独特风格的齐彭代尔式家具。1770年，建筑师R.亚当首先在英国掀起新古典运动的热潮，创造出亚当式家具。它的造型以直线为主，并采用古典题材的雕刻和彩绘装饰，充分地体现了新古典风格的特色。G.赫普尔怀特早期曾为亚当兄弟制作过许多新古典风格的家具，直至1775年间，他才创造出具有自己风格的赫普尔怀特式家具。这种家具比例优美、造型雅致，并善于运用曲线，兼有古典式的高雅和法国式的纤巧，恰与亚当式家具严肃的古典造型形成鲜明的对比。T.谢拉顿是英国18世纪后半叶新古典时期的后起之秀。谢拉顿式家具多用直线构成，形体较为小巧而修长，简洁的结构与实用性结合得非常完美，表现出纯净和优雅的特征。

5. 19世纪家具

帝国式和拜德米亚式都是继新古典主义之后流行于欧洲的复古主义的家具风格。19世纪后期，随着工业革命的发展，欧洲的设计界兴起了一些反传统的运动。1861年，W.莫里斯组建莫里斯公司，从事家具、地毯、壁纸和印花布等的设计。1888年，在莫里斯的努力下，工艺美术协会在英国成立，进而展开了反传统的手工艺运动。这个手工艺运动主张结合艺术家和技师的力量，强调个人的手工艺技能，并且企图建立一种新的设计形式。他们虽然完全忽略了甚至排斥机器的作用，但还是创始出一种简单朴实而且充满乡村气息的新的家具形式，这使家具设计脱离了对传统的模仿而进入一个新时期。

1）帝国式家具

帝国式家具属晚期的古典装饰家具，产生于法国大革命后，发展成熟于1804—1815年拿破仑称帝期间。帝国式家具以忠实的考古态度去模仿古代的艺术形式，在造型上模仿古代建筑的轮廓，装饰上采用古代的神像、花环、古瓶和皇冠等图案。装饰手法除雕刻、镶木和彩绘贴金外，对铜制镀金饰件的应用也十分普遍。

2）拜德米亚式家具

拜德米亚式家具为古典装饰家具史上的最后一种家具风格，流行于1815—1848年的欧洲。源于欧洲乡土家具的拜德米亚风格，具有简单朴实而拘谨沉重的特征，并多采用桃花心木等名贵木材做贴面装饰。19世纪中叶，这种风格逐渐倾向于曲线造型和华丽装饰，并在德国发展为新洛可可风格，在法国形成路易·菲利普风格，在英国则发展成早期维多利亚风格。这些实际上都是模仿和拼凑历史上各种风格而成的家具样式风格。

6. 20世纪家具

20世纪初，首先在欧洲各国出现了一些现代主义运动。较有影响的是荷兰的风格派和德国的包豪斯，并由此奠定了现代家具的基础。第二次世界大战以后，现代家具进入了一个新的发展时期，在美国形成了美国国际风格家具。

1）风格派家具

1917 年，一批荷兰画家、建筑师和设计师创刊了《风格》杂志，并以此作为这个学派的名称。风格派接受了立体主义的观点，主张采用纯净的立方体、几何形及垂直或水平的面来塑造形象，追求明晰、功能和秩序的美学原则，强调抽象化和简练化的艺术风格。著名的红蓝椅就是风格派的成员 G. 里特韦尔的代表作。

2）包豪斯家具

包豪斯是德国一所综合造型艺术学院的简称，创办于 1919 年，1933 年被德国纳粹政权封闭。虽然只有短短 14 年的历史，但它在现代艺术和设计方面的贡献和影响却是巨大的。包豪斯填平了 19 世纪以前存在于艺术与工艺技术之间的鸿沟，使现代艺术与现代技术获得了完美的统一。由该校毕业并留校任教的著名设计师 M. 布罗伊厄曾设计过许多杰出的现代家具，这些作品充分地体现了包豪斯注重功能，面向工业化生产，力求形式、材料及工艺的一致等设计特点，从而成为现代家具的典范。

3）国际风格家具

包豪斯被封闭后，德国许多著名设计师和教育家先后来到美国，为美国的现代设计运动奠定了基础，并在 1940—1950 年发展形成美国国际风格。这种风格的家具以功能为依据，以单纯的几何形作为造型的要素，寻求完美的比例，并以精确的技术和优良的材料作为其质量的保障，充分表现出完美合理、简洁明快和富于秩序的现代感。

二、欧洲古典家具

1. 欧式家具发展史

一讲到欧式家具，人们一般就会想到"金碧辉煌"这四个字。这四个字的内涵是很深的，它们不仅是指家具产品外观的华贵、用料的考究，还有内在工艺的细致、制作水准的高超和严谨，更重要的是它们包含了厚重的历史传奇。

欧式风格的家具一般都有历史渊源。这个产品是给谁用的？这个产品的使用者有什么嗜好，有什么价值倾向与信仰？这个时代推崇和欣赏的什么？……这些都是产品设计师首先要了解清楚的问题。很简单，早期的欧式家具是贵族有产阶级的专有奢侈品，他们与生俱来就享有奢华、特权。既然欧式家具早期的使用者，后期的追崇者、拥有者都是一些有权有势的人物，那么，欧式家具肯定会金碧辉煌，就像盛开的玫瑰园中弥漫着花香一样自然。

欧式家具的设计风格直接地受欧洲建筑、文学、绘画甚至音乐艺术的影响。

欧洲古典家具，一般是指11世纪到19世纪这一历史时期改变日常生活风格、内涵和标准的家具及装饰的仿古复制品。这种家具有其精益求精的特点：以实木为材料，既有很好的硬度，又具相当的柔韧性；可雕刻出细腻的图案，又不至于开裂，使用期可达几十年以上。采用手工生产，浓厚的文化气息使其超越了"流行"的概念，而成为一种品位的象征。

2. 古典的含义

（1）"古"有两个解释：一个代表着已知和未知的遥远，代表着历史；另一个代表着一种深度，表示事物有丰富的内涵。

（2）"典"有两种解释：典雅、优美；经典。

那么，欧式古典家具就可以理解为：在欧洲家具历史的长河中沉淀下来的，被历史无数次证实的，有保存价值的可以作为典范的作品。

3. 发展阶段

对欧式家具设计影响最深的首推欧式建筑。根据相关记载，欧洲古典家具的发展分为以下7个阶段。

1）罗马风格（11—13世纪）

这个时期是一个以柱式结构为主的时代，讲究从教堂圆形弓顶得到的启示，雕刻、镶嵌等艺术手法处于次要地位，用料粗大、线条简单。罗马柱式结构可以归纳为5种基本柱式。5种柱式中又以克林斯柱式、爱奥尼亚柱式和组合式柱式3种在家具及家具展厅装饰中的运用最为普遍。

2）哥特式风格（14世纪）

这是以精雕细琢与华丽的镂空花纹构成的新式家具，盛行于法国，以尖顶、拱券和垂直线为主，高耸、轻盈、富丽而精致，对其影响很深的古建筑代表有英国的西敏寺、法国的巴黎圣母院、德国的科隆大教堂。对哥特式建筑的形容，人们用了这样一句话："它如火焰般蹿向天际，刚直、挺拔。"而这一时期的家具制作，是以模仿建筑外形为主的，现存于世的这一风格家具以西班牙最多和最为原汁原味。

3）文艺复兴时期（15—16世纪）

这一时期的家具清一色地成了仿古艺术的产品，而且绝对是温室里的花朵。但这个时期的绘画艺术对家具的影响巨大，家具制造工匠们开始讲究木材饰面材料的花纹和颜色，开始用天然有色木材来拼接精美的画面。人们这样评价文艺复兴时期的家具作品：平衡、含蓄、节制，且富于理性和逻辑性。重要的是，这一时期的家具没有形成自己传世的风格，这样就在历史的长河中逐渐被淹没。

（1）家具图案：主要表现在扭索（麻花纹）、蛋形、短矛、串珠线脚以及叶饰、花饰等。

（2）装饰题材：宗教、历史、寓言故事。

（3）家具主要用材：胡桃木、椴木、橡木、紫檀木等。

（4）镶嵌用材：早期是骨、象牙和色泽不一的木料，盛行期发展到用抛光的大理石、玛瑙、玳瑁和金银等珍贵材料镶嵌成有阿拉伯风格的花饰。特点：对称形。

（5）蒙面料：采用染有鲜艳色彩的皮革。

4）巴洛克时期（17—18世纪）

巴洛克一词是葡萄牙文，意为畸形的珍珠，含不整齐、扭曲、怪诞之意。　巴洛克风格家具产品宏伟、生动、热情、奔放，在技法上则大量采用雕刻、贴金箔、描金等手法。

（1）特色：巴洛克的主要特色是强调富有戏剧性、力度、变化和动感，沙发华丽的布面与精致的雕刻互相配合，将高贵的造型与地面铺饰融为一体，气质雍容；强调建筑绘画与雕塑及室内环境等的综合性，突出夸张、浪漫、激情和非理性、幻觉、幻想的特点；打破均衡，平面多变，强调层次和深度；使用各色大理石、宝石、青铜、黄金等装饰，华丽、壮观，突破了文艺复兴古典主义的一些程式、原则。

（2）雕饰图案：不规则的贝壳纹、美人鱼、半人鱼、海神、海马、花环、涡卷纹等。

（3）运用：常常运用人体雕像作为桌面的支撑腿或桌面下的横托装饰。

（4）特点：除了精致的雕刻外，金箔贴面、描金添彩涂漆及薄木拼花装饰也很盛行。

5）洛可可时期（18世纪）

讲到洛可可风格就不能不讲到一个人，他就是英国的家具设计大师奇朋代尔（1718—1779）。他是将中国的塔、苏州的园林技术等东方元素与西方家具制作技艺相融合的第一人。他同时是英国家具界最有成就的家具设计师，也是第一个以设计师的名字命名家具风格的家具师。洛可可风格是法文"岩石""贝壳"的复合词，洛可可艺术家具注重体现曲线特色。沙发靠背、扶手、椅腿与画框大都采用细致典雅的雕花，椅背的顶梁都有玲珑起伏的"C"形和"S"形的涡卷纹的精巧结合，椅腿采用弧弯式并配有兽爪抓球时的椅脚，椅背顶梁和画框的前梁上都有贝壳纹雕花。

（1）特征：柔美、回旋的曲折线条和精良、纤巧的花纹。

（2）特点：以白色为基调，在白色基调上镂以优美的曲线雕刻，通过金色涂饰或彩绘贴金，最后再以高级硝基来显示美丽纹理的本色涂饰。

（3）装饰图案：主要有狮子、羊、花叶边饰、叶蔓与矛形图案等。

6）新古典主义（起源于18世纪末期）

新古典主义的设计灵感来自古希腊、古罗马。新古典家具的特点是克制，多采用对称的设计和长方形。建筑细节和图案经常被用来作为装饰。腿部常常采用古典建筑栏杆形式。新古典家具是一个独特的几何形状混合体，包括轮、拱门、矩形和曲线。

（1）特征：做工考究，造型精练而朴素。

（2）特点：以直线为基调不作过密的细部装饰，以直角为主体，追求整体比例的和谐与呼应。

（3）装饰图案：主要以玫瑰花装饰，花束、杯形等物品相结合，并用丝带系成美丽的花结。

7）维多利亚时期（19世纪）

（1）特征：19世纪混乱风格的代表，不加区别地综合了历史上的家具形式。设计趋于退化。构件厚重，家具有舒适的曲线及圆角。

（2）特点：1880年后，家具由机器制作，采用了新材料和新技术，如金属管材、铸铁、弯曲木、层压木板。椅子装有螺旋弹簧，装饰技艺包括镶嵌、油漆、镀金、雕刻等。采用红木、橡木、青龙木、乌木等制作。

（3）图案花纹：包括古典、洛可可、哥特式、文艺复兴、东方的土耳其花纹等，十分混杂。

19—20世纪以后，家具形式开百花齐放，出现了新古典、现代写意等多样性风格。人们根据生活和个人喜好随意地去创造，不一定非要局限于某一风格。但欧式古典家具在家具的舞台上，已经稳稳地占有了它不可取代的位置。

三、意大利家具

意大利家具在世界家具史上占据着举足轻重的地位，其设计能力闻名全球。在英国的白金汉宫、美国的白宫中都能见到意大利家具的身影，在国际市场上，意大利家具也是摩登豪华的代名词。

1. 历史

意大利家具有丰富的历史根源，与该国的艺术、建筑、工业和经济发展的历史有着密不可分的联系。文艺复兴前期的家具以造型设计的高雅、简朴、庄重、威严而著称，具有纯美的线条和合适的古典式比例。螺旋状而不影响其使用功能的雕刻、细腻的镶嵌、夸张的镀金或彩色装饰都是此时最流行的元素，设计师经常将它们相互结合运用于家具的设计中。如果为丰富家具的表面，一般采用浅浮雕的方式；如果为显示出皇家气派，则常在浮雕上涂上金粉或油漆。直到 16 世纪，家具上才开始出现深浮雕。

2. 意大利风格家具的世界地位

意大利家具是奢华高端的代名词，不仅因为它拥有欧洲古典风格，更由于它把每件家具都当成艺术品的那份认真与浪漫。意大利作为文艺复兴的发源地，家具在悠久文化的积淀之下荟萃了数千年的人文历史，融传统制作工艺和现代科技于一体，以精细的做工和可靠的质量享誉全球。

自 1961 年起，创办迄今已经有 51 年的历史米兰国际家具展，已在全球家具业享有"奥林匹克"盛会的美誉，并成为全世界家具、家饰设计专业人士每年一度"朝圣"的盛会。意大利已经能够以其领先世界的设计和产品，来预示未来家具业的发展趋势和全球家具市场的变化动向，从而对全世界的家具业产生着重大影响。

著名作家和艺术评论家乌贝托·艾科说过，如果说别的国家有一种设计理论，意大利则不仅拥有一套设计哲学，同时还具备一套完整的设计产业链。意大利家具设计哲学植根于意大利优秀的传统艺术文化土壤，它以艺术与科技、传统与现代的完美结合引领全球的设计时尚和潮流，意大利家具已经在世界上确立了独一无二的地位。

3. 设计特点

意式风格的家具，从设计风格上来讲，拥有古典和现代两张迷人面孔，把艺术与功能结合得十分紧密。意大利人不但很会生活，更懂得艺术在生活中的地位。简约一直是意大利家具的特点，简单中不乏时尚与高贵，这就是意式家具经久不衰的原因之一。

意大利不但拥有正宗的欧洲古典风格，而且也是现代设计最具活力的地方。他们将不断进步的工业技术与设计的原创力结合起来，在满足产品功能性要求中追求审美属性。

有不少人都一直钟情意大利，为它那没落的贵族气质着迷。在中国，意大利现代家具一度风靡，人们就是迷恋那份兼具理性与感性的交融，为其背后的艺术美感所折服。更重要的是，方兴未艾的中国设计正在从意大利家具中找寻适合中国的精髓，也有越来越多的家庭把居家环境布置得洋溢着意大利风情。

4. 意大利家具风格分类

文艺复兴时期的意大利家具风格主要为巴洛克、洛可可、罗马、拜占庭等当时欧洲流行的风格，直到第二次世界大战结束以后，意大利设计才开始从北欧设计风格中分流而出，形成了独具地域特色的家具风格。如今，来自托斯卡纳、威尼斯和米兰的三大家具风格在国际家具风格中占据着主导的地位，成为意大利家具风格的主要代表。

1）米兰风格

米兰是世界闻名的大都会，是欧洲重要的工业城市，又有国际时尚之都的称号。米兰不但经济发达，景色也无比秀丽。尤其是被称为"米兰后花园"的科莫湖，其旖旎的风光吸引了无数游人。从罗马帝国时代开始，这里就是王公贵族和名流艺术家们争先修建豪宅别墅的好去处。风格各异的别墅，许多都出自不同年代设计名家之手，又历经几代显赫世家。对世界影响深远的米兰风格（又称布里安扎风格）正是依托前来科莫湖建造别墅的贵族们发展起来的。

米兰风格又分有米兰传统风格和米兰现代风格两种。这两种风格对国际家具风格的影响是同等重要的。若说托斯卡纳风格是为热爱艺术之人量身打造的，那米兰传统风格则是专门为身份高贵的皇室贵族诞生的。

传统的米兰风格是古典、奢华、气派的代名词，精确到每一个细节，尽显宫廷风的严谨和古典至上的华丽感。意大利人对于古典有着别样的理解，他们认为变化会带来意想不到的惊喜，遵循传统古典风格的时候又加入了时尚元素和设计感，这也就使得意大利米兰古典家具风格成了顶级奢华的象征。

在全球工业革命浪潮与包豪斯崛起的背景之下，现代风格应运而生。所谓现代风格，即较多使用直线。米兰现代风格精致而简约，透露着浓重的设计感，在极简现代的造型里却又有十分高贵的气质。

米兰就是这样一个神奇的地区，既能够传承最雍容华贵的古典家具艺术，又能推陈出新，以时尚立足国际。

2）托斯卡纳传统风格

托斯卡纳的首府佛罗伦萨被认为是文艺复兴发端的地方，文艺复兴运动解放了思想，用艺术的形式对神权和王权进行了质疑。"人性"成了文艺复兴时期的关键词。

精致却又不给人以距离感，朴素之中闪烁着人类的智慧，这就是传统的托斯卡纳风格。托斯卡纳风格所追求的是艺术、自然、优雅，运用藤蔓等并不浮夸的装饰纹案。可以说，文艺复兴时期的托斯卡纳风格影响了所有欧洲国家的民间风格，却又更加优雅恬静。

托斯卡纳的人们将现代家具理念加入古典元素，形成了意大利新古典家具风格。新古典家具的用色通常要比传统风格更加大胆，通过色彩营造情调，创造美妙的画境效果。在整体意义上新古典风格的家具是偏现代的，但它又在当代家具的基础上，加入了抽象化的古典元素——不但可以作为装饰，还起到了隐喻的作用。

3）巴洛克风格

17世纪意大利新型贵族阶级诞生，王侯贵族通过得宫殿、邸宅及室内装饰和家具相互攀比。这使得意大利的巴洛克家具在17世纪以后发展到顶峰，家具是由家具师、建筑师、雕刻家手工制作而成的。家具上的壁柱、圆柱、人柱像、贝壳、莨苕叶、涡卷形、狮子等高浮雕装饰，精雕细琢的细木工制作，是王侯贵族生活中高格调的贵族样式，是使家具艺术、建筑艺术和雕刻艺术融合为一体的巴洛克艺术。

4）威尼斯风格

威尼斯是一座美丽的水上城市，是文艺复兴的一个重镇，是文艺复兴的精华所在。威尼斯人十分注重对家园的保护，更钟爱具有历史沉淀感和岁月感的东西。威尼斯的三大传统手工艺术同样闻名世界：威尼斯手工制作的水晶、慕拉诺（Murano）岛的玻璃制品和遍布威尼托大区的木制家具。

威尼斯水城这一特点要求家具不易变形、耐用，材料上多选用胡桃木、橡木坚硬名贵木材制作。低调朴素、传统手工艺、拒绝化学污染是威尼斯家具的特点，拜占庭式和文艺复兴建筑风格融合的和谐与理性是威尼斯家具的基调，威尼斯画派的奔放、优美、强烈的旋律感则是威尼斯家具的灵魂。威尼斯风格的家具是世界家具风格中很有特色的一支。以大气沉稳的设计风格和昂贵的纯实木材质闻名于世的威尼斯风格高贵典雅却又低调朴素，那些形形色色的威尼斯风格家具真实地再现了意大利家具制造的魅力。

5）现代极简风格

现代极简风格精致而简约，透露着浓重的设计感，在现代造型里却又有十分高贵的气质。全球有着几种不同的极简风格，意大利米兰、德国和北欧是全球最主要的极简家具制作地区。其中最为朴素的是北欧极简风格，工业化痕迹最重的是德国的风格，而在简约中透着奢华与时尚的就是米兰的极简主义了。

5. 做工

意大利家具以精细的做工、出色的设计和可靠的质量，在世界上拥有极佳的口碑。意大利现代风格的私人住房设计风格简洁，大量强调墙壁上的留白，一般不做烦琐的修饰，往往在一个简洁的天地里以家具、灯光等有机组合来构建起舒适的家居氛围。

6. 艺术与实用的平衡

意大利作为文艺复兴的发源地，在悠久文化的积淀之下。其家具的设计也被赋予了无与伦比的艺术魅力。精湛的工艺、优雅的造型、充满人文精神的设计理念，造就了兼具理性与感性的意大利家具。

7. 意大利家具发展沿革

意大利以中小企业立国，同样也跻身全球发达国家之列。自从"二战"以后，意大利家具制造业开创了"设计引导生产"的制造模式，意大利政府对设计工业的大力扶持，使意大利的设计师们获得了空前的用武之地：设计师在企业的主导权至高无上，大多数老板本身就是杰出的设计师。而家具工厂的员工相当少，拥有100名员工的家具企业，绝对是大企业。

四、法式家具

法国是一个集浪漫与奢华、品位与安逸的国度，而法式家具也依然拥有昔日法国宫廷的古典遗风。法工家具上精致的描金花纹图案，加上古典的裂纹白色底漆，完全摒弃了传统欧式家具的严肃压迫感，营造出旁人所艳羡的法国贵族奢华、浪漫的生活氛围。法国古典家具的材料基本上为樱桃木，不管其他地区流行的是榉木还是橡木，法国的古典和现代家具都一直坚持使用这种材料。

法国是一个懂生活的国度，其时装、香水、烹饪举世闻名，作为法国式生活艺术一部分的法式家具自然也不例外，它传承了法国人特有的气质——完美与感性。法式家具在色彩上以素净、单纯与质朴见长。爱浪漫的法国人偏爱明亮色系，以米黄、白、原色为最多。所以，有人称法式家具为"感性家具"。

洛可可风格仍然是法式古典家具里最具代表的一种风格，以流畅的线条和唯美的造型著称，受到了广泛的认可和推崇。洛可可风格带有女性的柔美，最明显的特点就是以芭蕾舞者为原型的椅子腿，可以感受到那种秀气和高雅，那种融于家具当中的韵律美。它注重体现曲线特色，沙发靠背、扶手、椅腿与画框大都采用细致典雅的雕花，椅背的顶梁都有玲珑起伏的"C"形和"S"形的涡卷纹的精巧结合装饰，椅腿采用弧弯式并配有兽爪抓球造型，椅背顶梁和画框的前梁上都有贝壳纹雕花。繁复的设计和精工细作使得法式家具价格不菲。但是，法式家具依然有着许多拥趸，因为从法式家具可以感知到法国悠久的文化历史。

橡果树木的芬芳，手工制造的柔和光泽……法式的乡村古典系列诞生于法国细木工匠们的灵感。带着真实的古朴和原味的典雅，从上面可以看到历史的痕迹。法式乡居生活，是繁华城市与小镇自然之间的优雅格调。法式家具还带有浓郁的贵族宫廷色彩，富含艺术与文化气息。强调手工雕刻及优雅复古的风格，如法式仿古家具以桃花心木为主要材质，完全采用手工精致雕刻，保留典雅的造型与细腻的线条感，使家具多了一份古朴的风味。法式古典家具的椅座及椅背分别有坐垫设计，均以华丽的锦缎织成，以增加乘坐时的舒适感。在家具上还有大量主要起着装饰作用的镶嵌、镀金与亮漆，极尽皇族的富贵豪华。此外，许多法式家具的材面上都会有所谓仿古涂装之小黑刮痕，此类刮痕并不是一种质量上的问题，而是家具的制造者为模仿古老家具特意弄上去的，想为家具留下一点历史的痕迹。

要布置出一个有法国风味的家，首先一定要是个配色高手，因为法式家具的搭配非常讲究造型美观。例如，法国人在沙发上总不会忘记铺条有流苏的毯子，他们简直就已经是把家具当成服装来使用了，法式家具就像它的"服装"一样好看。与居室的搭配中，选择法式的古典家具一定也要与室内的风格相协调，比如色彩上要选择柔和、中性的色彩，又比如米黄、奶白和纯白都比较适合，再比如窗帘和布艺可以选择细碎花布，以营造浪漫和华美的生活气息。

五、英式家具

英国是老牌的工业国家，其家具制造历史悠久，是欧洲的家具生产大国之一。英式家具造型典雅、精致富有气魄，往往注重在极小的细节上营造出新的意味，尽量表现出装饰的新和美。几百年过去了，英国家具依然以全新的魅力在世界各地展现出其动人的一面。

1. 英式家具的特点

英国古典家具美观、优雅而且调和，喜爱使用饰条及雕刻的桃花心木，给人的感觉是沉稳、典雅。在英国的古典家具中就能常见到雕刻木质嵌花图案，一股古典韵味扑面而来。英国老家具有别于其他国家的欧式古典家具，浑厚、简洁是18世纪末、19世纪初英国老家具的独特风格，历经岁月的洗礼与沉淀，留下亲切而沉静的韵味，英国老家具就跟老朋友似的，让人体会到亲切而真挚的感受。

2. 英式家具的发展历程

早期的英国家具以橡木为主。在15世纪哥特式家具时期，英式家具呈现严肃而单纯的风格，采用框架镇板结构方式、典型的窗格花饰和折叠亚麻布装饰。

英国的装饰家具发展得较为迟缓，当巴黎等地的家具风格已从文艺复兴盛期转入晚期时，此风格才传入英国并开始流行起来。直到伊丽莎白女王时代，英国家具艺术才走上新的途径。

胡桃木取代橡木始于17世纪中期，胡桃木易于细雕工，所以这时候的英国家具比早期的家具更为精致而进步。此时，英国文艺复兴时期家具已近尾声，而进入巴洛克时期，发生了两种极为显著的变化：一方面，是乡间较为粗糙的橡木平刻家具被单纯的胡桃木家具所取代；另一方面，是皇宫和贵族受意大利与法国宫廷的影响，采取了极端奢华的装饰风格。但是，在17世纪末期，英国家具即抛弃了这种风格，转而专心致力于本土胡桃木家具的发展，外型上流露出质朴而素雅的感觉。本时期的英国家具均采用了胡桃木为材料，因此被称为"胡桃木时期"。

田园乡村风格是一般人对英国式家居的印象，一些花花草草的配饰、华美的家饰布及窗帘衬托出英国独特的居室风格，小碎花图案是英式乡村调子的主题。英式手工沙发线条优美、颜色秀丽，注重面布的配色及对称之美，越是浓烈的花卉图案或条纹表现就越能传达出英式风格的味道。今天，英国式家具受近代建筑的影响，其风格早已产生革命性变化，不再以女性柔美为主流，高科技感、坚固实用的铜铁家具反而从另类中抬头，形成一股强大力量，呈现出"未来派"风格。例如，以金属色为主的灯饰、桌子等。凡是带有宇宙光泽的个性化产品，都成为英国式家具的卖点。

六、北欧风格家具

材质上的精挑细选，工艺上的尽善尽美，回归自然，崇尚原木韵味，外加现代、实用、精美的设计风格，北欧风格家具反映出现代都市人进入后现代社会后的另一种思考方向。北欧人强调简单结构与舒适功能的完美结合，即便是设计一把椅子，也不仅要追求它的造型美，更注重从人体结构出发，讲究它的曲线如何在与人体接触时完美地吻合在一起，使其与人体协调，让人倍感舒适。松木家具的大量使用，满足了人们既想亲近自然又要注重环保的最新需要。

1. 北欧家具设计风格的色彩

北欧瑞典风格的居家，浅淡的色彩、洁净的清爽感，让居家空间得以彻底降温。客厅空间的布置重点，在于家具的选购与色彩以及布品的搭配，协调、对称的技巧，让每一个细节的铺排，都呈现出令人感觉舒适的氛围。

想要营造一个北欧风格的居家空间，色调上以浅色系为主，如白色、米色、浅木色等；而材质方面以自然的元素，如木、藤、柔软质朴的纱麻布品等。所使用材质、色彩都可兼容，而且比重拿捏得当，若想做点装饰变化也需掌握重点。使用北欧风格不可或缺的天然元素，再加入一点其他材质如金属类，然后再考量颜色的搭配是否协调。

2. 什么是北欧风格

大体来说，北欧风格有两种，一是充满现代造型线条的现代风格，另一种则是充满原生态意味的自然风格，不过当然其间并没有那么严格的界线，很多混搭后的效果也是不错的。现在的居家不会完全遵循同一种风格，通常是以一个风格为基础，再加入自己的收藏或喜好。

说起北欧风格，很多消费者都知道这种风格简洁、现代，符合年轻人的品位。但什么是原汁原味的北欧风格，许多人却说不出个所以然。所谓北欧风格，是指欧洲北部五国挪威、丹麦、瑞典、芬兰和冰岛的室内设计风格。由于这5个国家靠近北极，气候寒冷，森林资源丰富，因此形成了独特的室内装饰风格。

1）木材：室内装修的灵魂

为了有利于室内保温，北欧人在进行室内装修时大量使用了隔热性能好的木材。因此，在北欧的室内装饰风格中，木材占有很重要的地位。北欧风格的居室中使用的木材，基本上都使用的是未经精细加工的原木。这种木材最大限度地保留了木材的原始色彩和质感，具有很独特的装饰效果。

为了防止过重的积雪压塌房顶，北欧的建筑都以尖顶、坡顶为主，室内可见原木制成的梁、檩、椽等建筑构件。这种风格应用在平顶的楼房中，就演变成一种纯装饰性的木质"假梁"。这种装饰手段，经常被用来遮掩空间中的过梁。

除了木材之外，北欧室内装饰风格常用的装饰材料还有石材、玻璃和铁艺等，但都无一例外地保留这些材质的原始质感。

2）色彩：蓬勃生命力的象征

北欧地区由于地处北极圈附近，气候非常寒冷，有些地方还会出现长达半年之久的"极夜"。因此，北欧人在家居色彩的选择上，经常会使用那些鲜艳的纯色，而且面积较大。在20世纪初北欧人也开始尝试使用浅色调来装饰房间，这些浅色调往往要和木色相搭配，创造出舒适的居住氛围。

北欧风格的另一个特点就是黑白色的使用。黑白色在室内设计中属于"万能色"，可以在任何场合，同任何色彩相搭配。但在北欧风格的家庭居室中，黑白色常常作为主色调或重要的点缀色使用。

３）简洁：设计和装修的精髓

北欧风格以简洁著称于世，并影响到后来的"极简主义""后现代主义"等风格。在20世纪风起云涌的"工业设计"浪潮中，北欧风格的简洁被推到极致。反映在家庭装修方面，就是室内的顶、墙、地六个面完全不用纹样和图案装饰，只用线条、色块来区分点缀。这种风格反映在家具上，就产生了完全不使用雕花、纹饰的北欧家具。

板式家具也起源于北欧，这种使用不同规格的人造板材，再以五金件连接的家具，可以变幻出千变万化的款式和造型。而这种家具也只靠比例、色彩和质感，来向消费者传达美感。

七、日式家具

传统的日式家具以其清新自然、简洁淡雅的品位，形成了独特的家具风格。对于生活在都市森林中的人们来说，日式家居环境所营造的闲适写意、悠然自得的生活境界，也许就是他们所追求的。

1. 传统日式家具的渊源

提起日式家具，人们立即想到的就是"榻榻米"，以及日本人相对跪坐的生活方式。大和民族的低床矮案，给人以非常深刻的印象。在这里必须指出的是，"日式家具"和"日本家具"是两个不同的范畴，"日式家具"只是指日本传统家具，而"日本家具"无疑还包括非常重要的日本现代家具。

传统日式家具的形制，与古代中国文化有着莫大的关系。而现代日本家具的产生，则完全是受欧美国家熏陶的结果。

2. 日式屏风与中式屏风设计风格比较接近

传统的日式屏风的图案多取材于历史故事、人物、植物等，大多是工笔画，色彩多用金色、灰色、白色等柔和色调。

中国人的起居方式，以唐代为界，可分为两个时期。唐代以前，盛行席地而坐，包括跪坐，因此家具都较低矮。入唐以后，受西域人影响，垂足而坐渐渐流行，椅、凳等高形家具才开始发展起来。而日本在学习并接受了中国初唐低床矮案的生活方式后，一直保留至今，形成了独特完整的体制。唐之后，中国的装饰和家具风格依然不断传往日本。例如，日本现在极常用的格子门窗，就是在中国宋朝时候传去的，可见日本文化受中华文化影响之深。

明治维新以后，在欧风美雨之中，西洋家具伴随着西洋建筑和装饰工艺强势登陆日本，以其设计合理、形制完善、符合人体功学的特点，对传统日式家具形成了巨大的冲击。但日本传统家具并没有消亡，时至今日，西式家具在日本仍然占据主流，而双重结构的做法也一直沿用至今。

一般日本居民的住所，客厅、饭厅等对外部分是使用沙发、椅子等现代家具的洋室，卧室等对内部分则是使用榻榻米、灰砂墙、杉板、糊纸格子拉门等传统家具的和室。"和洋并用"的生活方式为绝大多数人所接受，而全西式或全和式都很少见。

3. 严谨

日式家具充分体现了日本民族的严谨，每个细节都安排得井井有条，精致万分。日式小家具都充满了人性化，它的使用功能已经发挥到极致，"合理"二字已不能很好地概括了。其细节处理极其到位，每一格、每一档，比例合理，可以最大限度地使用。

4. 自然主义

日式家具充满了自然之趣，常采用木、竹、藤、草等作为家具材质，而且能够充分展示其天然的材质之美。木造部分只单纯地刨出木料的年轮，再以镀金或青铜的用具加以装饰，体现人和自然的融合。

有很多生动有趣但又非常合理的家具，材质一般都是原木和黄藤。其中有一款梳妆台系列非常棒，一桌一椅，全部是黄藤。桌面其实就是一个可以打开的大盒子，盒盖是一面镜子，盒子里可以放一些女人化妆用的坛坛罐罐。还有一款是穿衣镜，这个穿衣镜是多功能的，后面可以挂一些最近几天常穿的衣服，而且回家后，还可以把衣服挂在上面，起到一个挂衣架的作用，简便实用。还有放鞋的藤柜，有一个藤门，一个木把手。原木制的水果篮和饰物筐，里面包着一层麻，外面贴着可爱的麻布小标签。

榻榻米是日本独有的铺地草垫，最具特性的榻榻米是日本独有的铺地草垫，以麦秆和稻草制成，标准厚度为 55 毫米。榻榻米具有良好的透气性和保暖性，在日式民居中得到了广泛的应用。

5. 现代理性风格

简单的盛碗筐、厨房的味料箱、杂物架甚至是垃圾桶，或者是木制的，或者是全钢的，而且很多下面带着小轮子，轮子虽小，功能多多。有一个放洗衣机的可自由拆合的架子，上面可放洗涤用品，侧面可以挂毛巾，甚至是晾衣服，而且它可以拖动到任意的地方。晾衣架可以自由拆合，可以拿到户外，也可以固定在墙上，完全自由随便地使用，最大限度地满足需要。有一个放书籍和工艺品的小东西，根据其厚度深浅可分为三层，越往外宽度越小，由此可以最大限度地利用空间。

6. 简洁质朴风格

日式家具最大限度地强调其功能性，装饰和点缀极少，直线造型，线条简洁，即使偶有装饰，也在理性节制的范围之内。这应该说与日本民族的性格有关。日本人讲究禅意，淡泊静心、清新脱俗，所以家具风格极少过于豪华、奢侈。由此可窥见日式家具的风格。

在现代人的家庭生活中，和式推拉门已经从单纯的壁柜门、隔断门演变成客厅的书柜门、卧室的衣柜门玄关处的柜门、衣帽间阻挡灰尘的门以及开放式厨房的推拉门。和式推拉门非常具有日式文化特色，这是一种典型的日式风格家具。

项目 2
家具市场基本知识

任务1 家具市场概述

一、中国家具市场基本情况

1. 中国家具市场现状

我国家具市场规模巨大，截至 2018 年，国内共有家具企业 10 多万多家，其中年收入超过 2 000 万元的规模以上家具企业超过 5 500 家。自 2014 年以来，规模以上企业销售收入均超过 2 000 亿元，其中 2017 年达到了历史最高点 2 809 亿元。2018 年，家具市场虽然受到房地产市场的影响，仍然取得了 2 205 亿元的收入。

总体上看，我国广东家具、川派家具、浙派家具等都各出奇招，抢占销售渠道和市场，成为我国家具市场的领头羊。但具体而言，家具企业规模小、数量众多、竞争力不足也成为不争的事实。国内家具企业中，90% 以上的企业都是中小型民营企业，年销售额在 10 亿元以上的家具企业凤毛麟角，家具企业占据 1% 的市场份额都是不可完成的任务，行业集中度非常低。产品同质化、消费成熟、利润下降等现象已经成为制约国内家具企业发展的瓶颈。

2. 中国家具消费的几个阶段

1）储物阶段

最早的时候，在人们的眼中，家具仅仅是一种包装箱而已。这时的家具，其主要功能是进行物品的储存，几乎什么物品都一股脑儿地塞进箱子里，几乎没有人具备物品分类理念。

2）实用阶段

这一时期，出现了诸如床、写字台、衣柜等家具。分门别类的功能家具让人们的生活更加方便，节约寻找物品的时间，使家具充分满足人的生活与工作的需要。

3）空间利用阶段

这一时期，人们的生活有了一定到改观，对家具的需要更加迫切。人们一时还没有解决居住空间狭小的问题，只好让家具适应空间的需要，折叠椅、折叠床、联壁家具等充分利用空间的家具便应运而生。

4）气派阶段

这一时期，钱包鼓起来的一部分人开始迷失，对家具的作用产生了误解。他们一味追求豪奢，家具不求最好，但求最贵，不管什么风格，也不管放在一起是否协调，只要气派就行。

5）成熟阶段

这一时期，人们对家具的选择趋于理性和成熟，个人风格逐渐形成，消费者的眼光逐渐从家具的数量消费转变为质量消费。人们更加注重家具的审美，开始把家具的设计风格和文化与自身的品位联系起来。后现代家具作品、简约风格作品、乡村风格家具等各种家具设计流派的作品逐渐充斥中国家具市场。

3. 家具业的市场机会

1）生活理念的更新

随着人民的物质文化生活水平的提高，人们对家居的消费观念正在发生变化，过去的若干年里，当人们为了生活四处奔走的时候，不可能有更多的心思放在家具上，一块门板，可能就承担了供人们坐、卧、工作台的全部家具功能。

2）经济形式的好转

经济形式的不断好转，房地产管理的规范，以及信贷政策的改革，使广大居民的住宅条件得以改善，进一步刺激了家具的需求；并且人们对家具的质量、档次、款式的要求越来越高，中高档产品的需求呈现上升势头。如今人们对于家具不仅是要求它的使用功能，对审美的要求也与日俱增，成品家具基本上已经全面取代了自制家具，人们更换家具的年限也在不断缩短。

3）办公条件的现代化

人们在不断努力改进自己的工作条件，随着办公现代化时代的来临，旧式办公家具的更新换代已成趋势。据预测，在家具的总销售量中，办公家具所占份额将由过去的 20% 左右上升到今后的 30%~35%，占整个家具总销售量的 30% 以上，新建工厂、写字楼、学校等每年消费的家具都是一个天文数字。

4）宾馆饭店的更新

随着我国改革开放取得的巨大成就，我国的国际地位不断上升，人民生活水平不断提高，我国旅游业井喷式发展，酒店业因成绩卓著而欲大展宏图，各类宾馆、酒店、民宿及农家乐的进入了建设和升级改造的高峰期，酒店业对家具的需求也是海量的。

5）儿童家具消费逐渐升温

进入21世纪以来，我国每年在校少年儿童接近3亿人，随着城镇居民住房条件的不断改善，儿童家具已成为家具市场的消费热点之一。如今，随着住房条件的改善，不少二孩家庭中的子女也都各自有一间自己的居室，再苦不能苦孩子的思想让绝大多数家长为他们的孩子购买床具、写字桌和书柜等家具时，都会考虑高中档儿童家具。再加上孩子成长快，儿童家具更新频率高，我国二手家具流通不畅，因此，适合3~16岁不同年龄、不同身高孩子的儿童家具将具有广阔的市场。

6）农民消费观念改变与农村新房增加

我国有2亿农村家庭，9亿农民，这是一个最大的潜在市场。随着农村乡镇企业经济的发展和"小城镇"建设的进一步实施，农村与城镇的差距越来越小，大部分农民都较快地高裕起来，并普遍盖起了新房（一般每家有200~300平方米），农民对家具的消费观念正在发生根本性的转变，已由过去的自制家具逐渐发展到购买家具。虽然目前大多数购买的是中低档产品，但需求中高档家具的潜在市场十分巨大。21世纪初期，农村人均家具消费不足城市人均消费的20%，但是年轻一代的农村人对家具的消费观念已经悄然改变，农村家庭购买家具的比例将以每年30%的速度递增。

二、家具品牌

在中国家具行业中，各种品牌鱼龙混杂，但至今还没有出现真正意义上的行业寡头。从消费者对家具品牌认知情况来看，令人吃惊，国外品牌宜家的总体知名度达到了78%，远远超过了本土的品牌。北京、上海的消费者对于宜家的认知度都很高，分别达到96%和99%。宜家在进驻广州1年多的时间里，就在广州取得了85%的高知名度，宜家成都店已于2006年年底开业，很快就取得了92%的知名度。宜家在中国取得了如此的佳绩，归功于其成功的品牌策略。

面对宜家这个竞争对手，国内的品牌也在努力追赶。四川的全友家私以整合营销理论为基础，结合中国家具市场的具体实际，开发了"爆破"这一促销模式，一举成为川派家具的"带头大哥"，同时也成为中国最知名的家具品牌之一。如今，"爆破"这一促销模式已经成为家具企业营销"武器库"中的"常规武器"。

由于家具企业的规模限制和家具产品的特殊性，家具品牌不可能像快消品一样倾泻广告，加之传播方式有限，因此品牌传播之路十分崎岖。

1. 家具品牌传播途径

家具卖场和口碑是最有效的两种品牌传播途径。家具卖场和亲朋好友介绍是消费者了解家具品牌的主要途径。78% 的消费者是通过家具卖场，60% 的消费者是通过亲朋好友的介绍了解到家具品牌的。这告诉家具企业，卖场建设和管理的工作必须抓紧，同时也应该注重建立良好的口碑。

通过比较宜家及红苹果这两个知名度较高的品牌，我们发现宜家将报刊杂志和户外广告两个宣传渠道运用得非常成功，通过这两个途径认识到宜家的消费者比例均达到 25%，而通过这两个途径认识到红苹果的消费者比例还没有超过 10%。但红苹果在亲朋好友介绍这个途径的表现则要优于宜家。每个企业都需要根据自身的情况，探索最有效的品牌宣传途径。对宜家而言，向特定消费群派发目录手册的方式比其他形式的广告更加廉价和有效。

品牌传播途径

	总　体	红苹果	宜　家
基　数	346	37	91
家具店面 /%	78	70	77
亲朋介绍 /%	60	70	62
电视广告 /%	32	30	37
报纸杂志 /%	21	8	25
户外广告 /%	22	5	25
互联网 /%	8	11	12

2. 家具品牌形象评估方式

消费者主要通过产品质量来评估家具品牌，可靠的品质是品牌建设的基础。有 86% 的消费者会通过产品品质来评估家具品牌的形象，而通过广告数量来评估品牌的消费者比例仅为 13%。这再次提醒家具企业，在建设品牌的过程中，不能本末倒置，忽略产品品质。只有让消费者感受到卓越的产品和服务品质，才能建立品牌的美誉度和忠诚度。单纯地靠广告、靠包装并不能解决问题。另外，消费者也逐渐开始关注产品的设计，有 51% 的消费者会从产品设计来评估品牌的形象，这也对企业的原创设计能力提出了更高的要求。

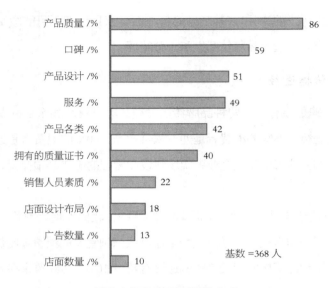

产品质量 /% ▬ 86
口碑 /% ▬ 59
产品设计 /% ▬ 51
服务 /% ▬ 49
产品各类 /% ▬ 42
拥有的质量证书 /% ▬ 40
销售人员素质 /% ▬ 22
店面设计布局 /% ▬ 18
广告数量 /% ▬ 13
店面数量 /% ▬ 10

基数 =368 人

消费者评估家具品牌的方式

3. 家具品牌使用情况

在北京和上海，消费者难挡宜家魅力，宜家成为两地消费者使用率最高的家具品牌，其在北京和上海的使用率分别达到 14% 和 18%。在北京，本土品牌天坛表现不俗，以 12% 的使用率紧贴宜家，宜家和天坛两个品牌一同组成了北京家具市场的领军集团。在上海，宜家继续保持着其竞争优势，进一步拉大了与其他品牌的距离。

作为家具厂家传统优势市场的广州和成都，本土品牌依然坚守阵地。金海马凭借其成熟的销售网络，以 19% 成为广州地区使用率最高的家具品牌；红苹果、皇朝、联邦等广东品牌也充分显示了其本土优势，在广州地区的使用率分别为 12%、10% 和 7%。八一、青田、全友等成都品牌，在自家门口显示出强劲的实力，同时也开始了有了专注自己的专注领域。八一家具以八一家具城为核心，重点放在提供家具企业营销服务上，家具产品虽然只保留了床垫，在川内的知名度却不断上升。全友、双虎等"川军"中的佼佼者已经不满足于的家乡的王图霸业，开始走向全国，逐渐成为全国知名品牌。

4. 消费者的家具品牌意识薄弱，家具品牌推广工作大有可为

值得注意的是，在 4 城市中，消费者使用的家具有 20% 是无牌或杂牌的家具，这显示现在还有相当部分的消费者并没有形成消费品牌家具的习惯。同时，消费者对于已购家具品牌的记忆度也很低，在他们购买的家具当中，有 22% 自己都不记得是什么牌子。这显示，家具企业还需要进行大量的工作以提高消费者在家具品牌方面的意识，培养他们消费品牌家具的习惯。

5. 家具风格

现代简约和中式古典成为主流的家具风格，欧式古典风格的个性化得到认同。

通过市场调查，我们对消费者现在使用的装修风格和家具风格进行了了解。在询问消费者家具风格时，我们采用了影射技术，给消费者提供了现代简约、中式古典、欧式古典、自然风格、美式涂装 5 种风格的图片，让他们选出与其家装修、家具风格最相近的图片。

随着生活水平的不断提高，消费者越来越讲究家居的整体搭配。在装修风格和家具风格的选择上，更趋于和谐统一，分别有超过三成的消费者选择了现代简约和中式古典两种装修风格。

现代简约和中式古典是现时使用比例最高的两种家具风格，两种风格均有 27% 的消费者使用，而他们这两种风格的使用在很大程度上是因为其价格合理。在总花费在 5 万元以下的家具中，都是以现代简约和中式古典为主，这两种风格形成了中低价格家具的主流。

欧式古典家具融合了历史与人文，带有浓郁的异域风情，满足了部分消费者内心对古典文化的追求。这类家具的个性化已得到消费者的认同，有接近 30% 的消费者会选择在卧室单独使用欧式古典家具以体现自己的个性。另外，欧式古典家具占据着中高端市场，随着花费的增高，选择欧式古典家具的比例也不断增高。可以预见，随着家具文化价值越来越受重视，欧式古典家具的魅力将会吸引更多的中高端消费者。

自然风格的家具，强调自然和原木本色，迎合了人类回归自然的需求。美式涂装家具，通过凸显木材本色，体现复古和回归自然，营造出一种自然、淳朴、怀旧的生活氛围。这两类风格的家具都有较高的附加值，但在国内市场，其价值还没有得到消费者的认同。自然风格的家具在花费 2 万元以下和花费 5 万元以上的家具中各占了一定的比例（分别为 22% 和 15%），说明这种风格的家具在市场上还没有形成清晰的价值定位；而美式涂装的家具现在还没有太多的消费者使用。家具企业可以加强对自然风格和美式涂装家具的宣传和推广，让消费者感受到这类家具的真正魅力。

家具风格

	装修风格	家具风格
基　数	368 人	368 人
P1- 现代简约	31%	27%
P1- 中式古典	30%	27%
P1- 欧式古典	21%	19%
P1- 自然风格	18%	16%
P1- 美式涂装		10%

家具风格（从家具花费角度看）

	2 万元及以下	20 001~5 万元	5 万元以上
基　数	176 人	159 人	33 人
P1- 现代简约	24%	32%	24%
P1- 中式古典	30%	26%	24%
P1- 欧式古典	14%	22%	30%
P1- 自然风格	22%	11%	15%
P1- 美式涂装	11%	9%	6%

家具风格（不同房屋区域）

	卧室一	卧室二	客厅	餐厅	书房	儿童房	厨房
基数	362人	258人	359人	343人	175人	105人	283人
P1–现代简约	28%	26%	32%	28%	33%	35%	34%
P1–中式古典	23%	23%	27%	27%	26%	22%	21%
P1–欧式古典	29%	26%	13%	8%	14%	17%	12%
P1–自然风格	15%	20%	22%	18%	18%	23%	24%
P1–美式涂装	5%	5%	6%	19%	9%	3%	9%

三、家具消费者概况

1. 家具使用满意度

消费者对现在使用的家具满意度较高，不满意方面主要与油漆有关。

消费者对现在使用的家具都感到比较满意，选择"非常满意"和"比较满意"的比例共达到95%。消费者不满意的地方集中在家具的硬度不够（3%）、容易掉漆（2%）、油漆味太重（2%）等，这些不满的方面多与油漆有关。在选购家具的过程中，尽管油漆并不是消费者明显关注的一个因素，但是在使用过程中，油漆的品质却是消费者最容易感知到的，它会在很大程度上影响消费者对家具的评价。这也给家具企业带来启示，不能忽略了油漆的品质；另外，家具企业也可以考虑提供一些修补服务，提高消费者使用家具的满意度。

对现用家具不满意的地方

项目	百分比
怕划痕、一划就有印	3%
家具的材质不好	3%
脱漆、掉色、掉漆	2%
不容易清洗	2%
油漆味道比较重	2%

2. 家具更换年限

消费者普遍计划11年后更换现用的家具，"家具老化"和"款式过时"是其考虑更换的原因。

总体来看，消费者计划更换家具的平均年限是11年多，其中有63%的消费者计划更换家具的年限为6~10年；在4个城市中，北京消费者计划更换家具的平均年限为8年半，为4城市中最短；成都消费者计划更换家具的平均年限最长，超过13年。现在美国消费者更换家具的平均年限为4年左右，德国消费者每5年就会更换部分的家具。在家具更换的时间上，中国消费者与欧美国家消费者还存在较大差异。分别有 64% 和 51% 的消费者会因为"家具老化"和"款式过时"而考虑更换，消费水平提高、搬迁、喜庆等因素并不是促使消费者更换家具的主要原因。但是可以预见，随着消费观念的转变，消费者更换家具的年限将会逐渐缩短。

更换家具的平均年限　单位：年

项　　目	时　间
总　体	11.6
北　京	8.5
上　海	11.6
广　州	12.7
成　都	13.6

3. 消费者搜集家具信息的渠道

家具卖场是消费者搜集家具相关信息的主要渠道。

有 97% 的消费者会通过家具卖场来搜集家具的信息，同时也有 67% 的消费者认为从这个渠道搜集回来的信息是可靠性最高的。卖场作为展示企业形象和产品窗口，对其进行建设和管理是非常重要且必须优先的工作。卖场管理不是单纯地改善购物环境，除了硬件上的工作外，也应该加强对导购、服务方面的管理，把卖场管理的工作做到细节上。

家具信息的搜集渠道

	搜集信息渠道	最可信的渠道
基　　数	368 人	368 人
家具卖场	97/%	67%
亲朋介绍	79/%	21%
专业人士意见	42/%	9%
广　告	31%	1%
报纸杂志	23%	1%
互联网	17%	—

4. 消费者选购家具时的考虑因素

质量、款式是消费者选购家具时最主要的考虑因素。

45% 的消费者在选购家具时最主要考虑家具的质量，有 27% 的消费者最主要会考虑款式，而仅有 4% 的消费者会以品牌作为选购时最主要的考虑因素，再一次体现出消费者家具品牌意识薄弱的现状。

消费者选购家具时最主要的考虑因素

基　　数	368 人
质　　量	45%
款　　式	27%
环　　保	11%
价　　格	11%
功　　能	4%
品　　牌	4%

5. 消费者对家具的环保性能的态度

家具环保性能日益受到关注，油漆是判断家具环保性能的因素。

家具的环保性能日益受到消费者的关注，有 63% 的消费者选择从油漆去判断家具的环保性能。在调查中也发现，尽管对环保的关注度很高，但因为缺乏相关知识，令消费者在判断产品环保性能的工作中显得非常被动：有 77% 的消费者只是简单使用现场闻气味的方法去判断，45% 的消费者会参考厂家提供的质量证书。然而，消费者对环保认证的了解也非常有限，有 31% 的消费者完全不了解现在国家有哪些家具环保认证。相关协会机构或家具企业可以主动对消费者进行家具环保知识方面的宣传，改变消费者现在被动的局面。

判断家具环保性能的因素

基　　数	368 人
材　　质	37%
油　　漆	63%

判断家具环保性能的方法

基　　数	368 人
现场闻气味	77%
参考质量证书	45%
对比环保指标	40%
看品牌	20%
看价格	11%

环保认证的认识情况

基　　数	368 人
ISO 14000 环境体系认证	43%
中国环境标志（十环）认证	29%
CQC 质量环保产品认证	23%
以上都不知道	31%

6. 消费者购买家具的时间

消费者购买家具的时间集中在装修施工全部结束以后。

总体来看，消费者都会在装修之后才购买家具。有 53% 的消费者购买家具的时间为装修施工全部完成之后，其中北京和上海的消费者购买家具的时间更多在装修施工快要结束时，要比广州和成都的消费者要早。而消费者开始关注家具则是在装修施工即将结束时，从开始关注到购买结束历时大概1个半月。从消费者开始关注和购买家具的时间我们得到启发，家具企业可以尝试一种与装修建材商家合作的销售模式，如与装修建材商家合作、进行双向优惠等促销方式，在消费者进行装修时就开始创造家具的销售机会。

消费者购买家具的时间

	总 体	北 京	上 海	广 州	成 都
基 数	362人	91人	90人	94人	93人
买房子之前	2%	5%	1%	—	—
买房子之后、装修施工前	6%	11%	10%	2%	—
装修施工刚开始之后	7%	4%	12%	7%	2%
装修施工快要结束时	33%	40%	62%	20%	13%
装修施工全部完成之后	53%	40%	14%	70%	85%

7. 消费者购买家具的地点

本地家具市场优势明显，为消费者购买家具的主要地点。打造卖场知名度、吸引更多实力品牌进驻成为致胜的关键。

本地家具市场、国内连锁卖场和家具品牌专卖店是消费者接触较多的三类家具卖场。在购买家具时，78%的消费者会去逛本地家具市场，另外分别有56%和40%的消费者会去逛国内连锁卖场和家具品牌专卖店。消费者选择卖场时更多是"慕名而至"的情况，卖场知名度起到很重要的作用。

46%的消费者购买家具的主要地点在本地家具市场。28%的消费者购买家具的主要地点在国内连锁卖场。卖场的知名度、卖场中的品牌数量和交通问题是消费者选择购买场地时主要考虑的因素。本地家具市场已经不再是"便宜、低档产品充斥的卖场"，这主要是因为近年来在各地也出现了不少档次较高、规模较大的本地家具卖场。例如，北京的集美家具大世界、广州番禺的大石家私城等。本地家具市场对消费者的吸引之处在于其进驻的品牌较多，有较大的选择空间。

不同类型的卖场有各自的竞争优势。对国际连锁卖场而言，除了在打造知名度上建立了优势外，其良好的购物环境也赢得了不少消费者；而国内连锁卖场则与本地家具市场一样，因为其进驻的品牌较多、选择空间较大而吸引了消费者。

消费者购买家具的地点

基　数	368 人
国际连锁卖场	8%
国内连锁卖场	28%
本地家具市场	46%
家具品牌专卖店	8%
家具厂直销点	1%
其他卖场	8%

从消费者对卖场的评价，我们也可以总结出在卖场建设方面的一些策略。首先，卖场必须保持一定的知名度，这是消费者选择的前提。因此，加强宣传，打造知名度、建立良好口碑非常重要。其次，卖场也应该在服务上做文章。例如，为消费者提供贴心的导购服务；一些离市区较远的卖场，更需要为消费者提供便利的交通和送货服务。

消费者对各类型卖场的评价

	国际连锁卖场	国内连锁卖场	本地家具市场	家具品牌专卖店
基　数	27 人	104 人	169 人	31 人
卖场知名度	85%	58%	61%	74 %
家具品牌档次分布合理	41%	48%	36%	29%
家具品牌数量多	11%	62%	56%	32%
购物环境好	74%	46%	38%	45%
综合服务好	22%	26%	28%	29%
交通便利	48%	54%	49%	65%
价格合理	44%	47%	38%	35%
质量好	—	—	1%	3%
种类多选择	—	1%	1%	—
其　他	—	1%	1%	—

8. 家具花费

北京、上海和广州三地家具消费水平相当，消费者在卧室家具和客厅家具上的花费相对较高。

消费者在家具方面的平均花费为 2.6 万元左右；北京、上海和广州的消费者在家具方面的平均花费比较接近，成都消费者在家具方面的平均花费则显著低于其他 3 个城市，仅为 2 万元左右。这主要与各地的收入、消费水平，以及销售的产品档次等因素有关。另外，近年来国内各大城市的房价涨幅都保持着较高的水平，这在一定程度上抑制了消费者在装修、家具方面的花费。这个现象值得各家具企业关注。

家具花费（平均值）　　单位：元

总　　体	26 387
北　　京	27 525
上　　海	29 066
广　　州	28 689
成　　都	20 353

消费者在卧室区域（卧室一和卧室二）和客厅家具的平均花费相对较高，这 3 个区域家具的平均花费都超过 5 000 元；而餐厅、书房、厨房等区域家具的平均花费则都在 5 000 元以下。上海消费者在卧室一家具上的花费为 4 城市最高，达到 8 300 多元；而广州消费者在客厅家具上的花费也比其他 3 城市明显要高，为 9 200 元。我们可以通过了解各地消费者的一些消费习惯，为家具企业的产品定位和确立目标市场提供依据。

各房屋区域家具的花费（平均值）　　单位：元

	卧室一	卧室二	客　厅	餐　厅	书　房	儿童房	厨　房
总　　体	7 196	5 644	7 278	3 325	3 411	4 337	2 990
北　　京	7 797	6 422	6 963	3 256	4 540	5 717	2 757
上　　海	8 374	6 132	6 722	3 970	2 777	4 259	3 652
广　　州	7 079	5 718	9 276	3 423	2 977	3 812	3 666
成　　都	5 582	4 277	6 085	2 646	3 072	4 493	2 131

9. 家具购买方式

总体来讲，消费者还是习惯购买成品家具。在消费者过去 1 年新添置的家具中，有 82% 都是直接购买的成品家具，消费者在成品家具上的平均花费达到 2.2 万余元。在 4 个城市当中，上海消费者较热衷于从厂家那里订做家具，厂家订做的家具达到 27%；广州消费者则习惯在装修时现场加工一些柜类的家具，现场加工的家具达到 11%，平均花费超过 1 万元，远远超过其他 3 城市消费者在现场加工家具上的平均花费水平。

家具来源及花费

	比　例	花　费
购买成品	82%	22 073 元
厂家订做	11%	11 312 元
现场加工	6%	7 104 元

说明：家具来源比例基数为过去 1 年内新添置的家具花费。

四、家具销售

1. 卖场中家具的陈列方式

消费者更喜欢按照家居实际使用时的情况来陈列家具。

对于卖场中家具的陈列方式，有一半的消费者喜欢卖场以一个家的形式去陈列家具。家居空间现在越来越讲究整体的搭配，消费者也喜欢购买整套的家具，而不喜欢零散拼凑；另外，消费者也更加关注家具与装修风格的搭配、家居饰物的选择。利用实际家居的情况去布置，可以很好地帮助消费者去实现家居空间的和谐搭配，也有助于家具企业以一站式的服务方式去帮助消费者节省选购家具的时间。国际连锁卖场在这方面做得非常成功，宜家卖场里就有一个个独立空间，里面全部是按照现实的家来布置，消费者不仅在当中可以选购家具，还可以同时购买搭配的家居饰物，这让消费者感觉非常方便。

消费者更喜欢的家具陈列方式

基　数	368 人
同一类型家具放在一起	35%
按照家居使用的实际情况陈列	50%
无所谓 / 其　他	15%

2. 家具导购方式

消费者更喜欢导购在他们有需要时才提供服务。

在进行家居专业人士定性研究时，我们发现很多厂家要求导购在消费者进店后就进行全程贴身跟进。实际上，消费者在逛卖场时，并不喜欢导购在旁边喋喋不休地介绍。86% 的消费者喜欢自己先逛，在有需要的时候再咨询导购。家具企业应该考虑引入消费者喜欢的导购方式：导购在关注进店消费者的同时，也要保证能让他们静心逛店，在消费者有需要的时候，才为他们提供专业的介绍和咨询。

消费者更喜欢的家具导购方式

基　数	368 人
导购人员主动向你介绍	13%
自己先逛，有需要时再咨询导购	86%
无所谓	1%

3.产品介绍内容

消费者希望导购能够提供产品的款式、材质和环保等信息，导购的介绍需要向专业化和多样化努力。

首先，消费者期望导购能够给他们介绍产品的款式、材质和环保方面的信息，这些信息能与现时导购提供的产品的介绍内容基本一致，但需要加强对产品环保性能、油漆等信息的介绍。其次，消费者认为导购对产品的介绍比较简单和表面，这再次提醒家具企业需要注意对卖场导购的培训，以塑造导购的专业形象。再次，随着消费者越来越注重家具的文化气息，导购在介绍产品时也应该加入这部分的内容。最后，导购介绍产品的方式也比较单调，主要以口头介绍为主，体验比较少。因此，我们也应该发掘更多的介绍方式和体验活动，令导购的介绍更生动和更有说服力。例如，厂家可以与底材及油漆的供应商联合一起，做一套体验的工具或样板，让消费者直接去看、去摸、去体验。这样的做法比单纯地展示质量证书更令人觉得可信。

关于导购能够的提供的产品介绍

	导购提供的产品介绍	希望导购提供的产品介绍
基　　数	368 人	368 人
款　　式	77%	67%
材　　质	74%	73%
功　　能	54%	52%
环保性能	49%	53%
风　　格	40%	32%
油　　漆	39%	45%
尺　　寸	35%	29%
服　　务	30%	32%
表面涂装效果	26%	—
表面涂装效果——硬度	—	36%
表面涂装效果——光泽度	—	29%
表面涂装效果——颜色	—	22%
表面涂装效果——手感	—	21%
表面涂装效果——纹理	—	17%
产品销售情况	17%	13%
五金配件	14%	15%

除了通过导购来做介绍外，我们也可以参考宜家的做法，为家具配备产品标签，做到产品信息公开、透明。这种做法将有助于减低消费者在选购产品时的顾虑，并且节省了时间。而消费者希望能在标签上提供家具材质、所用油漆及环保方面的信息。

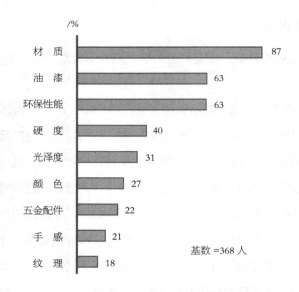

/%

材　质	87
油　漆	63
环保性能	63
硬　度	40
光泽度	31
颜　色	27
五金配件	22
手　感	21
纹　理	18

基数 =368 人

消费者希望能在标签上提供的信息

4. 家具促销方式

折扣为促销的法宝，需要探索新颖的促销方式来吸引消费者。

目前，家具厂家和卖场一般都会集中在销售旺季或黄金周期间进行促销，促销方式以折扣为主。消费者认为最有吸引力的促销活动是"折扣"和"现金返还"，这两种促销活动可以对消费者的购买决策带来 11%~30% 的影响，可见促销活动的影响力不容轻视。但在调查中也发现，有 34% 的消费者没有遇到过任何的促销活动，这个现象值得引起关注。

另外，在促销方式上，厂家和卖场也应该探索更多新的形式来吸引消费者。例如，在新建小区组织团购活动、与装修建材商家合作举行联合促销等都是可以考虑的方向。除了在价格上做文章外，厂家和卖场也可以利用文化情结来打动消费者。例如，广州美居中心就曾经举办过以"新家居、新文化、新品位"为主题的"HOUSE 文化节"。在文化节上，美居中心向消费者展示了不同文化主题的家居展示，令消费者体验到不同的家居文化氛围，成功地吸引了不少消费者。

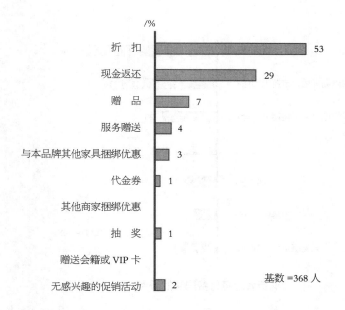

/%

折　扣　53
现金返还　29
赠　品　7
服务赠送　4
与本品牌其他家具捆绑优惠　3
代金券　1
其他商家捆绑优惠
抽　奖　1
赠送会籍或 VIP 卡
无感兴趣的促销活动　2

基数 =368 人

消费者认为最有吸引力的家具促销活动

5. 家具服务

要让消费者能享受到基本的售后服务，就需要挖掘新的形式来提升服务的附加值。

消费者在购买家具后，享受的都是非常基本的售后服务，如送货、安装等。送货（21%）和包退包换（17%）是消费者认为最有吸引力的服务，在提倡细致服务的今天，在满足了消费者基本的服务需求后，需要考虑服务的广度和深度，为消费者提供有价值的服务。消费者是否愿意付费购买能体现出服务的价值，而消费者愿意付费购买的前三位服务为：家具翻新（44%），保修期过后、定期上门保养（34%），以及保修期过后、定期上门检修（20%）。但现在这类服务并没有提供得太多，因此可以作为家具企业和销售商提升服务附加值的切入点。家具企业和卖场也可以考虑拓展服务的范围，加强家具售前和售中的服务。例如，北京就有家具卖场推出为消费者设计家具搭配方案的一站式服务，卖场会派工作人员上门，根据房屋装修风格、尺寸等因素为消费者选择、搭配家具。这项服务受到一些因工作忙不能花太多时间去选购家具的消费者的欢迎。

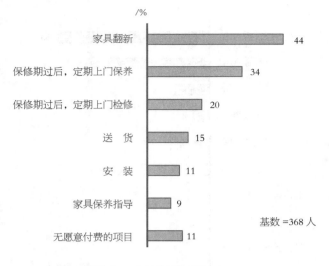

消费者愿意付费购买的服务

任务2 家具的主要销售方式

家具除了家具企业直接把家具交给第三方商家销售之外，销售业态有还很多种，常见的有专卖店、特许经营、网络营销等。不同时销售方式有各自不同的特点及适用范围。

一、家具专卖店

专卖店也称为专营店，并不是有知名品牌的店面才称为专卖店。专卖店指的是专一经营与某类行业相关的专营店。随着社会分工的细化，各个行业都有自己的专卖店，而且越来越细化。家具当然也有自己的专卖店。

家具专卖店，一方面可以满足社会需求，另一方面也可以提升家具企业各自品牌的知名度。更重要的是，家具专卖店可以为家具企业研发的最新产品，第一时间让客户知道。从家具销售直到售后服务，人们越来越习惯于在家具专卖店中购物。

1. 特征

家具专卖店具有如下特征：选址在繁华商业区、商店街、家具城等；营业面积大，以著名品牌、大众品牌为主；家具专卖店是品牌、形象、文化的窗口，有利于品牌的进一步提升。

家具专卖店能有效贯彻和执行企业文化及活动方针，有效提高企业的执行力，突破家具企业所普遍面临的管理瓶颈；专心、专业、专卖一类产品或一个品牌，大大增强产品的终端销售能力，更多地为顾客创造购买一个品牌的系列产品(专卖＋优质产品＋星级服务)的机会，提升产品的销量。销售、服务一体化，可创造稳定、忠诚的顾客消费群体。易于及时向终端经销商和消费者提供该公司的产品信息，同时易于收集市场和渠道信息。消费者到家具专卖店选购家具时，该品牌有百分之百的销售机会（店内无其他品牌），大大增加了产品的成交率。商店的陈列、照明、包装、广告讲究。采取定价销售和开架面售。营业面积根据经营商品的特点而定。注重品牌名声，营业员具备丰富的商品知识，并提供专业知识性服务。

注意：家具专卖店必须有品牌商品支撑，装修要别具一格。

2. 装修

家具专卖店装修除了从整体方面统筹，还需要兼顾装修细节。

首先，在对家具专卖店店面进行装修设计时，一定要重视对店内灯光的装修设计工作。使用不同的灯光，展示出来的家具视觉效果是有明显差距的。因此，一定要选择最能够搭配家具色彩的灯光进行设计工作。当然，对于不同的地方，也要选择不同的照明效果才可以，对一些重要的物品就应该加强照明，使之更加耀眼。

其次，在对家具专卖店店面进行装修设计时，还要重视产品摆设的设计装修问题。不同的产品，一定要摆设在不同的地方，不能够将所有家具胡乱摆设，毫无顺序性，这样会让消费者感到盲目，分不清自己需要购买的家具的具体位置，从而影响销售业绩。当然，家具专卖店门口的设计一定要保证宽敞，不要过窄，否则让人感觉拥挤、压抑。

二、特许经营

特许经营是指特许经营权拥有者以合同约定的形式，允许被特许经营者有偿使用其名称、商标、专有技术、产品及运作管理经验等从事经营活动的商业经营模式。

1. 特许经营的类型

（1）单体特许：特许人赋予被特许人在某个地点开设一家加盟店的权利。

（2）区域开发特许：特许人赋予被特许人在规定区域、规定时间开设规定数量的加盟网点的权利。

（3）二级特许：又称为分特许。特许人赋予被特许人在指定区域销售特许权的权利。在这种类型中，被特许人具有双重身份，既是被特许人，又是分特许人。

（4）代理特许：特许人授权被特许人招募加盟者。被特许人作为特许人的一个代理服务机构，代表特许人再招募被特许人，为被特许人提供指导、培训、咨询、监督和支持。

2. 特许经营的特征

①特许人和受许人之间是契约关系。

②特许人将允许受许人使用自己的商号和（或）商标和（或）服务标记、经营诀窍、商业和技术方法、持续体系及其他工业和（或）知识产权。

③受许人自己对其业务进行投资，并拥有其业务。

④受许人需向特许人支付费用。

⑤特许经营是一种持续性关系。

特许经营是指特许权人与被特许人之间达成的一种合同关系。在这个关系中，特许权人提供或有义务在诸如技术秘密和训练雇员方面维持其对专营权业务活动的利益；而被特许人获准使用由特许权人所有的或者控制的共同的商标、商号、企业形象、工作程序等，但由被特许人自己拥有或自行投资相当部分的企业。

3. 特许经营的优势

特许经营已有一百多年的发展历史，它所取得的成功已令世人瞩目。近几年，特许经营在我国也有巨大发展。这一分销方式之所以长盛不衰，有其经营优势。

1）特许商利用特许经营实行大规模的低成本扩张

对于特许商来说，借助特许经营的形式，可以获得如下优势：

①特许商能够在实行集中控制的同时保持较小的规模，既可赚取合理利润，又不涉及高资本风险，更不必兼顾加盟商的日常琐事。

②由于加盟店对所属地区有较深入的了解，往往更容易发掘出企业尚没有涉及的业务范围。

③由于特许商不需要参与加盟者的员工管理工作，因此本身所必须处理的员工问题相对较少。

④特许商不拥有加盟商的资产，保障资产安全的责任完全落在资产所有人的身上，特

许商不必承担相关责任。

⑤从事制造业或批发业的特许商可以借助特许经营建立分销网络，确保产品的市场开拓。有人讲，有人的地方就有可口可乐。为什么这些品牌能够无处不在？原因就在于它们利用特许经营方式进行了大规模的低成本扩张。

2）加盟商借助特许经营"扩印底版"

有人形象地把加盟特许经营比喻成"扩印底版"，即借助特许商的商标、特殊技能、经营模式来反复利用，并借此扩大规模。

①可以享受现成的商誉和品牌。加盟商由于承袭了特许商的商誉，在开业、创业阶段就拥有了良好的形象，使许多工作得以顺利开展。否则，借助于强大的广告攻势来树立形象是一大笔开支。

②避免市场风险。对于缺乏市场经营的投资者来说，面对激烈的市场竞争环境，往往处于劣势。投资一家业绩良好且有实力的特许商，借助其品牌形象、管理模式以及其他支持系统，其风险将会大大降低。

③分享规模效益。这些规模效益包括采购规模效益、广告规模效益、经营规模效益、技术开发规模效益等。

④获取多方面支持。加盟商可从特许商处获得多方面的支持，如培训、选择地址、资金融通、市场分析、统一广告、技术转让等。

3）特许经营因其管理优势而受到消费者欢迎

特许经营得以成功发展的另一个原因就是准确定位。由于能准确定位，因此企业目标市场选择准确，能围绕目标市场进行营销策略组合，并能及时了解目标市场的变化，使企业的产品和服务走在时代前列。

4. 特许经营的劣势

①正是由于特许本身，使得加盟商得到了一套完善的、严谨的经营体系。可是，正因如此，加盟商很难改变这种经营模式来适应市场和政策的各种变化。另外，由于各个地区消费者的需求不同，特许经营也很难在任何地方都能保持持续的优势。

②对消费者来说，加盟商的频繁变更给他们带来的是疑惑，造成特许人、现任加盟商和以往加盟商之间责任不清，相互推脱责任。

③特许经营只能专注于某一个领域，而不可能在各个市场都取得战略性的胜利。

三、网络营销

网络营销产生于20世纪90年代，发展于20世纪末至今。家居建材网络营销则稍晚一些，产生于20世纪90年代中后期，一直到2005年前后才有较快的发展。2010年以后至今，家居建材网络营销迎来了它的"黄金时期"。网络营销产生和发展的背景主要有3个方面，即网络信息技术发展、消费者价值观改变、激烈的商业竞争。家居建材网络营销亦然。

2012年之后，随着互联网民激增，特别的中国互联网网民突破5亿大关之后，家居建材网络营销呈现"井喷式"发展，沿海京津唐、长三角、珠三角地区的家居建材企业纷纷开始角逐网络营销这块领地。不过，这一时期家居建材企业应用网络营销主要采取的是"托管型"模式，即自己没有专业的网络营销团队，而是将公司的网络营销业务托管给一些专业的网络营销公司、机构或者是团队。

随着互联网近些年的蓬勃发展，产生了很多新的网络营销模式，如我们所熟知的B2B、B2C、C2C模式等。但随着这些商务模式的发展，又出现众多限制因素。为规避这些不足，O2O模式应用而生。经过众多的家具企业实践证明，O2O模式也是最适合家具企业采用的网络营销模式。

四、展会营销

家具展会营销指的是家具企业通过各种展会（主要是家具展）的形式向顾客及同行展示自己的最新产品及成果，同时以较大的促销力度进行产品销售的一种营销方式。家具企业利用展会营销一方面可以增加公司的业绩，另一方面是提高公司的品牌影响力，借机向同行"展示肌肉"的机会，争取更多的经销商，最终实现企业营销目标。

家具企业参加展会营销的策略如下：

①家具企业开展展会营销的目标是增强广告宣传效果，提升品牌形象，激发更多的客户和潜在客户对家具企业及产品的兴趣，以扩大潜在市场的规模。

②家具企业参加展会要紧扣自己的营销目标，严格控制成本和开展规模经营，尽量提升消费者的受让价值。

③尽力为消费者参加展会提供便利，以增加有效市场购买者的数量。

④制订更有竞争力的营销组合方案，力图在目标会展市场中占更大的份额。

五、投标

随着市场的进一步规范，更多的团体采购（特别是政府采取）采取招标的形式。投标将成为家具企业重要的产品销售渠道，并且有更为可观的利润。招标一般非常规产品较多，要有工艺技术部门通力配合。

家具企业想要成功中标，要注意以下一些问题：

①充分了解市场和竞争对手的情报。

②良好的企业品牌支持。

③高超的投标技巧。

④新颖而富有创意的标书设计。

⑤合适的品质和合理的价位。

⑥扬长避短，发挥优势。

六、外销

外销是指将产品对海外销售，有许多家具企业就是只做外销不做内销的，也有的内、外销兼营。从事外销必须了解国外市场，了解产品销售的市场要求和产品特点。外销的利润空间较大，一般批量较大，便于企业进行生产安排，并可降低成本。

任务 3　国内外著名家具展

一、国内

我国家具展览会会定期在全国各大城市进行，不少的家具生产商都会利用这个机会好好地展示自己的品牌。那么，我国具体有哪些家具展览会呢，这里简单地介绍一下。

1. 成都家具展

成都国际家具工业展览会（以下简称"成都家具展"）作为成都市政府大力培育的本土重点展会之一，经过十多年成都家具展组委会的全力运作，已经从首届不足 500 个展位的小型区域型展会，发展成为共计拥有 9 个专业展馆、4 个室外展区的大型全国型展会。

1）概况

展会日期：每年 7 月上旬。

举办展馆：成都世纪城新国际会展中心。

主办单位：成都市人民政府、四川省商务厅。

承办单位：中国国际贸易促进委员会成都市分会、成都市博览局、成都传媒集团、四川省家具进出口商会。

组委会常设组织机构：成都传媒集团·新东方展览有限公司。

2）展会介绍

以 2014 年为例，展出总面积逾 130 000 平方米，参展企业 900 多家，展位突破 6 500 多个，专业采购商近 15 万人次，展期参观突破 20 万人次，展会达成购销协议超过 80 多亿元。第十三届成都国际家具工业展览会暨第六届国际家居文化艺术节仅 4 天展期，现场观展人数就超过了 24 万人次，其中专业采购商达到 16 万，同比增长 20%，现场成交额达到 106 亿元，同比增长 22.3%，中长期经济效益预计超过 480 亿元。

成都家具展已发展成为中国中西部家具行业最权威的交易平台和中国中西部向全国发布最新家具信息的信息平台，是目前四川本土最大规模的专业贸易展会，也是中国中西部地区规模最大、档次最高的专业家具展。展会得到了国内外家具业界的广泛关注和会展业界的高度认可，并对国内特别是西部家具的生产销售产生了深远的影响。每年展期吸引省外专业采购商多达 8 万多人次，直接通过展期订货和展会后所产生的波及效益达成的订单额超过 300 多亿元，好家具、成都造，影响力已经延伸到全国甚至海外，在中高端家具市场具有领先优势。

3）同期会议与活动

（1）中国家具行业顶级论坛，邀请中国顶级家具行业总裁与会，讨论家具行业政策、发展趋势。

（2）中国西部家具商贸之都国际文化艺术节：本届展会与四川省家协、八一家具城及太平园家私广场"第七届西部家具商贸之都国际文化艺术节"继续整合，进入家具展。家具展与文化节同期召开，通过家具展览会与家居文化节资源的双整合，集中在 7 月向全国家具行业专业人士展示一场零距离的家居盛会。

4）展品范围

家具馆：民用家具、办公家具、宾馆家具、厨房家具等。

综合馆：家居饰品、布艺、皮革等。

机械馆：木工机械、刀具、配件料等。

辅料馆：家具原辅料、五金配件、五金工具、家具五金、五金制品、装饰材料等。

2. 苏州家具展

苏州家具展全名为苏州家具展览会，于2008年创办，由赵艺学商务策划机构承办。纵观以往家具展会，行业巨头们各领风骚、风光无限，大肆抢占市场，而中型家具企业往往偏安一隅、默默无闻；加之高昂的参展费用，投入回报比成为许多中型企业共同的忧虑。所以，苏州家具展览会应运而生，定位为中型家具企业需要自己的展示舞台。

1）基本信息

苏州地处中国经济最发达的长三角核心区域，这里交通便利，连接辖区内外的铁路、高速公路网络运载着四面八方的来往客商；经济发达，覆盖了中国近2亿人的高收入消费群体，区域购买能力首屈一指；产业基础雄厚，以长三角家具产业为依托，立足本土，辐射全国。苏州家具展从2008年开始每年举办一届。

苏州家具展览会通过精准定位，以长三角家具产业为依托，以中型家具企业为主力，为中型企业搭建独有的舞台，提升企业品牌知名度，增加销售渠道，抢占二、三级市场，扩大内需。

苏州家具展览会还一直致力于为观展商了解最全的行业信息、掌握最新的行业动态、跟上最前卫的流行趋势，找到最新的投资商机而到处奔走考察；致力于为行业提供一个更广阔的产供销全方位交易平台、更高端密切的交流互通平台而不懈努力。

2）展品范围

家具：欧式家具、实木家具、红木家具、美式家具、板式家具、现代藤艺家具、新古典家具、玻璃金属家具、软体家具、办公家具、酒店家具、户外休闲家具。

木工机械：制造设备、喷漆设备、包装设备、测试设备、干燥设备、工具、刀具。

原辅材料：木材板材、白坯家具、五金配件、连接固件、油漆、沙发脚包装物、皮革、布艺、海绵、黏合剂、钉、枪。

家居饰品：陶瓷工艺，树脂工艺，玻璃工艺，金属工艺，木、石、根雕，人造花卉，灯饰，地毯。

3）主办信息

举办时间：每年 6 月。

举办部门：苏州家具展览会组委会。

3. 广州家具展

中国（广州）国际家具博览会，简称广州家具展，英文名为 China International Furniture Fair（Guangzhou）。该展会创办于 1998 年春季，每年春秋两季在广州举办，迄今已有二十余年历史，是中国目前历史最长、层次最高、规模最大、商品种类最全、到会客商最多、成交效果最好的综合性国际家具盛会。自 2007 年 4 月第 26 届起，广州家具博览会由"中国广州国际博览会"更名为"中国广州国际家具展"，由单一出口平台变为进出口双向交易平台。2013 年 3 月 18 日，第 31 届家具展开幕，尽管受全球市场仍处于持续降温状态影响，但中国外贸发展的传统优势并未根本削弱。

1）简介

广州家具展被誉为"品牌第一阵营"，创办以来，始终致力于打造最具价值的家具行业贸易平台。展览会贯穿家具行业链条的上下游产业，全景呈现行业最新发展趋势。每年春季展于 3 月中旬及下旬分两期在广州广交会展馆举办，其中第一期"大家居"题材总面积将超过 36 万平方米，第二期的"办公环境展"超过 21 万平方米，"木工机械及家具配料展"超过 13 万平方米。三大展览版块鼎足而立，齐头并进，既独立发展，又实现关联深度融合，使其在全球业界成为最契合企业"跨界经营"，也是最适应采购商"一站式"采购需求的贸易平台。

2）展会规模

广州家具展 88 万平方米年展示规模，4 500 家展商，19 万名全球采购商。广州国际家具博览会以其规模之大，参展商和采购商之多，展品种类之全，展览质量之高，在全球家具展中享有盛誉。

民用家具及三大专业展会——一站式的大家居体验。广交会展馆 A 区、B 区、C 区为一期展，以"大家居"为主打，总体面积超过了 36 万平方米，拥有全亚洲乃至世界首屈一指的展览规模。民用家具展会群英荟萃，国内参展商主要来自广东、浙江、北京、江苏等地的知名本土企业，国外参展商则主要来自美国、德国、意大利、法国等 20 多个国家和地区的跨国企业，超过 1 000 家的中外展商济济一堂，亮点纷呈。与此同时，与之比肩起舞的三大专业展会还有中国广州国际家居饰品／用品展览会、中国（广州）国际家用纺织品及辅料博览会和中国广州国际户外家具及休闲用品展览会。这三大展会各"巨"规模，各有特色，使它们在各自的领域中独领风骚。

在软装饰潮流的不断兴起和中国（广州）国际家具展的强力助推下，中国（广州）国际家居饰品／用品展览会和中国（广州）国际家用纺织品及辅料博览会已成长为亚洲最大的家居软装饰专业展。2013 年两展会总规模达到 10 万平方米，吸引超过 700 家企业参展。作为一个专业家居饰品类产品的贸易平台，它为参展企业宣传产品品牌、开拓潜在市场提供了一个绝佳的贸易机会。这两个展会一起与民用家具展形成了良好的互动关系，创造了一个"民用家具 + 家居饰品／用品 + 家纺布艺"的"大家居"一站式平台。

随着人们生活水平的提高，现代人越来越多地开始注重休闲娱乐的户外生活。抓准这一市场机遇，户外及休闲展应运而生。经过多年的发展与沉淀，由室内走向户外的绿色健康生活理念更加成熟，推动展会规模不断增长。2013 年展会吸引了近 200 家企业参展，使之成为亚洲户外家居领域中又强又专业的盛会。

3）展品范围

第一期（民用家具展）。

展品范围包括现代家具、客厅家具、卧室家具、软体沙发、藤制家具、餐厅家具、儿童家具、古典家具、欧式家具、美式家具、新古典家具、古典软体家具、中式红木家具、家居饰品、家纺布艺灯饰。

第二期（办公环境展）。

办公家具、办公坐具、书柜、办公桌、保险柜、屏风、储物柜、高隔断文件柜、办公配件。

商用家具、公共场所家具：（机场家具、剧院／礼堂家具等）公共座椅系列、学校家具。

实验室家具：酒店、宾馆、承造家具及其他商用家具。

办公场所相关设备：（照明系列、墙材系列、铺地材料系列等）。

4. 上海家具展

中国国际家具展览会因为每年 9 月在中国上海举行，所以也被称为上海家具展，同期举办六大展览，汇聚民用、办公、家居饰品、橱柜及原辅材料生产设备的各种展品，集合上下游采购链，打造一站式采购平台。展会坚持精品原则，展品来自 30 多个国家的优质生产商的精心制造，为海内外买家打造全球范围内超高性价比的展品和优秀供应商。上海家具展与美国高点家具展、意大利米兰家具展并列世界三大家具展览会。

作为世界最大的家具制造国和出口国，中国已经当之无愧地成为"世界家具制造中心"，如此重要的行业地位也催生出世界上最大的家具展览会之一 —— 中国国际家具展览会。2012 年，随着展馆扩建及新展馆的加入，第十八届中国国际家具展览会达到 750 000 平方米，参展企业达 3 000 家，展出时间延长至 5 天，即 9 月 11—15 日，展会在三地同时举行，包括上海新国际博览中心（民用家具、办公家具、家居饰品、橱柜、原创设计家具、中国传统家具）、上海世博展览馆（原辅材料及生产设备、设计师作品）及吉盛伟邦国际家具村（全国家具展览会）。

一年一度的中国国际家具展览会每年 9 月在上海举行，至今已有 20 多年历史，展会已经从单纯的进出口贸易平台发展成为集内外销并举的贸易平台、B2B2C 的电子商务平台、原创设计展示平台及"展店联动"于一体的，世界家具设计及贸易上海盛宴。

随着展会主场新国际博览中心扩建成 17 个正式馆，以及全国家具展览会二期展馆投入使用，展会面积扩大至 75 万平方米，成为史无前例的展会"巨无霸"。新增的展品主要为备受海外买家青睐的软体家具、欧式古典及仿古家具、户外藤制家具、餐桌椅，作为国内采购重点的现代家具，市场新热点儿童家具，以及市场潜力巨大的家居饰品软装系列。同时，展会还新增 300 家左右新展商，为买家遴选新的供应商及产品类别提供更多选择。

尽管展会面积增加，但展会主办方秉着为买家提供最优性价比家具的宗旨，对参展企业的产品质量严格把关，努力为观众呈现质量齐升的超大家具展览会。

二、国外

世界上的家具展很多，其中最著名的当然是意大利米兰家具展。意大利米兰家具展、美国高点家具展和中国上海家具展全称世界三大家具展，而迪拜国际家具展的一大特色则中国参展企业特别多。

1. 米兰国际家具展

米兰国际家具展被称为全球家具业的"奥林匹克"盛会，自 1961 年举办以来，形成了米兰国际家具展、米兰国际灯具展、米兰国际家具半成品及配件展、卫星沙龙展等系列展览。2000 年后在米兰国际家具展（Salone Internationaledel Mobile di Milano）的基础上扩展成为"米兰设计周"（Milano design week），把整个米兰城市融入国际设计展，使米兰成了一个完整的大米兰地区设计展览系统，一个个展览交相辉映。

1）展会基本信息

展会名称：意大利米兰国际家具展。

展会时间：每年 4 月中旬。

展会地址：新米兰国际展览中心（Milan Fairgrounds, Rho）。

主办方：意大利家具协会 COSMIT。

展会届次：一年一届。

展会范围：

每年举办的居家家具展和装饰配件展，其中每两年一次的灯具展是按奇数年举办，而厨房家具展和办公家具展则逢偶数年举办。

2）展会特点

出现于 1998 年的米兰家具展的卫星沙龙展给那些初出茅庐的年轻人其展示前卫的设计作品设计提供了一个广阔的舞台，此展已成为设计领域里培养年轻设计师的熔炉。事实也是如此，越来越多在卫星沙龙展厅上初次面世的设计作品，后来很大一部分都成为大公司标准生产线上的产品。随着企业与年轻设计师的长久合约的增加，这个"实验场"已渐趋成熟并得到广泛的认可，吸引了国际主流媒体越来越多的关注。

3）展会创办与发展

米兰国际家具展在 1961 年由几家有卓有远见的家具手工坊主创办，转眼近 60 届（受新冠疫情影响，2020 年第 60 届米兰家具展取消），已经成为全世界现代家具时尚设计的前沿和流行的风向标。米兰国际家具展现在由米兰国际家具展览公司（COSMIT）主办，参展企业也代表着意大利家具行业协会，其主要功能是促进意大利家具的出口。事实上，伴随着米兰家具展的辉煌，意大利家具出口额也是蒸蒸日上。

每届米兰家具展大约有三分之一的国外参展商参展，许多著名的家具品牌（如意大利 B&B、法国 VIA 等）都是在米兰市区举办自己的主题设计展。随着中国的强势崛起，2012 年起中国家具企业也开始在米兰家具展上显露峥嵘，每一届都有来自中国的设计作品惊艳全场。同时，米兰家具展也积极走进中国，多次在上海家具展、成都家具展等展会中设置米兰家具展分会场。

4）展会总评

在米兰，设计、创意、品位、科技、时尚和潮流得到了充分的体现，意大利以其领先世界的设计和产品，预示着未来几年内家具业的发展趋势和全球家具市场的变化动向，将对全世界的家具业产生重大影响。

2. 美国高点家具展

高点家具展首次举办在 1913 年，是世界上规模最大和最具知名度的家具展览贸易盛会之一；每年举办两届，分别在当年的 4 月与 10 月举行。美国高点是专门以家具展览为主要商业活动的城市，长期以来，吸引着来自世界各地的买家和参展商。

高点展是全球家居行业规模第一的盛事，每半年举办一届，展会人流量超过85 000人次。专业家居行业买家对高点展从不缺席，因为就家居行业来说，高点展包罗万象，是进行商业采购的不二选择。甚至有传言说，在高点展买不到的，就是不存在的。参展商中约10%来自（美国）国外世界上最大的25家具公司。除了家具，组委会还安排了很大面积专门用来展示家居装饰品，包括家具附件、灯饰、墙面装饰及地毯等产品。与此同时，到场的还有75 000名来自世界110多个国家及美国各个城市的专业买家，他们几乎能在展会现场找到他们所需要的产品，每年的展会成交量都在数亿美元。

最新的产品介绍、最新的营销技术、最热的市场趋向和最全面的产品分类，发展至今，美国高点的创新和努力可以说超过了世界上很多家具展。

当米兰展和科隆展均在春季谢幕之后，秋季的美国高点展就成为家具行业年度最后的风向标，受到国际买家和设计师的关注。

展出面积：750 000平方米。

展品范围：各种室内家具、户外家具、酒店家具、休闲家具、儿童家具、学校家具、桐木家具、松木家具、办公家具、藤制家具、钢木家具、木制品、家具配件、灯具、地毯、装饰用品、装饰面料等。

3. 迪拜国际家具展

迪拜家具展是中东地区最大、最专业的高端展会。由于迪拜政府励志将迪拜打造成国际化都市，其居民住房、商业写字楼数量逐年递增，因此迪拜家具展每年吸引数以千计的办公用品制造商、贸易商参展。迪拜国际展自从在海湾地区举办以来，被认为是中东地区最好的家具展会。

中东地区的一大特色就是该地区具备普遍超高消费能力的群体，这个具有超高消费能力的群体已经成为Dubai INDEX不可获缺的采购商范围之一，目的就是为这些非专业贸易商但具备个体消费能力的客户提供专门的所需、所求产品。

1）展会基本信息

展会名称：阿联酋迪拜国际家具展。

展会时间：每年9月下旬。

展会地址：阿联酋迪拜国际展览中心。

主办：DMG World Media Dubai Ltd。

展会届次：一年一届。

2）展会范围

家具：酒店/餐厅家具，办公家具，卧室家具，起居室家具，厨房家具，饭厅家具，休闲家具，户外家具，户外园林用具（BBQ、花园门及屏障、游泳池、喷泉、公共家具）。

灯饰：装饰灯，户外灯，LED，镇流器，吊灯，室内照明，发光体，剧场照明，码头/航海照明，建筑照明，自动化照明控制，日光灯，卤素灯。

地板和地板材料：手工制地毯，毛毯，木地板，纺织品，人工草坪，天然石，瓷砖。

艺术品：油画，壁画，相框，挂饰，墙纸，墙壁装饰品。

纺织品和室内装潢织品：亚麻布，窗帘，遮光帘，室内装潢品。

厨房和浴室：浴室家具，浴室配件，瓷砖，浴室柜，水龙头，按摩浴缸，马赛克，卫生器具。

室内设计服务与工程。

3）展会简介

迪拜国际家具暨室内装饰博览会是中东地区所有行业展览中大型的展览，也是中东地区影响力广泛的、最负盛名的展览会。

参与的国家地区中，每年中国阵营有将近120个参展商，占了整整一个展馆，主要来自佛山、顺德地区，有部分东莞、中山、江门、福建、浙江的厂家；参展产品种类较多：办公家具、户外家具、金属家具、沙发、起居室家具、吧椅、公共座椅等品种。意大利也有100多个成员展示产品，都比较高端、创新，设计时尚、别致，每个展位都各有风格。产品有灯饰、家具、装饰品等。德国、法国、英国、西班牙、葡萄牙展区各具特色，以奢华家具、装饰品及新奇装饰品为主。韩国展区中主要是实用性强的家具。中国台湾及香港展区分别有30多个和20多个参展商参加。本土阿联酋展区有将近150个参展商，分布比较分散，有相当一部分是品牌商和设计公司。参展商和参观者对该届展会都有很高、很积极的评价。

项目 3
家具顾客分析

任务 1　购买目标分析

人为什么会购买某种产品？许多人会认为，因为产品的价格低，品质好，所以才购买。事实上大部分购买行为的发生，并不仅仅是因为产品的价格或者是产品的质量，每一个人购买某种产品的目的都是满足他背后的某些需求。这些需求的满足大多数时候并不是产品的表面所提供的功能，而是这些产品所能满足顾客消费背后的利益或感受。顶尖的销售员最重要的工作就是找出顾客购买这种产品背后的真正需求，然后，调整自己的销售方式及产品介绍过程。

销售行为的第一步就是找出顾客内在或潜在的真正需求。

请记住：在我们找出顾客的真正需求之前，我们永远不要谈论我们的产品。因为在我们不了解顾客的真正需求之前，我们根本不知道该如何介绍我们的产品来满足他的需求。

一、追求快乐、逃离痛苦

人们购买产品的目的不外乎只有两个：一个是追求快乐，另一个是逃离痛苦。

人们之所以会购买某种产品，是因为购买这种产品所带来的快乐会比购买所造成的损失或痛苦来得大；人们之所以不购买某种产品，主要也是因为他认为购买这种产品所冒的风险或者得到痛苦比它所带来的快乐大。

任何一个顶尖销售人员，所需要做的事情就是让顾客了解，购买这种产品会给他带来哪些快乐或好处；同时，消除掉在他内心之中认为购买这种产品有可能造成的损失或者是痛苦。

请记住：人们购买的永远都是一种感觉，只要能够满足那些他们内在所需要的感觉，那么任何人都愿意花钱去购买东西。

二、顾客追求的感觉

1. 富有的感觉

比如人们想买"奔驰"，想买"劳力士"，就是想满足这种富有的感觉。那我们的所售卖的商品恰恰能满足人们的这种富有的感觉。

2. 成功的感觉

许多高档商品或名牌商品就是满足了人们的这一感觉。

3. 健康的感觉

我们在介绍产品时别忘了强调它所带来的健康。

4. 受欢迎的感觉

人们都希望自己不落伍，能够跟上时代。因此，我们在介绍产品时，要强调自己的产品是一种发展趋势，然后列举它的使用情况。

5. 舒适的感觉

其实人购买家具就是为了舒适，因此我们要从舒适的角度去介绍产品。

任务 2   顾客购买不同家具的心理分析

一、顾客购买卧室家具的心理分析

在人们追求健康睡眠、注重生活质量、关爱生命健康的今天，根据自己工作、学习、生活特点，选择一套适合自己使用的卧室家具显得尤为重要。根据我们的跟踪调查，对顾客在选购卧室家具时的心理分析如下：

（1）关注环保大于关注价格。近两年来，人们对环保型卧室家具的要求成为长时期的消费热点。

（2）关注床具的舒适度。床底架的结构决定床的舒适度，由此成为顾客的选购标准。

（3）关心是否搬运方便。随着人们生活方式的改变，人们会不断调整卧室家具的布局，因此是否拆卸方便成为人们的关注因素。

（4）关心储物是否方便。如北方四季明显，换季被褥需要超大空间进行储存，因此气动式开启的箱式结构往往受到北方人的欢迎。

二、顾客购买客厅家具的心理分析

客厅作为家庭待客、活动的主要场所，其家具的选择尤为重要。客厅家具主要包括沙发、茶几、影视柜等。沙发在客厅中起到"画龙点睛"的作用，最能彰显主人个性和品位。根据我们的跟踪调查，对顾客在选购沙发时的心理分析如下：

（1）舒适为主。如今人们讲究生活质量，坐沙发当然以感觉舒适为主，沙发坐面与后靠背均以适合人体生理结构的曲面为好。

（2）考虑它的辅助功能。即坐卧两用型，同时兼顾安全性和耐脏性。

（3）根据房间大小进行选择。房间小的人希望家具摆放后能使房间空地大些，房间大的人希望摆放家具后显得气派。

（4）注重客厅家具与客厅的装饰风格相协调，或中式或西式，在同一风格中呈现一种协调中的美感。

三、顾客购买厨房家具的心理分析

常言道："开门七件事，柴、米、油、盐、酱、醋、茶。"这七件事无一不与厨房紧密相联。虽然随着时代的发展，这七件事也起了细微的变化，但厨房这个家庭加油站的重要作用还是没有什么改变。在市场上我们可以看到各式各样的成套厨柜，价格也相差很大，那么，顾客在选择厨房家具时主要关心什么呢？根据我们的跟踪调查，对其心理分析如下：

（1）拥有精细工艺。在区分大型厂家生产的厨柜和小作坊生产的厨柜产品方面，最重要的一点就是看厨柜的封边。大型厂家使用现代化的机器设备，采用高温高压封边，封边后外表整洁牢固。这样的封边避免了长久使用中水汽对厨柜的损坏，能够使厨柜更耐用。顾客认为辨别厨柜好坏的一个重要条件是看它的五金配件如何。良好的厨柜是五金配件和厨柜柜身、柜门的完美结合，在使用时开拉方便、无噪声，能经得起上万次的开关而不变形、损坏。

（2）具有良好设计。人们在日常使用厨柜时是否感到方便，工作动线是否快捷，高度是否适中，这些都是顾客关心的地方。

（3）顾客还要考虑到在厨房中操作的活动动线，如何有效地利用时间，在最短的距离中实现整个工作流程等。此外，有些顾客还要将一些家电也设计到厨柜中，让整个厨房的空间得到有效利用，并且看起来和谐美观。

（4）是否采用环保材质。厨柜材质的环保性主要体现在所用板材、台面和封边的胶黏剂上。顾客均要求这些材料达到环保要求。其中板材需要甲醛释放量达到标准的人造板材，而台面则要注意天然石材可能具有的放射性。一般来说，防火板台面和人造石台面是顾客偏重的选择。

（5）能否提供完善的服务。细致全面的服务，也是顾客选购厨柜的重要条件。这个服务不但包括售前的上门量房设计、售中的上门仔细安装，还包括售后的服务。良好的售后服务可以解除消费者的后顾之忧，如建立用户档案、及时回访、有问题及时解决等。

（6）顾客在选择厨房家具时，除了功能、款式外，色彩也是重点考虑的内容。顾客选择厨房家具的色彩，主要应从家具色彩的色相、明度和厨房家具的环境，使用对象的家庭人口、成员结构、文化素质等几个方面来考虑。这是因为厨房家具色彩的色相和明度可以左右使用对象的食欲和情绪，而厨房的使用对象的家庭人口、成员结构、文化素质又决定了其对厨房家具色彩的喜好程度。因此，关于家具色彩的选择，顾客一般从以上几个方面来考虑。

四、顾客购买书房家具的心理分析

对于居住面积大的家庭来说，可以有专门的书房；面积小的家庭，也可以一屋两用。书房家具主要有书柜、计算机桌或写字台、坐椅三种。根据我们的跟踪调查，对顾客在选购书房家具时的心理分析如下：

（1）三种家具的造型、色彩追求一致配套，从而能营造出一种和谐的学习、工作氛围。

（2）色彩因人因家而异。一般说来，学习、工作时，心态要保持沉静平稳，色彩较深的写字台和书柜可帮人进入状态。当然，有一部分消费者追求个性风格，喜欢选择另类色彩，觉得有助于激发自己的想象力和创造力。同时，消费者在选择色彩时要考虑整体色泽和其他家具和谐配套的问题。

（3）消费者在选择坐椅时一般以转椅或藤椅为首选。因为人们坐在写字台前学习、工作时，常常要从书柜中找一些相关书籍。带轮子的转椅和可移动的轻便藤椅可以给用户带来方便。根据人体工程学设计的转椅能有效承托背部曲线，应为消费者的首选。

（4）注重强度与结构。书柜内的横隔板应有足够的厚度，以防日久天长被书压弯变形。

（5）有的消费者会要求写字台、书柜量身订做。

五、顾客购买办公家具的心理分析

选择合适的办公家具，满足办公的各种需要，成为人们最关心的问题。根据我们的跟踪调查，对顾客在选购办公家具时的心理分析如下：

（1）要求布局紧凑。一般的办公家具包括工作台、工作椅、书架、资料柜等。计算机、打印机、扫描仪等办公设备及大量的书籍和文件，需要一个合理的安置位置。因此，选择合适的办公组合家具，制造有效的工作空间，达到提高工作效率、感觉舒适的目的尤为重要。为此，顾客都爱选择集成多功能的家具，在居室面积不大的情况下，尽可能充分利用有限空间就显得尤其重要。沿墙可以选择一组壁柜；而有些折叠办公家具可收可放，各种抽屉、格架应有尽有，工作时往外一拉，即可使用，不用时可以收回，一点不占用空间。

（2）要求尺寸适宜。顾客会根据不同的工作性质选择不同的办公家具，需要接待大量客户的办公室要选择大的能接待客人的沙发和会客的桌子；独立工作的办公室顾客则一般选择大的办公桌。

（3）要求气氛统一。办公室的家具选择还要处理好家具气氛与办公气氛的矛盾，尽可能将两者协调起来，形成统一的基调；再结合办公特点，在家具式样的选择和墙面颜色处理上作一些调整，使办公间庄重大方，避免过于私人化。

六、顾客购买儿童家具的心理分析

随着近年来人们居住条件的日益改善，许多孩子已经有了属于自己的房间。对于家中的"希望"，家长们总是希望他们生活得更舒适。因此，在儿童居室的布置上父母往往投入很大。儿童家具首先要有供休息的床，一般以木板床或不太软的弹簧床为好；另外，要有专供儿童使用的储藏柜、玩具箱和书柜，最好只盛放孩子的东西；除此之外，居室中应设置写字台（书桌）和椅子，以提高孩子的学习兴趣。根据我们的跟踪调查，对顾客在选购儿童家具时心理的分析如下：

　　首先，由于孩子缺乏自我保护意识，因此在选购儿童家具上，就要避免意外伤害的发生。如最好不要使用大面积的玻璃和镜子；家具的边角和把手不应留棱角和锐利的边。

　　其次，儿童居室的家具设置，应该符合儿童不断成长的需要。从生理上，孩子身体在不断生长，家具的尺寸也应随之变化。目前在绝大部分家庭中，孩子们使用的都是成人使用的家具。家长往往不愿意为自己的子女购买适合现在身高的儿童家具。因为随着孩子的长大，这些家具就会和衣服一样"变小"，而无法继续使用。在这种心理的影响下，现在市场上出现的可调整高度、长度的儿童家具，非常受家长们的欢迎。

　　"无污染、易清理"是儿童家具的核心。目前，在市场上出售的各种家具，基本上都或多或少地含有对人体有害的物质。有的有害物质由于含量比较少，因此很容易被人们忽视。但对于正在成长的孩子来讲，却是非常有害的，容易诱发各种疾病，甚至会影响到儿童的正常发育。因此，家长在为儿童挑选家具时，尽量挑选天然材料，而且加工的工序越少越好。这样就可避免各种化学物质在室内造成污染。

　　家长会根据孩子的喜好装饰儿童居室，他们一般会先听取孩子的意见，然后再加入自己的爱好。

七、顾客购买酒店家具的心理分析

　　酒店家具主要包括餐饮系列、大堂系列、客房系列，根据我们的跟踪调查，对顾客在选购酒店家具时的心理分析如下：

　　（1）家具的款式和色彩要求温馨舒适，给顾客一种宾至如归的感觉。

　　（2）款式是否时尚潮流，颜色与酒店装修是否搭配协调，整体效果是否理想。

　　（3）规格大小与酒店面积是否适合摆设，原则上不影响人的行动。

　　（4）家具的材质是否防火、防潮。酒店的消防安全尤为重要。

　　（5）家具是否做工精细、是否牢固，油漆和处理工艺是否到位。

　　（6）价格是否合适。

八、顾客购买餐厅家具的心理分析

　　餐厅是一家人用于进餐的空间，也是家人最常聚集的地方。舒适的进餐环境以在独立的餐厅为佳，但由于空间的关系，很多人将餐厅与厨房连成一体，中间的隔断用于制作餐柜和吊橱，这也是一种不错的设计方案。餐厅家具主要包括餐桌、椅、餐柜等。根据我们的跟踪调查，对顾客在选购书房家具时的心理分析如下：

（1）注重形式与尺度。餐桌的形式以桌面形式来分，主要有矩形桌与圆形桌两大类，矩形桌包括正方桌、长方桌、多边桌等，圆形桌包括圆桌、椭圆桌等。以支撑桌面的结构来分，主要有独柱支撑式、双片支撑式、四脚支撑式等几种。顾客会根据自己的喜好及要求进行选择。

（2）顾客一般要求餐椅不设扶手，这样在用餐时会有随便自在的感觉。但也有在较正式的场合或显示主座时使用带扶手的餐椅，以展现庄重的气氛或使人感觉坐得舒适一些。

（3）讲究餐椅的座高。顾客通常要求座高为420～440毫米，且椅至桌面的高差应为280～320毫米。此外，椅的座前宽应不小于380毫米，座深为340～420毫米，椅背总高以850～1 000毫米为宜。

（4）顾客对餐柜的要求。多采用两个单体上下组合式设计，上端采用玻璃透门结构，以展现餐具与饮酒器具优美的造型，其深度通常为260～350毫米。下端为低柜，较上端稍深一些，以400～450毫米为宜。

（5）餐橱高度与宽度没有一定的尺寸，只要与整体空间比例协调即可。餐柜的设计要精致细腻、功能划分合理得体；同时，上端的玻璃门应尽可能地使用8毫米厚的玻璃搁板，并在每扇透视门与顶板的相应位置设置聚光石英筒灯。这样，通过造型灯光与材料的完善配合，一个气氛热烈、充满情趣的餐区场景就会展现在眼前。

任务3　十大顾客类型

当我们了解了一个人的性格以后，我们就可以了解他在作购买决定时所需要的思考过程及步骤。因为，人是一种习惯性的动物，我们90%以上的行为，事实上都是有模式可循的。

接下来，谈谈五大类十种人格模式。

一、第一种类型的两种人格模式：自我判定型和外界判定型

1. 自我判定型（理智型）

特征：比较理智，他知道自己要的产品，知道能够承受的价格，只要今天你能够符合他的需求，能够有合适的价格，他就会购买。

优点：购买过程直接、干脆，不很在意他与你之间的亲和力的建立。

缺点：比较固执，一旦作出决定，不容易被改变、说服，不喜欢被强迫推销。

判断技巧：在你与顾客接触的过程中，要注意观察，这种类型的顾客说话比较干脆，并且有些傲气。他会主动问你一些问题，比较关注技术性问题，一般以男士居多。

接待技巧：用具有比较、商量的方式，站在客观的立场向他介绍我们的产品或服务，解说我们产品的好处。

2. 外界判定型（感性型）

特征：缺乏主见，容易受别人意见的影响，在作决定时犹豫不决。

优点：只要方法得当，很容易说服他。

缺点：非常敏感，比较在意人与人相处的感觉，非常在乎你的服务态度，如果他看你不顺眼，就不会购买你的产品。

判断技巧：这种类型的顾客容易在几个品牌之间犹豫不定、无从选择，并且一般都与朋友或同事前来选购，让别人给他拿主意，比较关注促销活动，一般以女士居多。

接待技巧：需要提供给他许多客户的见证、媒体的报道、某些专家的意见；告诉他别人或与他相关的人买了我们产品以后的使用感觉。

二、第二种类型的两种人格模式：一般型和特定型

1. 一般型

特征：专注于掌握大方向、大原则、大的结构，一般不注重细节。

判断技巧：这种类型的顾客说话比较快，在你给他详细介绍产品时，没等你说完这一点，他就会迫不及待地问下一个问题。

接待技巧：你在向他介绍产品时，切记不要太啰唆，不要讲得太详细，只要知道他在意哪些东西，只要清楚、有条理、分明地把大结构、大主体抓住，然后不断强调他的购买利

益或购买用意就可以了。

2. 特定型

特征：与一般型顾客刚好相反，其主要注意力都放在所有细节问题上，一小步一小步提问。他的观察力比较敏锐，常常会看到别人看不到的细节。

缺点：在作决定的时候比较小心谨慎，甚至比较挑剔，他可能会问你连你自己都没有办法回答的问题。

判断技巧：这种类型的顾客说话较慢，并且问得非常详细。在你给他介绍的过程中，他会不断地仔细观察产品，甚至会问你螺丝钉、铆钉是什么材料的。

接待技巧：你所给他提供的关于产品的信息越详细，越能够让他放心。有时你要给他一些参考数字或数据，这样对他说服力更大。

三、第三种类型的两种人格模式：求同型和求异型

1. 求同型

在解说之前，我们先来做一个测验。看看你自己是求同型还是求异型的人格。举例来说，假如有一天，下班后，你的几个同事中有人提议去吃火锅，很多人都同意了。这时，你是否同意？

◆假如你觉得别人都去了，我同别人一样，我也应该去，那么你就是求同型。

◆假如你提议去吃自助餐，那么你就是求异型。

特征：在看事情的时候比较倾向于看相同点，他喜欢同他所熟悉的事物相类似或相关连的事情，不喜欢差异性。

判断技巧：你可以问他以前用的什么样的产品，求同型的顾客会说："我以前用的实木家具，用了好多年了一直没出什么问题，新房子里我也想要这样的家具。"他会主动告诉你以前产品的好处。

接待技巧：在说服他的时候，要强调我们的产品与他所熟悉的产品或事物之间相类似的地方。

2. 求异型

特征：喜欢跟别人反着来，逆反心理比较强。你说往东，他偏要往西。你说是对的，

他非要证明是错的。

判断技巧：同样，你可以问他以前用的什么样的产品，求异型的顾客会说："我以前用的也没什么品牌，质量不行，一段时间有些地方粘的木皮已经掉了，颜色也不行了……"他会对以前的产品满腹牢骚。

接待技巧：采用"负负得正"法。假设你要往东，他就偏要往西。因而，你希望他往东的时候，你不说往东，你故意说他往西是对的，他为了要反对你，那就从西反到东了，这样正好。

四、第四种类型的两种人格模式：追求型和逃避型

1. 追求型

特征：比较现实，缺乏耐心。非常在意产品能够给他的利益和最终结果。

判断技巧：这种类型的顾客，在你给他介绍产品的过程中，他显得比较不耐烦；当你在介绍某一特点时，他会迫不及待地问"这有什么好处？"

接待技巧：言语简练，言之有物，切记不要啰唆。在最短时间内吸引他的兴趣，让他知道购买这种产品的好处和利益。然后，不断强调这种产品的利益、好处和优点。

2. 逃避型

特征：在购买产品时，他大部分的注意力并非产品的好处或利益，而是购买后能够避免的麻烦，去除那些让他们担心的事情。

判断技巧：这种类型的顾客在说话时爱用否定词，如"不要""不好用""不好"等。

接待技巧：强调购买这种产品会让他避免哪些麻烦，或减少哪些痛苦；如果不买，会带来哪些麻烦，增加哪些痛苦。

五、第五种类型的两种人格模式：成本型和品质型

1. 成本型

特征：非常在意购买的东西是否非常便宜，他把讲价当成一种乐趣。

判断技巧：这种类型的顾客非常关心价格，在你给他介绍产品时他会迫不及待地询问

价格，并且关注是否还有优惠活动、有什么礼品赠送，在购买时会不断地压价、要求加送赠品。

接待技巧：推荐特价款家具，并且要强调便宜，强调限量销售。

2. 品质型

特征：比较在意产品的质量，在他的头脑中始终相信便宜没好货，用价格来判定质量。

判断技巧：这种类型的顾客你给他介绍一般家具时，他会不屑地说"还有没有更好的"。

接待技巧：介绍的重点就是不断强调我们的产品质量有多么好，我们的服务品质是如何的好。你越强调产品如何便宜，他反而越不买。因为他觉得便宜等于没好货。

任务4　顾客购买过程分析

顾客的购买过程，简单地说有五个，即产生需要、收集信息、评估判断、购买决策及感受评价。

一、产生需要

当消费者认识到对某种产品有需要时，购买过程就开始了。消费者的需要通过两种途径产生。

1. 内在积累

比如一个人随着时间的推移，会由于体内营养的消耗而逐渐感到饥饿，从而产生对食物的需要，这是内在积累。

2. 外在刺激

比如一个人因为看到电视中某品牌床垫的广告，或由于同事或邻居说使用某品牌的床垫效果很好，他就会对该产品产生兴趣，从而进一步产生潜在需要。

二、收集信息

消费者产生需要后，会有下面 3 种情况产生：

（1）不采取行动：感到需要并不迫切或没有满足的可能，会忽略这种需要而不采取任何行动。

（2）直接采取购买行动：对需要的产品十分熟悉，且需要强烈、产品容易获得，就会直接采取购买行动。

（3）开始收集信息：需要比较迫切，但对产品不熟悉，就会开始收集有关信息。

三、评估判断

经过收集信息，顾客逐步缩小了选择的范围，最后只剩下了几个品牌的产品作为购买的候选对象。

评估过程如下：

（1）确定购买标准：根据自己的需要，确定应该评价的若干产品特性，作为评价产品的基本标准。

（2）进行综合评价：根据这个标准，对几种候选品牌进行评价。

（3）确定购买品牌：形成对各种品牌的态度和对某种品牌的偏好，确定所要购买的品牌。

分析：尽管这个阶段是顾客的一种心理活动过程，但导购员仍然可以通过努力影响顾客。比如，可以说服顾客改变评估产品的标准，改变顾客对自己产品特征的认识，从而使顾客的评估过程有利于自己的产品销售。

四、购买决策

经过评价过程，顾客决定了将要购买的品牌，形成了购买意向。然而，在购买意向和购买行动之间往往还有很长的距离。如果顾客没有采取购买行动，主要原因可能是：

（1）受他人态度的影响，比如他的家人反对购买。

（2）受预期心理的影响，比如顾客估计该产品的价格会下降等。

（3）受其他意料之外情况的影响，比如经济条件不允许。

五、感受评价

消费者的购买过程并不随着购买行动的结束而结束，而是通过产品使用和他人评判，把产品的实际性能与购买前对产品的期望值进行比较。消费者会建立起购后感觉，作为今后购买决策的参考。消费者若发现产品实际性能与期望大体相符，就会产生良好的购后感觉；如发现产品性能与购前期望不一致，就会感到失望和不满。

六、购买过程五阶段与导购员的任务

购买过程五阶段与导购员的任务如下表所示。

购买过程五阶段与导购员的任务

购买过程	购买心理活动	每一过程中导购员的任务
（第一阶段） 待机	（第一阶段） 注意商品	（1）等待接近顾客的机会
（第二阶段） 接近	（第二阶段） 引起兴趣	（2）取得接近机会就向顾客打招呼接近
（第三阶段） 介绍产品	（第三阶段） 联想使用状况 （第四阶段） 涌起购买欲望	（3）简洁说明产品的特征，描述利益点所在 （4）发现顾客的需求，推荐适合的型号 （5）进行互动式介绍，让顾客参与，用实例解说
（第四阶段） 劝言	（第五阶段） 比较价钱因素 （第六阶段） 信赖导购员和产品	（6）从各种角度比较说明 （7）针对顾客的提问，给予确切的回答 （8）运用资料、图片和实例取得顾客的信任
（第五阶段） 成交	（第七阶段） 决定购买	（9）观察顾客的表情，取得成交的机会 （10）运用成交的技巧，促使顾客决定购买

项目 4
家具品牌建设

任务1 家具品牌建设的基本概念

一、品牌的定义

1. 品牌自身角度

美国市场营销协会（AMA）对品牌的定义："品牌是一种名称、术语、标记、符号或设计，或是它们的组合运用，其目的是借以辨认某个销售者或某群销售者的产品或服务，并使之同竞争对手的产品和服务区别开来。"

2. 消费者角度

大卫·艾克认为："品牌是产品、符号、人、企业与消费者之间的联结与沟通，一种消费者可以亲身参与，进行理性与感性互动的总和。"莱斯利·德·彻纳东尼认为："品牌是一系列功能性与情感性价值元素的归集，它能保证顾客能迅速将品牌与某种功能性收益相联。"

二、品牌建设与管理的基本要素

1. 品牌建立与消费者的关系

品牌建立的最终目的不是促成短暂的交易或者获取利润，而是完全以消费者为最核心利益关系，用品牌建立起与消费者循序渐进、由浅及深的合作关系。

下图是品牌建立与消费者合作关系示意图：

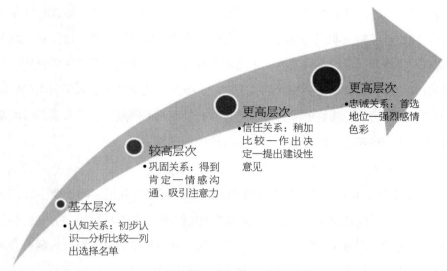

品牌建立与消费者合作关系图

2. 品牌建设的一般过程

品牌的运营战略包括品牌的建立与管理，是一个系统化、科学化的过程。建立过程中的各个程序和各个要素需要紧密联系、相辅相成。

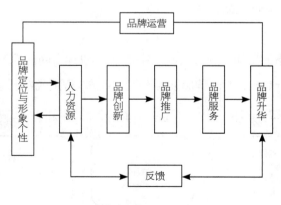

品牌建设的一般过程

1）品牌定位

清晰而明确的品牌定位是扩充品牌资产的根基。做好品牌定位，有利于在激烈的竞争中形成差异优势。

由于社会产品日益同质化，消费者大脑中储存着各种各样的产品信息和企业信息，因此如何塑造一个最能与消费者产生情感共鸣的形象，并在消费者的大脑中迅速又长久地占领明显地位，是品牌定位最直接的目的。

企业通过价格定位、档次定位、风格定位、包装定位、销售定位、渠道定位等一系列定位原则，可以将产品打上明显的品牌烙印，在细分市场中找到自己的合适位置。此举能使自己的品牌有别于竞争对手，在众多的同类品牌中脱颖而出，确定消费者在信息处理和分析时对品牌持有联想能力，并增强消费者购买忠诚度，继而在消费者需要购买同类产品时，将该品牌列为首要选择行列。良好的品牌定位使企业有较高的识别度，是连接消费者以及形成潜在消费人群的重要桥梁，可以建立起长期并且稳固的利益关系。

2）品牌视觉形象

视觉形象设计面向大众，是消费者迅速识别并保持牢固持久记忆的重要手段；同时，体现个性化，与其他同行区别开来。要提高品牌的视觉形象，就要从符号学的角度建立品牌，使其具备强大有力的传播效果和感染能力，以最直接、最有象征意义的形式占据社会大众内心。将前期做好定位的复杂抽象内容转换为具体的符号概念，是一个从繁至简、提炼精髓的过程，包括了企业名称、标志等内容。做好品牌的视觉形象设计使企业具有较强的识别性，在社会公众信息纷杂的市场条件下，只有个性鲜明、容易辨认的企业标志才能够给人们留下深刻的印象。优秀的视觉设计往往在色彩、字体、造型、语言等基本要素中体现出企业的文化特色和价值内涵。简洁、独特的符号语言在吸引大众时，品牌的传播、交流和宣传也迈出了重要的一步，并且使人产生品牌联想。

3）品牌故事形象

消费者对品牌故事的认知，会唤起自己在品牌使用过程中的情感联想，主动将自我概念、价值观与品牌形象进行对比，对品牌形象的象征意义加以肯定或者否定。

品牌故事形象示意图

4）品牌广告传播

广告即"广而告之"，它能有效地连接起传播者（企业）和受众（消费者），达到一定的传播效果。

广告流程图

从流程图中，做好广告宣传要抓住以受众为核心，协调好主动与被动的关系，在顺流反映与逆流选定中获取直接或者间接的效果。

企业传播者通过选择一定的渠道和媒介，将产品信息和赋予的情感传递给消费者，即大众传播的方式，全面撒网。在此过程中，消费者对产品和品牌的形象进行认知和储存记忆，从而转变为购买行为。

直接的广告效果从销售利润中体现，这是最能反映具体时间段内，广告的扩散程度和广告在消费者身上发生的利益关系。间接的广告效果即是以长远利益为参考，审视消费者的自我认同感、品牌忠诚度、品牌形象塑造、品牌知名度、品牌美誉度及社会影响力等。

间接的广告效果是宏观的、综合的利益关系，在品牌竞争时代，作为一种核心力量厚积薄发。

5）品牌营销策略

品牌营销策略的形式多种多样，以 4Ps——产品（product）、价格（price）、渠道（place）、促销（promotion）为主要手段。

（1）产品策略：为满足消费者需求，对产品式样、产品功能、产品包装、产品特色、产品服务等可控因素进行综合和运用。

（2）价格策略：按照市场规定价格和变动价格等方式实现营销目标，包括基本价格、折扣、津贴，以及各种定价方式和定价技巧。

（3）渠道策略：合理选择分销渠道，实现产品的流通。

（4）促销策略：利用各种信息传播手段刺激消费者购买欲望，包括各种广告促销、人员促销、公共关系等，实现产品的销量增加。

6）品牌升华与反馈

通过各个程序的环环相扣、协调运作，最终使得品牌资产日益壮大，品牌价值不断提升。品牌的升华同时形成反馈机制，扬长避短、积累经验。反过来，为人力资源提供信息和养分，继续品牌再定位，指导品牌创建初期重要环节的更改，如视觉形象、展厅形象等。同时，使其成为品牌运营各个阶段的有力保障，健康可持续的发展战略由此形成。

任务2　家具品牌的建立

　　家具品牌的建立过程与其他行业产品的品牌建立过程在核心和本质上是相同的，但是具体的操作也需要因地制宜，具体情况具体分析，不能够简单地生搬硬套书本上的一般过程。下面，就以红木家具为例，介绍家具品牌建立的过程。

一、精确品牌定位

　　首先，针对红木家具品牌发展现状、有利因素、综合实力和瓶颈分析，对品牌发展的内部优势与劣势、外部机会与威胁进行准确界定，绘制SWOT模型，并选择出适合我国红木家具品牌发展的策略。

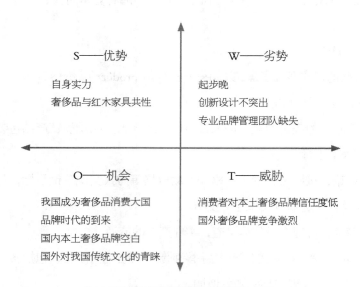

S——优势	W——劣势
自身实力 奢侈品与红木家具共性	起步晚 创新设计不突出 专业品牌管理团队缺失
O——机会	T——威胁
我国成为奢侈品消费大国 品牌时代的到来 国内本土奢侈品牌空白 国外对我国传统文化的青睐	消费者对本土奢侈品牌信任度低 国外奢侈品牌竞争激烈

红木家具品牌发展策略 SWOT 分析

　　其次，将构建和管理红木家具奢侈品牌进行SWOT分析。从模型中可以看出：

1）内部优势

　　第一，红木家具本身的综合实力，包括价格、历史、美学、文化、工艺、养生功效等多方面，这是不同于其他产品、区别于国外诸多家具的独特优势。第二，是与国际上定义的奢侈品之间的共通关系，包括内在关系和外在关系。

2）外部机会

红木家具作为中国的国粹，在品牌时代有潜力、有实力填补国内本土奢侈品牌的空白，化解号称奢侈品消费大国的中国没有具有国际影响力品牌的尴尬。同时，国外民众以及品牌对传统文化元素的争相和运用也给了本土品牌异军突起的机会。

3）内部劣势

模型着重列举了相对于其他奢侈品牌起步较晚、品牌历史色彩不浓厚导致的品牌识别低，品牌影响力和知名度不高，以及最重要的专业的奢侈品牌管理团队缺失等劣势。

4）外部威胁

对红木家具奢侈品牌成功运营构成的威胁：一方面是国外奢侈品牌的激烈竞争；另一方面是根深蒂固的思想缺失，是品牌发展道路的一个顽疾。

───◆◆◆ 案　例 ◆◆◆───

　　京城第一品牌元亨利的定位为有品位的奢侈品、艺术品，希望通过每一件古典家具展现中国传统艺术与哲学思想，成为可传世百年以上的精品。因此，元亨利在发展过程中的品牌活动都走高端路线，艺术气息浓厚，成为中国较具影响力的红木家具品牌。例如，2005年底，元亨利在国内首届顶级奢侈展上卖出了一套红木家具1 200万元的天价；2009荣获中国十大奢侈品牌奖，获奖理由：一件家具可换十部奔驰；2012年在厂区落成元亨利文化艺术示范馆，打造了一个中国传统文化的艺术殿堂。

元亨利品牌的成功验证了定位对品牌发展起着重要指导意义。下文总结适合红木家具企业定位的因素，并提出定位模型。

二、 红木家具品牌定位要素

1）功能属性

在进行品牌定位时，首先要对产品做全面的剖析，这是后续工作的依据和基础。产品是品牌传播的物质载体，浓缩了企业的理念、服务质量和发展动态。消费者在选择品牌时考虑最多的是，从产品本身是否可以获得价值和心理诉求的满足。从功能属性出发，可对红木家具进行产品定位。下图显示的即是本书对红木家具定位的4个方面：奢侈品、国粹礼品、艺术收藏品和环保养生产品。

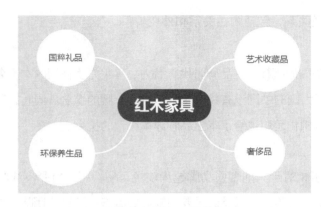

红木家具的 4 个要素

①定位红木家具为奢侈品。

除去家具的使用功能，红木家具也以艺术品的姿态存在。有些红木家具在体量和功能上很难与现代的生活起居方式吻合，但消费者注重的并不是生活必需品，而是一种高档享受的奢侈品，这是个人或者集体用来体现身份地位的象征。我国红木家具的发展虽然仍存在各种问题，但是注重品牌建设的部分企业已经看到国内市场中本土奢侈品的空缺，致力于以高质量为基础、注入品牌文化、加固品牌内涵，逐步向名副其实的奢侈品行列迈进。定位奢侈品是一个从质上得到上一个档次的飞跃，预示着企业的发展要进行高规格的竞争和走国际化的路线。

②定位红木家具为国粹礼品。

我国的国粹包括传统京剧、洛阳牡丹花、顶级茶叶、珍贵陶瓷、高档丝绸等，这些物品在与外国友人来往互通时扮演着重要的角色。一方面，从高规格的礼品上反映出受礼者地位；另一方面，表明我们的重视和尊重程度。红木家具作为我国独有、日益稀少的产品，无论从外观造型、艺术文化，还是历史背景上看都可以堪称绝顶的国粹。将匠人精心打造的红木家具，或者交椅，或者屏风，或者博古架赠与国际政要、外国友人，以此为媒介来体现我们的诚意和礼尚往来的优秀传统。定位为国粹礼品有利于企业在产品的宣传和企业形象传播中把握方向，快

明式交椅三件套

速打开国际知名度。

上图为红木家具十大品牌之一的三福家具制作的明式交椅三件套，被作为国粹礼品赠与塔吉克斯坦总统。这一举动使三福艺术家具品牌走向世界，让我国的传统艺术获得国际认可。

③定位红木家具为艺术收藏品。

同豪华跑车、顶级珠宝一样，作为家具中劳斯莱斯，购买顶级红木家具是一种奢侈行为，消费者看重的是其投资空间和收藏价值。明清流传至今的古典红木家具是博物馆的镇店之宝，如今制作精良的现代红木家具在若干年后仍然可以在收藏品的舞台上散发耀眼的光芒，不只是价格上的千金难求，更是一个时代的代表和象征。珍贵红木材料越发稀少，红木家具具备持续的升值空间，大大超越了家具本身，更是一种对精神文化的需求和对历史底蕴的认同。

④定位红木家具为环保养生产品。

现代人在衣、食、住、行的选择上，将是否符合环保标准、是否具备养生功效作为一项参考依据。高档红木家具材质属于环保材料，所用涂饰为生漆上蜡，杜绝了有害气体和污染源。

2）细分人群

以高昂价格和文化底蕴为依据，将红木家具的消费人群特定化，即具有较高的经济实力并追求高质量生活品质的人群。细分消费人群、研究消费心理和购买动机是品牌定位的前期工作。

3）同行竞争

虽然红木家具奢侈品牌还不成熟，但行业中品牌众多。部分知名品牌与顾客保持着长久的合作关系，声誉良好，在奢侈品市场的推动下有能力打造出属于自己的品牌。因此，企业在定位时需要对这些品牌进行深度调查，实施差异性发展战略，以人无我有的个性化形象深入消费者内心，在同行竞争的环节中取胜。

红木家具十大知名品牌包括年年红、永华家具、美联、三福、红古轩、明堂红木、名鼎檀、老周、元亨利、友联·为家。分析各大知名品牌的品牌定位以及其发展的优势、劣势，能做到知己知彼，有利于在构建奢侈品牌的过程中实现精准品牌定位。

二、差异化品牌 VI

1. 十大品牌视觉形象分析

十大品牌视觉形象分析表

年年红 1989年创立于浙江，目前是中国最大的中式名贵硬木家具研发和生产基地之一		百年红木 千年文化
友联·为家 1982年创立于香港，集设计开发、生产、销售于一体的世界级家具企业集团		优雅人生 和谐为家
美联 1977年创立于香港，在广东深圳、浙江温州等地建立有三家规模庞大的红木工艺家具厂		美艺天成 连古誉今
明堂红木 1998年创立于浙江东阳，是一家集古典家具研、产、销为一体的大型家具制造企业		传世品质 智慧明堂
三福 1996年创立于福建，拥有国内单体面积最大的高端红木家具展示馆		汇仙作精华 聚八方之福
红古轩 1997年创立于广东中山，致力于成为"新中式"家具的领跑者		引领中式家居文化
老周 1997年创立于上海，产品荣获2008年"百慧杯"首届中国家具设计大赛金奖		诚信至上 品牌典范
元亨利 2000年创立于北京，"做中华品牌，创世界品牌"，部分顶级红木家具被国家博物馆永久性珍藏		雕琢精品 满足顾客
名鼎檀 2006年创立于广东，专注于将东方古典文化与现代时尚相结合，使明清风韵的古典家具现代化		百年陈韵 至尊檀香
永华 1986年创立于广东广州，是专业的红木家具生产企业		传承千年家具经典 创新世纪家具文化

1）品牌命名

十大品牌的命名特点

特点分类	企业名称
中式浓厚	年年红　明堂红木　永华　红古轩　明鼎檀
中性	友联·为家　老周　三福
西化	美联　元亨利

为自己的品牌起一个适合的名字是一门学问。能够达到视觉刺激、听觉享受、感觉共鸣三个要求的名称，更易得到消费者认可和接受，同时在同行竞争中抢占商机。消费者或是看到名字，把它读出来，对其赋予情感；或是道听途说，好奇如何书写，继而发生情感交流。抓住这三个感觉要求，品牌命名就基本成功。

十大品牌中传统味道浓厚的几家企业，如年年红、红古轩、名鼎檀等抓住红木文化的历史文化底蕴，使消费者迅速将其与红木家具挂钩，从字面上可以联想到古色古香、古朴吉祥；另外，年年红、红古轩、名鼎檀读起来朗朗上口，在听觉上又加深了记忆。

中性色彩的上述品牌，在表面上没有传递出更多与红木家具有关的信息，辨识度不强。例如，另辟蹊径的元亨利乍一看是西方名称，但正是这种与众不同的西方贵族气质起到了挖掘消费者好奇心的作用。

2）标志的颜色

十大品牌标志颜色表

标志颜色	企业名称
红色为主	年年红　永华　老周 红古轩　名鼎檀　明堂红木 友联·为家　美联
黄色为主	元亨利　三福

颜色的价值在于能够激发出人们的感情，生动描绘出人们的内心思想。它不仅起到装饰、美观的作用，还重在传递重要的信息，以单纯、强烈、明快、醒目的视觉传达特征和象征性力量发挥着巨大威力。同样一个标志，给其赋予不同的颜色，表达的情感就会大相径庭。

因此，在标志设计中，色彩的运用和搭配是技术性的工作，在吸引顾客注意力方面起着重要的作用。

在红木家具企业中，字体和图案组成的标志设计大都不约而同地选用较深的红色体系，代表了红木家具稳重温雅的质感，传达了吉祥、喜庆的寓意，同时彰显了高贵的风范。

而三福和元亨利则选用了黄色系，同样带来吉祥和高贵气质。但是在红色占主导地位的标志世界里，那一抹黄色似乎更能将其与其他品牌区别开来，吸引顾客，并给其留下深刻的印象。

3）标志的形式

标志是对图案元素和字体元素进行排列组合，产生一种具有象征性和代表性的符号。设计师喜好、品牌定位不同，在形式上存在差别。

以图案为主的年年红标志是十个品牌较具特色的：两个古代小孩围绕着一个开光木墩，似乎在研究着什么……这个图案给人以遐想又不失调皮可爱。明堂红木品牌则是将圈椅的后背椅圈加以变形，瞬间给予现代化的气息，注入了些许时尚情感，简单明了。老周图案边缘是传统的拐子纹，代表了回环曲折、无穷无尽的意味；正中图案既是周的变形，又是鼎的化身。这三家企业的标志设计以图案为主，占据90%的篇幅。其精心设计且具有代表性的图案为自己品牌的视觉形象增添了活力。

以文字为主的友联·为家、三福、红古轩、元亨利虽然没有图案的衬托，但是在文字设计上也花了心思，各具特色、识别度高。美联的图案是祥云组成环形，内有拐子纹横向连接、美联开头字母M和L纵向连接，寓意四通八达、融会贯通；标志正中，两侧分布字体的组合方式突出图案的核心地位。永华与名鼎檀则是利用人类视觉方向从左至右的规律，将图案置于左侧，起引导作用；文字置于右侧，组合正统紧凑。

4）标志的字体

我国的汉字文化博大精深，作为传递信息的重要载体，汉字具有非同寻常的艺术魅力。汉字由笔画组成，本身就是一种造型设计。在我国的传统书法中，字体样式多种多样，各成风格、各有意境。楷书的正经严肃、行书的行云流水、草书的豪迈不羁、隶书的圆润饱满……这些不同的字体样式为企业提供了多种选择以及设计灵感。有的单纯运用，有的在方向、线条、曲直、偏旁等方面加以变形和再设计，使之更符合企业的定位特点，具备设计感和独创性。

永华的字体样式表现出庄重、严谨、一丝不苟；元亨利字体一气呵成、简约大气；友联·为家是三种字体的结合，体现混合的效果；名鼎檀古意浓厚，在英文字母的设计上费尽心思。

5）品牌的标语

十大品牌标语导向列表

标志形式	企业名称
艺术文化导向	年年红　三福　美联　永华　名鼎檀
生活方式导向	友联·为家　红古轩
企业优势导向	明堂红木　老周　元亨利

品牌的标语最好是简短有力、朗朗上口的短语或者短句，具有长久反复使用的特性。其主要用途是为品牌创造一张简明独特的名片，用最精练的语言归纳出企业的产品特性、企业定位、商业理念、服务宗旨等内容。品牌的标语以一种浓缩的精华在众多企业中出类拔萃，扩大知名度，在情感倾诉的过程中引起消费者共鸣，促使消费者加强对商品的印象和记忆，引导其购买产品，进行情感消费。

统观十家知名品牌，基本是以四字口语的形式组成简短句子，兼具企业特质，方便消费者记忆。

年年红是文化导向型：从标语中可解读到企业对传统文化的尊敬，同时每个短语的年字与年年红的名字相互呼应；友联·为家是生活方式导向型：从消费者利益出发，倡导一种精致和谐的生活方式，以向往美好的人生为宗旨进入消费者心灵深处；红古轩将企业定位鲜明地呈现给消费者，既为人们打造中式家居，回归传统，又展示出做领头羊的信心；老周是企业优势导向型，旨在以诚信待人待物，做品牌的模范榜样；元亨利将产品质量放于首位，将消费者视为上帝，建立了让消费者信任的产品形象和服务形象。

2. 红木家具品牌视觉设计建议

1）视觉、听觉、感觉兼顾的命名

红木家具奢侈品牌的命名是在凝聚了历史文化、艺术价值、内涵精髓等内容之后，与企业紧密联系，用简略的语言表述给受众。因此，前文所述的红木家具知识是一切活动的基础。要达到奢侈的档次，在视觉上要与众不同，给人以独一无二的冲击，既能用名称反映企业的服务又可以区别于其他企业。除去这十大品牌，在名称中用红字的企业占据多数，"红"字一方面贴合红木家具的色彩，另一方面又迎合了中国人期望红红火火的心理体验。但是运用不当未免会落入俗套，还有模仿与抄袭之嫌，更不用说如何利用名称的个性化、差异性会得到消费者的好感与偏爱。

在听觉上运用语言声调的变化，达到朗朗上口、更易辨识的目的。假设第一次了解红木家具企业是以听说的形式，品牌的标志设计就需要在听觉上给人以美好的享受，并与经常听说的其他品牌相区别。让消费者在感觉到企业别出心裁的同时，勾起好奇心，有进一步了解的欲望。

品牌标志带给消费者情感体验的过程是由名称产生联想行为的过程。红木家具命名可以在爱国意义、吉祥寓意、地域特色、高档品质等方面作出取舍。要达到红木家具奢侈的档次，挖掘本土文化极为重要，民族的就是世界的，高举民族与传统的旗帜才是生存之道。我国传统元素中对美好生活的向往与期盼是跨地域的共同认知。

作为一种无形资产，好的品牌名称需要上述三方面的协调与综合。总之，品牌能促使消费者产生丰富的联想，便能在品牌竞争时代为企业带来利润。

2）中国红、贵族黄的创新搭配

目前为止，红木家具品牌标志所用的颜色中红色最为合适，既能传递产品信息又有较好的象征寓意。但是，千篇一律的简单运用似乎很难在众多品牌中脱颖而出，得到顾客的差别对待。因此，选用同一种颜色，要做到搭配其他色彩，进行创新设计。黄色的运用看似脱离主流，却在个性差异上占据优势。颜色的选用与品牌定位密切相关，两者不能独立存在，所有设计环节都要基于最初的品牌定位。

3）标志形式多样性设计

现代社会越来越尊崇简约，少就是多的设计理念占有上风。但是，红木家具是一个独特的领域，本身的文化气质很难用极简的符号来诠释，在图案设计、文字与图案的组合形式上应将传统特色与现代观念相结合。

①点线面的取舍做到均衡、主次分明。

②原始图案的抽象表达要饱满准确。

③对称、统一、合理。

④体现节奏感和韵律。

⑤不拘泥于一种形式的模仿，形式要丰富。

⑥适当、巧妙，加以变形。

4）标志字体的选用与再设计

传统文字的美在于其本身是一种造型元素，涵盖了横平竖直的正规严谨和直曲结合的韵味。为了体现红木家具和奢侈两种要素，选用的字体样式必须高端大气、成熟稳重，同时艺术效果显著、文化底蕴浓厚。因此，设计的字体应清晰把握传统文字要点和精髓，同时加以变形和处理。

5）标语的一语中的

首先，奢侈品定位的品牌标语应不落俗套，高端大气上档次，用简练的语言使消费者从中感受到尊贵与高品质。其次，品牌标语可以在历史、艺术、文化等层面，以多角度作为切入点，避免形式扎推，一味推崇某一方面的特点而造成较低的识别效果。品牌标语的魅力在于用简单的语言准确展示企业的核心价值和精髓，并使人产生丰富的联想，做连接企业和消费者情感的桥梁。

现在，不能完全断定红木家具十大知名品牌的成功源于视觉形象设计，但这确实是一种有利因素。视觉形象的作用就如在人际交往过程中，先递出一张精心制作的名片，让别人有良好的初步印象，在众多名片中得到关注，从而进行进一步的合作。

三、打造品牌故事

品牌专家、品牌理论创始人杜纳·E．科耐普曾说：“品牌故事赋予品牌以生机，增加了人性化的感觉，也把品牌融入了顾客的生活……因为，人们都亲睐真实，真实就是真品牌得以成功的秘籍。”

首先，品牌故事之于品牌就像灵魂与肉体的关系，抛开品牌故事，任何一个品牌都只是一个简单的符号、标志。只有当一个合理的品牌故事被挖掘、被传播，原本陌生、虚无的品牌变得才会变得有血有肉，同时具备说服力和亲和力，品牌才能得到最有效的传播。

其次，品牌故事的互动性能够带动消费者的积极参与，使品牌形象更生动、渗透性更强、更易激发口碑传播，相比广告传播，成本更低、效率更高。

最后，不少品牌故事还蕴含企业文化内涵，通过品牌故事能把企业和消费者紧紧联系在一起，培养顾客的忠诚度，保持品牌在市场中的竞争优势。

面对市场竞争愈发激烈的今天，消费者对品牌的遗忘性、选择性更大，让品牌讲故事，赋予其文化营销的品味与灵魂，才能永葆企业发展生机。

1. 讲述创始人奋斗历程

案 例

三福创始人——黄氏三兄弟

作为非物质文化遗产传承人单位——三福艺术家具，其品牌创始人的故事为品牌的发展起了推动作用。创始人黄氏三兄弟是黄氏家族古典家具雕刻的第五代传承人，他们的父亲黄老先生17岁便学习木雕艺术，是一位技艺一流的民间艺人。黄氏三兄弟更是耳濡目染、各有所成。大哥曾应邀参与人民大会堂福建厅、台湾厅的木雕制作过程。在机缘巧合下，大哥敏锐的市场判断能力，加上多年从事家具设计的二弟、手工艺高超的三弟，三人同心协力、不懈努力，创办了古典家具厂，成就了如今的知名品牌——三福古典家具。

部分红木家具企业的兴起依靠创始人对红木文化的热忱与崇拜，再经过其不懈的努力拼搏，这样的奋斗历程是独一无二的，使品牌的概念通过故事氛围的渲染升华成一段家喻户晓、脍炙人口的传奇。创始人的性格与态度投射出他所经营企业的理念与宗旨。推己及人，通过品牌创始人自己的亲身经历向消费者传递正能量，展示其对红木家具、红木文化的迷恋和热爱，输送认真向上的生活态度，吸引消费人群深度了解企业品牌。一个有格调、有品位，对事物持有严格与挑剔态度的管理者，肯定不允许出现任何有瑕疵的产品。无论是产品的品质还是风格特色，完美主义的企业领导家形象足以让众多消费者信赖、依赖、追随。

2. 传承经典的历史文化

凡是发展较好的奢侈品牌，尤其是欧美顶级品牌，大都有着悠久的历史故事和深厚的文化渊源，这种专一的传承缔造了俘虏世人视觉和心灵的经典。

案 例

范思哲家具

范思哲家具是对中古时代艺术文化的致敬和传承，家具设计中偏爱中古时代风格细密华贵的图案；同时，在新品家具里，希腊纹样和图案成为范思哲家具中非常重要及独有的元素。从历史中汲取灵感是顶级家具品牌设计师的必修课程。

红木家具是一本有着沧桑岁月的史书，里面刻画了一段段真实可信的历史，让我们对前人的智慧肃然起敬；描绘了一幅幅美妙的画面，让我们身心得到放松，去联想、揣摩背后的传奇故事和艺术文化。以历史作为切入点，挖掘其中丰富的内涵和价值，可以营造出品牌故事的神秘感与文化品位。

3. 打造设计师个人魅力

设计是一切活动的驱动力，在传统红木家具行业中也是如此。我们既要保留优秀的传统经典元素又必须顺应时代发展，加以创新性设计。不可否认，人们对新鲜事物的推崇是市场进步和快速发展的内在因素。将设计师的个人风格作为品牌故事的主线，可以迎合当今社会对设计的重视以及对设计师风格的追随。

国内——本土奢侈品牌"上下"

　　品牌设计师蒋琼耳是第一位参加法国巴黎家具沙龙的中国设计师，并在上海多次举办过个人艺术展设计展，在巴黎、瑞士日内瓦同样具有知名度。蒋琼耳女士认为，高品质的奢侈品最重要的两个因素是时间和情感。当今社会物质已经非常丰富，人们能在上下中得到的就是这个品牌，是这个品牌的产品打动了拥有者。她一贯坚持将手和脑结合在一起，手即是传统手工艺，脑即是新的设计思维和新的技术。为什么很多本土奢侈品牌做不长久，似乎是昙花一现，究其原因，时间和耐心是主导因素。上下品牌接受品牌认知需要5~10年时间的事实，也接受在做品牌过程很多的不利因素，不为短期利益驱动，不远离最初的目标和想法，坚持传承文化与历史。上下品牌以及蒋琼耳女士传递的精神是让人钦佩的，这种坚持不懈的精神势必鼓舞国内崇尚传统人士，这也是上下品牌走向国际知名奢侈品牌的精神支柱。蒋琼耳女士于2012年荣获巴黎奢侈品与设计人才大会颁发的和谐英才奖；2013年，她又获得法国文化部颁发的法兰西共和国文学艺术骑士勋章。

设计师个人荣誉和经历升华了整个品牌的层次与品位，并扩大了国际影响力。目前红木家具行业，产品同质化较为严重，延续明清家具风格的品牌较多，因此走设计师品牌路线作为一股新生力量，是一条提升核心竞争力的有效途径。以明清风格为代表的红木家具是品牌的精髓，但这并不意味着一味的模仿与抄袭，建设红木家具奢侈品牌的步伐跟不上时代的变化，会造成一个本土奢侈品牌被扼杀在摇篮中。以设计师个人魅力为主导因素，需要依托广大消费者对设计师设计品位、专业素养、文化底蕴、价值内涵的信任和认可。红木家具的设计不同于其他单品家具的设计，此类设计师必须各项专业才能出众，从思想和行为两方面掀起设计师品牌浪潮。

任务 3 家具品牌管理

一、重视设计管理的统筹作用

设计是知识的集成中心，策划企业一切活动的有序实施。设计的内涵不断地延伸和扩展，涉及产品设计、消费环境设计、营销手段设计、广告传播设计、产品服务系统设计等。这意味着在设计环节需要一项科学系统的管理制度，对各个职能加以计划、协调、控制与检查。

总的来说，设计管理是一门如何有力地应用及协调设计资源的学科，有着特定的内容与规律。其目的是最终实现企业效率的提高，缩短产品的开发设计周期，来满足市场和消费者的需求。尽管这门学科在家具行业的应用起步较晚，但是其贡献已经初见端倪。

红木家具是我国的艺术瑰宝，有国粹之称。虽然红木家具在世界家具行业中占据一定分量，但是整个红木家具市场呈现的状态并不十分积极，较大的企业品牌核心竞争力不足以冲击海外市场，而较小的企业品牌由于知名度不高、管理制度不完善、创新性设计不够明显，在红木家具市场中逐渐被淘汰。因此，红木家具企业引入设计管理的理念，可以更好地使红木家具可持续性发展，满足国内市场的需求，以奢侈品的姿态进一步面向世界，从而展现我国灿烂的历史文明以及先人们的智慧。

红木家具的发展，需要传统继承和现代创新的完美结合。对于传统的继承，需要设计师们仔细研究我国经典传统家具的特点，包括造型简练、纹理优美、合理用料，更重要的是其蕴藏的丰富内涵。而创新就需要把握时代的潮流，研究新材料、新技术、新工艺、新设备等社会发展的各种因子，以及分析社会文化中消费阶层、年龄、居住环境、购物能力等因素。能准确地预测潮流，就可以先人一步，以充足的准备对抗激烈的竞争。

有的红木家具企业不能长存，其致命原因就是缺乏专业的设计团队，甚至延续家族式的封闭管理体系。这种基于经验的保守性管理方式难以发掘培养出高级设计研发人才和管理队伍，会逐步被现代企业发展的形式所淘汰。企业的老板不能按自己的喜好以及经验充当设计师，来指导家具的设计工作。合理有效地运用设计管理，可以使企业良好地整合智力资源以及人力资源，吸纳或者培养专业的设计人才。这些设计人才的任务不仅是利用必备的理论基础和科学的思维方法进行产品的创作，其能力更能延伸到整个产业链中信息的过滤、提取、利用，并能协调各个部门，促使其设计的产品迎合市场。

红木家具未来的竞争一定是高端品牌的竞争，是在奢侈品市场中的角逐。无论是国内市场还是海外市场，都要做出自己的文化符号，同时也要体现消费者对话元素。因此，品牌的构建是红木家具企业能够长存的关键，红木家具的本身集艺术价值、审美价值、历史价值、人文价值为一体，有自己独特的信仰，这种品牌力量使之明显区别于其他行业。在品牌构建过程中，设计管理能够以设计部门为核心，加强各组织与机构的创新，统筹各个环节的协调与运作，共同打造企业优秀的品牌形象，使之具有高识别度、高知名度，增强竞争优势。

企业一方面要组织内部培训，提高研发设计水准、提高管理能力、增强企业高层整体经营素质；另一方面，向国际引进高端有效的管理人才和队伍，完善管理制度、制定战略模式等。双管齐下，才能充分发挥设计管理的宏观统筹优势以及微观协调作用。

二、产品设计创新

整个品牌建设与管理的过程都需要持续创新，其中，产品的创新设计依旧是品牌最具说服力的因子，通过不断推出新的产品增加消费者对品牌的认知和好感。

国际奢侈品牌领导人物阿玛尼先生在 2004 年出席上海滩精品店开业典礼时，曾抱歉地说，自己对中国的设计师没有什么概念。中国第一位家具方向博士学位获得者许柏鸣也曾谈到，如果一件家具缺乏多样性的变化，则必然流于单调；如果缺乏和谐与秩序，则势必显得杂乱，而单调和杂乱绝对不可能构成美的形式。因此，一件家具作品要达到有机统一来唤起人的美感，既不能没有变化，又不能没有秩序。中国的设计师并不缺乏才华，而是缺乏走出国门、走向世界的经验。本土奢侈品牌必须以创新型设计为向导培养出专业的设计团队，不仅要求对中国的悠久历史、东方文化和传统手工艺具有深厚的理解能力，而且应具备一定的前瞻性和洞察力。

红木家具的品牌时代已经到来，打造奢侈品牌、追求突破、获取个性化差异性优势更需走创新发展的道路。明清家具是红木古典家具的代表，造就了家具业艺术成就的巅峰，并被世界各大博物馆作为艺术品收藏。但要铭记，收藏的是一种精神，是对历史文化的敬仰，但这不能成为红木家具一直停留在高仿和复制阶段的借口，更不是创新设计的绊脚石。博古才能通今，红木家具的发展要在保护传统、继承传统的基础上，翻开新的篇章。作为收藏品的红木家具，在形与神的要求上都无限接近传统古典家具，但是家具本身是一种实用性、功能性的产品，仅以此方式为目的的企业，对红木家具的创新性设计持抵触态度，造成的后果就是红木家具品牌的发展一直停滞不前，继而影响整个行业的发展。因此，根据市场环境、企业优势、消费群体做出各自的定位，呈现出不同风格、不同种类的经典作品，方能保持一种良性竞争与互动关系，共同承担起捍卫传统红木文化的使命。

明式家具简约淡雅，清式家具繁缛华丽，均是不同历史时期的特定产物。新时代的房屋结构、居室空间都发生了极大的变化，红木家具作为生活用品，能提高人们的生活质量。红木家具设计可从造型、材料、工艺三方面进行选择性创新，来顺应时代的要求。

1. 造型

对造型外观不断斟酌，对细节与内在再三考量，充分体现古今合璧的韵味。既能保留古朴、雍容、清秀的明清风范和神韵，又兼具现代简约、舒适实用、时尚的风格，在两者交会与碰撞中找到协调的方式和平衡的形式。

2. 材料

不同的材料表现相异的质感，即使相同的造型仍然表现出不同的美感和视觉效果。时至今日，全球的珍贵木材资源越加匮乏，红木家具的成品要件件经典才配得上奢侈品的称号，也是对材料本身的尊重。设计师在进行创作时需要认真考虑红木材料的用量问题。适当增加辅助材料，如与皮革、藤编、草编等传统材料结合，表现与大自然的融合；与玻璃、钢结构、软包等新型材料结合，符合现代人生活起居方式和审美需求。

3. 工艺

一件红木家具的制作与加工需要多道工序、多种工艺的配合。例如，传统的木材干燥工艺有水浸风干法、自然风干法等，都有一定的缺点，如花费时间较长，受天气影响较大，有的还需反晒一次……因此，木材的干燥工艺、榫卯木工工艺、表面髹饰工艺等加上现代人的智慧，不仅可以提高工作效率，还可以使家具的质量更能得到保障，外形更加规整和严谨。

4. 技术

每件精品红木家具的诞生都是在时间基础上，对尺寸和结构关系的不断尝试和对比中得到的，古代人的智慧和耐心值得惊叹。但是，现代社会发展迅速，有必要在传统技术的基础上，利用现代技术，如人体工程学模拟技术、眼动仪视觉特性分析、木材纹理审美特性分析等进行提高。

三、品牌推广

1. 制定有效的广告传播策略

当下的传播媒介，种类齐全、形式多样，创新设计手法不断进步。从中选择适合红木家具奢侈品的广告方式尤为重要，原则是不在多而在精。本节着重介绍平面广告中权威杂志与媒体、展厅画册、网络新媒体、视频影视、名人效应、博览展会、主题活动七大手段。

1）权威杂志与媒体

紧扣红木家具的特殊性和专业性，提高企业在相关高端权威杂志中的出现率，能够有效地在目标消费群中留下深刻印象。业内杂志一般价格较高，只有关注红木家具、热爱红木文化的人群和机构才会定期订购，这有利于企业快速锁定圈子。最基本的传播手法是在杂志中插入广告，以简练、明了的语言和清晰、唯美的画面吸引读者，传播高品质的生活理念和低调奢侈的生活方式，以此作为切入点，推广品牌。其次是企业内部设计师、管理层发表相关专业文章，从自身专业和敬业的角度宣传品牌。例如，对设计潮流趋势的探索、寻找管理模式的创新途径、校企合作新思维等。再次，杂志中出自名家的文章受到读者的追捧和膜拜，因此向有名气的学者专家取经、交流经验，经其介绍企业的成长历程和品牌理念是明智的手法之一。最后，杂志对企业的访谈性文章有利于品牌形象的塑造，能起到推广作用。

在某次红木家具展销会中，权威媒体的全面报道提升了品牌专业性。品牌利用机会与各类媒体建立良好的合作关系，为今后的广告宣传打好基础。《收藏界·红木家具》、中国收藏网、中国文物、搜狐焦点等八家媒体全程参与了展会的前期、中期和后期专题宣传性报道工作；同时，新华社、人民网、《香港商报》、《南方日报》、《羊城晚报》、《澳门晚报》、广东电视台等33家大众媒体对展会现场进行了大篇幅报道；另外，《红木视界》《印象红木》《木工机械》等业内专业媒体也对本届展会进行了全方位的宣传报道。此举使红木家具品牌不仅可以在专业的领域中占据一席之地，还可以通过具有影响力的大众媒体为自己的品牌拓宽宣传的范围。

2）展厅画册

家具类产品体量较大，展厅空间有限，因此只能选择具有代表性的产品进行展览。利用展厅画册，可以全面地进行产品和品牌的宣传推广。构成红木家具画册的元素有色彩、语言、构图；所要呈现的内容有品牌概况和产品陈列；起作用的方式是通过一本设计精良的画册将信息浓缩起来展示给消费者。色彩是一种艺术语言，无论是封面颜色还是字体颜色都需合理运用、和谐搭配，多采用大红、深紫、冷灰、金色等能够突出奢华视觉效果的色彩，以符合红木家具的气质；语言在保持简约的同时注入诗情画意以及深厚的文学功底，太过直白不能凸显红木家具厚重的气质，过分矫揉造作又容易引起读者的反感，挑战其阅读的耐心；在构图方面不可千篇一律、抄袭模仿，要形成自己的版面设计风格，通过低调奢华的画面感展示独特的审美取向。

一个品牌的成立和成熟涉及多方面的内容，画册中展示的内容要尽量简练，用醒目的文字将品牌理念、品牌发展、品牌服务宗旨等加以概括。此举让消费者在阅读时能在短时间内获取有用信息，易识易记，还能向他人形象地加以描述介绍，进行口碑宣传。

产品信息作为画册比重最大的部分，不应只是通过摄影作品、版式布置将其一一罗列，而是需要用解说词向消费者提供信息，让其用眼睛观看、用大脑阅读文字，甚至在出声读的过程中进一步加深记忆。给产品赋予故事、赋予灵魂，给冷冰冰的单品加上能够激发情感的外衣，是解说词的作用所在。

一方面，画册中文字与图片的搭配、故事与产品的融合，更能激起消费者对美好愿景的向往和对美好生活的憧憬，从而对此品牌产品有所偏爱；另一方面，画册在单一介绍产品的同时，适当添加生活场景，通过奢华、高端、享受、唯美的意境表达丰富产品的形象，丰富了生活空间的情调。最后，将一些小信物、小设计品作为礼品连在画册上回馈读者。当读者拿起这本画册时，希望达到的广告效果是像翻阅一本有内涵的书籍，徜徉在美妙的文字、精美的图片中，而不是那些一拿一放甚至随手乱扔的路边小广告。

3）网络新媒体

红木家具不需要过多利用传统的广告传播方式，强迫或者硬塞给受众。在网络新媒体植入广告，就具备很好的主动性、互动性和双向选择性。

首先，与画册的设计一样，红木家具官方网站、微信公众号的推文要达到高质量、高创意性、低调奢华的水准，增加点击搜索次数。通过抖音、快手等新媒体平台发布红木家具相关知识短视频，既可以全面、有规划性地展示品牌形象，又方便爱好者学习。紧跟行业动态，发布最新资讯，做到专注和专业，最终实现垂直销售。

根据注册信息的个人情况为消费者寻找朋友圈，有利于交流沟通；欢迎转载分享各种品牌和产品信息、文章；通过现代发达的微博、微信等平台相互传播，以互动性极强的人际传播的方式扩大品牌知名度，挖掘潜在的顾客群。

最后，充分利用搜索引擎平台，实施分众的广告传播策略。互联网、物联网、社交网络的兴起和普及，促进了人与人之间的沟通和情感交流。利用网络的数字化手段，记录、获取、收集、分析用户的身份特征、生活方式、兴趣爱好、消费习惯等属性，选择与红木家具和奢侈品相关的人群，并在合适的时间有针对性地投放、发布广告，使其欣然主动地点击、浏览、关注品牌和产品。

4）视频影视

制作红木家具奢侈品微电影和网络视频：讲述红木家具的起源，发展的历史；探讨如今顺应时代变迁所做的创新，新中式家具的兴起；介绍品牌塑造历程、品牌理念；展示产品细节、特点、质量；营造一种既高端奢华又沉稳内敛的生活方式……从中选取关键点和传播点，采用巧妙的构思和设计，将其融入一部微电影和网络视频。让观众在享受一部时间不长的微电影的同时，将品牌信息很好地传达出来；在看网络广告时没有传统广告的枯燥乏味，而是一个欣赏与品味的过程。

影视剧中的植入性广告也是有效的宣传手段，它利用了影视消费和奢侈品消费均是精神消费的本质特点，并且根据影视可以筛选、锁定消费群。选取合适的电影、电视剧作为合作伙伴，分析剧本和故事情节，找到恰当的切入点，以画面和对白两种形式水到渠成地植入红木家具品牌广告。在选择片子时，应考虑如下因素：依托的场景是否具有高端气息、艺术氛围；依附的人物是否具备高贵典雅、含蓄有品位的特质。使观众在思维活跃时，潜移默化地受到剧中人物、情景的生活态度和生活方式的影响，继而开始关注其中出现的产品品牌。

5）名人效应

国际奢侈品的品牌代言人一般都是巨星、名模、商界精英甚至皇室成员，主要是利用他们的影响力。作为媒体争相追逐的对象以及公众焦点，他们的生活品位和态度、生活方式和偏好，均影响着广泛的消费人群，将个人的品格融入广告、赋予产品，再通过自身影响力感染消费者。

红木家具作为奢侈品在选择广告代言人时同样要考虑其气质与个人魅力是否与品牌定位相符，是否具有较高知名度与诚信度。消费者对这些名人的崇拜，会导致他们消费行为的发生，感觉拥有此类产品会拉近自己和名人的距离，产生情感上的贴切式体验，这种模仿消费行为具有较大的主动性。

名人效应除了表现在专用品牌代言人上以外，其使用者也能发挥提高知名度以及为品牌增添光芒的作用。例如，Christofle Guy 品牌的家具不仅有比尔·盖茨、贝克汉姆、舒马赫、拳王阿里的支持，还为凯撒皇宫、希尔顿、凯悦等超星级、五星级酒店打造了适合不同氛围的高档家具。意大利 TURRI 家具将传统与现代融入奢华的生活文化，一直是世界各地众多酒店、知名住宅甚至大使馆的上选之品。与全球知名人物、顶级奢华酒店等建立起使用关系，能有效地提升品牌品位和层次。

6）博览展会

近几年，各地成功举办红木家具博览会，汇聚各大知名品牌，展示经典产品和畅销系列。此举为广大消费者和爱好者提供了零距离和全面了解红木家具行业发展动态的平台，为各个企业间相互学习与交流提供了超大规模的现场机会，迅猛地推动了红木家具企业的壮大与成熟。展商在展示红木家具的同时，联合了文化艺术品、家居装饰品等相关行业参与，显得强势且有号召力。期间家具协会举办的高峰论坛、专场鉴赏拍卖会、设计作品参展与评定等活动提高了会展的专业性，更增强了现场消费者的互动参与性。

企业在准备参展活动时，要紧扣展会主题，在有限的时间和空间里做好展位风格设计与宣传活动策略，将展位打造成文化气息浓厚、高端大气的氛围。在众多展商中以创新、个性吸引现场消费者，使其处于精心营造的生活场景中，长时间地体验与享受，强化品牌记忆，激发购买欲望。多家展商的汇集为消费者提供了亲身比较的便利，而商家要抓住此机会，形成差异化的竞争优势，以细节致胜，打响奢侈品牌定位与品牌知名度。

✧ 案 例 ✧

元亨利与奥运会、上海世博会

元亨利品牌家具出现在 2008 年奥运会期间，并曾在中国故事主题接待室中接待中外高级首脑和贵宾。此次展览不仅给予品牌荣誉、鼓励和认可，更是一次向世界人民展现中国文化、致敬红木文化的机会。在世博会期间，元亨利代表中国古典家具文化入选中国元素活动区，开创了古典家具入选世博会的先河。

7）主题活动

（1）赞助活动：以赞助活动的形式进行红木家具品牌的推广，有利于产生广泛的影响力和提供品牌知名度。首先，在赞助活动之前，企业必须作出全面准确的调研报告，从中筛选出与红木家具文化气质相配、高端高档的类别，确保受众与红木家具的目标受众存在关联性。其次，选择合适的方式进行广告植入，频率与时间既与投入经费成正比，又不能使观众产生视觉疲劳和厌烦心理。最后，设定个性鲜明、富有创意的广告语，一鸣惊人。

（2）公益活动：公益活动往往会带给人好感与荣誉，这与红木家具天人合一、沉稳内敛的气质相符。以红木家具奢侈品牌的名义做好公益活动，为社会、为人民谋福利，扩大社会影响力和品牌美誉度。

（3）慈善活动：一般来说，参加慈善活动和出席慈善晚宴的均为社会精英、各领域先行者。此类人群具有较高的学历、艺术审美能力，热爱民族地域特色、崇尚传统历史文化并且是奢侈品消费的主导力量。举办慈善活动目的是在先行者的人脉圈中打响品牌名号，以质量、服务等细节取得品牌忠诚度，继而利用先行者的带头和号召力对品牌进行从上往下的金字塔式广告宣传。

案　例

三福艺术家具与慈善活动

中国木雕艺术大师黄福华先生和他带领的三福艺术家具参与芭莎明星慈善夜活动，是古典红木家具通过慈善活动跨界宣传推广、展现品牌魅力的佳例。

芭莎明星慈善夜始于 2003 年，慈善夜中将筹得的善款捐献给有需要的人，越来越多的品牌和明星加入到慈善行列中来，由此产生的影响力相当巨大。作为全国具有权威性的慈善平台，芭莎明星慈善夜如此评价战略合作伙伴三福艺术家具：其富有设计和艺术感的家具惊艳全场。复古和慈善达到和谐统一。慈善因此光彩夺目。而黄福华先生希望通过对慈善事业的支持，传播红木古典文化，传递慈善爱心理念，并将带领三福艺术家具乃至整个仙作家具弘扬古典艺术，以慈善回报社会。

2. 构建专业的电子商务平台

电子商务的发展已经遍布全球且涉及众多领域，为企业提供了巨大的商机和无限可能。红木家具类电子商务的发展虽在起步阶段，但是成长迅速，因此，利用互联网为企业增加品牌资产、树立品牌形象有着巨大的上升空间。

目前来看，红木家具利用互联网的程度不高，官方网站大都以展示产品和宣传品牌为主，业务也大多以浏览为主，不能在网站上完成交易的所有订单步骤。在此阶段，电子商务形式明显缺乏互动和交流体验，付款方式及物流选择都要重新联系卖方企业方能解决，并没有将互联网无时空、无地域限制的优势充分发挥出来。

1）构建高档的官方网站

官方网站即自己品牌的独立电商平台，企业应利用此平台塑造权威的专业信息门户，帮助消费者了解企业品牌和产品的基本信息，以及整个行业的发展动态，在官网中能进行电子化的商品交易。

首先，红木家具奢侈品牌官网的构建要紧扣定位，在整体形式、色彩风格上表达红木家具沉稳、内敛、奢华的感觉。在产品展示的过程中，要凸显出奢华的购物气氛，将更多的心思和用意集中在如何能够为用户打造奢华感、设计感，如何巧妙地利用页面配色，以及将品牌故事融入产品中，使每件红木家具都有贵族气质。注重细节且必须切忌华而不实，购买红木家具的消费者依然偏重红木家具本身的质感纹理和历史文化感。高科技的利用可以使红木家具提高身价，如三维立体画面、网络虚拟体验等都在一定程度上克服了网络购物无法触摸实物的弊端，给消费者提供身临其境地感受红木家具的造型比例、局部尺度和细节纹理的机会。

其次，简易安全的交易流程设计有益于发挥官方电子商务的作用。企业花费较多的物力和财力组建或者聘用专业的网站服务团队，其最终目的在于增加销售额，提供利润。高档奢华的网页设计吸引消费者浏览，增强了品牌宣传效果。但是，如何抓住消费者，使其下单、完成交易才是企业官网的重要使命。因此，网页设计和交易流程的设计相辅相成，共同促进了购买行为的生成。由于红木家具价格昂贵，支付金额较大，设计时必须考虑的因素是：支付模式的安全系数，支付过程操作明了、简易，支付时间的控制，在线客服随时解答各种问题。评价信息一方面促使企业改良产品、改进服务；一方面为其他有意购买该产品的消费者提供了参考意见。应做好评价的信息公开，为消费者建立一个相互交流经验的服务平台。

2）打入奢侈品网上商城

红木家具与其他商品不一样，需要打入格调更高、更专业、更纯粹的奢侈品网上商城。

红木家具企业在选择奢侈品门户网站时应作出调研报告与利益分析，确保红木家具的线上交易不会受到网站的负面影响。一般奢侈品网站均涉及海外代购真实性等问题，红木家具作为本土奢侈品很好地避开了这一环节。同时，更要分析红木家具这类奢侈品与普通奢侈品的不同，才能在各大奢侈品网络购物平台中锁定特点、凸出优势，在与同行业竞争的同时，也能成为众多其他奢侈品行业中的佼佼者。关注与红木家具相关的奢侈品类，争取在网上商城为消费者整合出相互交流、共享购物体验的社区平台，弥补其独自购物的劣势。在这里，他们既可以结交同圈子志同道合的朋友，也可以为各自偏爱的品牌做推广。

此外，红木家具电子商务可以借鉴各大奢侈品商城的构建方式，成立专属的红木家具奢侈品商城。各大品牌的入驻需要经过严格的筛选过程，真正为消费者谋福利，选定无论材质还是做工都可以在奢侈品层次中站稳脚跟的品牌。多品牌的融入一方面可以促进品牌之间的良性竞争，有利于红木家具行业健康有序地可持续发展；另一方面，壮大了我国本土奢侈品的势力，增强了海外影响力。

3）建立专业的物流平台

红木家具属于非标准化产品，实物特点与网络展示很难保持高度一致，这是制约红木家具类电商发展的一个重要弊端。另外，作为体量较大、材质昂贵的产品，物流平台的专业性亟待解决。是否到物流中心取件、如何专业安装、运送过程中缺少零部件或者产品磨损刮伤的维权保障等一系列烦琐的问题使得众多消费者对于网络购买红木家具望而却步。无论哪个行业，物流都涉及采购、仓储、装卸、运输以及配送等多种行为。红木家具体量大，因此占据空间大，整个物流过程成本较高且难以确保路途中不受损坏。一般企业都有自己物流部，但承担着高价和高风险，因此红木家具电商的发展要与物流平台的进步步调一致。

首先，专业性是最基本的要求，将物流管理的软硬件、人力资源、信息资源以及资金运作进行整合和统筹，形成一个健全的物流体系。其次，红木家具作为奢侈品，物流配送的保价与安全性要达到标准，只有如此，消费者才能放心购买。

建立专业的物流平台还可以增加品牌附加值，提供一系列完善、贴心、创新性的服务，让消费者得到实实在在的利益，拓宽了一件红木家具的功能，提升了一件红木家具本身的价值。个性化的物流服务、较高的服务质量也是增加消费者满意程度和提高重复购买率的保障。

3.积极尝试多样的营销策略

营销管理是企业整个经营活动中的重要一步，其策略的有效性直接影响企业的发展进程。本土奢侈品牌一方面起步较晚，一方面受到国人崇尚国外品牌理念的影响，导致目前中国奢侈品市场上强势本土品牌寥寥无几。因此学习先进的营销理念，尝试多样的营销手段再结合我国奢侈品市场发展现状，创造出适合的发展路径刻不容缓。

1）稀缺型营销策略

红木家具的原材料稀少且珍贵，具有精湛制作工艺的匠人师傅在现代物质社会也非常稀少。因此，红木家具的营销策略走稀缺路线毋庸置疑。消费者购买奢侈品主要受两方面的影响：一是消费者潜意识中的物以稀为贵，常常以此作为购买产品机会和可能性的一个标准；二是心理抵抗理论：产品的稀缺性会给消费者的购买自由带来限制，为了抵抗这种限制，他们会产生比以前更强的购买冲动。

为了迎合这种消费者心理，红木家具应该保持一贯的稀缺姿态，每件家具即是精品，甚至是收藏品。千金难求的市场氛围使消费者更加能够体验到拥有该家具是一件多么荣耀和高贵的事情。利用消费者的求异心理和逆反心理获取红木家具奢侈品牌的高度吸引力和诱惑，适时推出红木家具中的限量版、纪念版单品。除了本身自然而真实的稀缺，红木家具也应当采取一些营销手段巧妙地营造出虚拟的稀缺感，这样才能满足市场的高涨需求。

2）创意性营销策略

运用创意营销方式，可以使奢侈品的价值在营销环节中持续增值，在提高企业营销效率中其作用也显而易见。红木家具需要传统与现代的碰撞，需要继承与创新的共赢，成功的奢侈品也是这样。国际上顶级奢侈品都有一支专业的创意团队，负责设计研发工作、公关营销策略等，这是国内红木家具产业进军奢侈品的必修课程。

（1）创意理念一：文化营销。我国地大物博，五十六个民族展示了别样风情与地域文化；上下五千年的更迭，流传至今的民间艺术更是精粹，作为奢侈品的红木家具就是艺术文化与商业的完美结合。在挖掘红木文化的同时，联姻中国武术、国画、陶瓷、刺绣等瑰宝，以此作为文化营销的基准点，展示不同地域的文化特点，体现红木文化与各种民间艺术的交融。

（2）创意理念二：社会营销。社会营销即是从社会影响力出发，从社会最先进的理念中寻找可以进行营销活动的契合点。例如，目前全球都比较关注的产品环保性，年轻一代越来越开始重视养生，将濒临失传的文化与艺术传承下去，特定时期的知名人物的影响力等。另外，国际上越来越多的奢侈品品牌开始将营销出发点集中在某些影响力辐射范围较大的社会事件中。例如，对中国人意义非凡的2008年奥运会，很多企业都将目光集中于此，卡地亚创造性地设计了卡地亚祝福中国全球限量精品系列，包括首饰、配饰、腕表等品类。尤其加入书法、图腾、十二生肖等传统元素，使得卡地亚此次营销活动极为成功，不仅笼络了一大批忠诚的中国消费者，在世界范围内也声名鹊起。

3）定制化营销策略

在国际上，专属的定制服务一向属于市场上极为高端的品牌项目，这些品牌拥有高级的服务质量，体现出与众不同的独特品位以及强烈的个体存在感。而私人高级定制象征着低调、奢华、品位，满足着消费者凸出个性、表现唯一、不可复制的待遇。

美国DREXLE HERITAGE家具已有百年历史，独特的风格、非凡的技术、卓越的客服建立起了它的品牌王国和荣誉，成为世界顶级家具制造商之一，其品牌为每一位客户提供独特设计的价值理念，值得其他品牌学习和借鉴。

中式红木家具在明清时期，是文人仕官、能工巧匠的自绘自制，以及为皇室贵族、达官显贵定制定做的产物，奠定了尊贵、高雅的气质。当代社会中，红木家具的高级定制是一个满足高端人群功能诉求—情感诉求—自我表达诉求的升华手段，代表了高端的生活态度和方式，以创意和服务增加品牌附加值，符合奢侈品的本质要求。定制的过程并非凭空想象，而是一次又一次家具设计图纸修改—肯定—完善的积累，是不断适应不同风格家居环境、不同使用人群的结果。定制需按照消费者对红木家具的理解、自己个性的需求，加上专业设计师、家居顾问的指导意见，同时与装饰公司协调统一而进行的制造与供应，既属于设计师与消费者之间的对话，也是红木家具品牌与其他相关领域的相互合作、学习交流。良好的互动关系使得消费者更能深层次了解品牌经营理念。不同于首饰、腕表、服装等顶级奢侈品的定制，家具定制涵盖的领域较多，因此品牌在推出高级定制的奢侈服务时要结合自身企业的综合能力和实力进行。

红木家具定制流程图

（1）模式一：消费者先提出设计要求，有关家具风格、使用空间的资料应尽量详细且具有参考性。品牌设计师再加以消化和理解，以消费者的意愿为主体提出完整的设计方案。消费者和设计师同时参与方案修改，两者达成初步统一。

（2）模式二：品牌设计师根据定制环境的不同风格，如高档家居、星级酒店、办公空间等进行实地考察，以自己的专业设计能力和素养，提出设计方案。消费者在此基础上对方案进行评估，再加以个性化需求。消费者和设计需同时参与方案的修改，两者达成初步的统一。

无论模式一、模式二，都须以消费者的意愿为主要导向，但考虑到红木家具的特殊性以及制作工艺的复杂性，品牌设计师需要保证红木家具尺寸合理、比例协调，结构稳定、满足工艺需求，并把控整体风格，找到平衡消费者个性化需求的方法，建立起互相信任的友好伙伴关系。

家居顾问参与整个设计过程，不仅以自己专业的空间规划和美化知识提出设计意见，还要求红木家具与家居风格、使用空间主题类型相一致；同时，与装饰公司协作，对居室门窗、天花、玄关，酒店扶手等空间进行精心设计。

红木家具品牌的定制服务不只是一件家具的成型，更是为消费者打造完美奢华的中式家居空间。与其他领域合作，为消费者提供一整套奢侈服务，才能体现个性化高级定制的尊贵含义和专属感。

四、品牌服务

奢侈感是消费者购买红木家具的动机所在，这种感觉贯穿购买过程、使用过程；人性化是21世纪企业发展的主线，以人为出发点实施各项决策和战略；服务是高于产品本身的附加价值，是亲自参与的一对一接待；体验是消费者主观的内心活动，是对亲身经历作出的感觉和评价，涉及情感、认知、思考、行为等心理反应。抓住各种服务的特点并加以综合运用，保证消费者在购买红木家具过程及使用过程中都能体验到奢侈的人性化的服务，有利于在品牌与消费者之间建立起亲密无间、长期稳固的关系，有利于品牌忠诚度的建立。例如，提供一系列的非比寻常的购买体验、超高价值的售后关注、超凡脱俗的精神享受，使消费者明显感到差异性对待和高度被重视感，从而使自我价值得到彰显。

1. 增值服务

与家具行业密切相关的当属室内装饰领域，尤其红木家具对装饰要求极为严苛和专业，这不仅涉及美学，还应用到历史、风水等内容。当出售红木家具时，免费为消费者提供此类方面的知识并提出合理的家具摆放和装饰方案，可以让尊贵的顾客感受到全面、贴心的服务。反观，若这些知识和信息可以吸引顾客，那么顾客再次消费或者在朋友圈中宣传品牌的可能性将大大提高。

在消费者选购红木至最终下单过程中，销售人员或者服务人员要贴心地留下顾客信息，详细记录其生日、结婚纪念日、爱好等内容。一方面，在节日期间为关注自己品牌或者已经购买家具的顾客赠送节日礼品，礼品的选择要有差异性，根据不同的顾客投其所好；另一方面，在品牌举办的活动现场邀请VIP顾客，并为其策划亲身参与方案，尽量做到高端大气、个性创意、不落俗套。在特定节日中，如生日和结婚纪念日制造小惊喜，使消费者深深体验到被高度重视的感觉。当然这种增值服务除了要有长久维持性和高质量、高水准外，还要考虑在这些过程中能否促进顾客可以再次光临品牌，再次消费。

在此，可以提供一些可以加大消费者对红木家具爱好程度的礼品或赠品。例如，企业所用的红木余料可以加工成红木手串，制作起来简易、成本较低。精美的手串是贴身之物，向消费者传递了养生、环保、可持续发展的理念，起到了宣传品牌的作用。

与红木把件、红木摆件厂商合作，制订合理的营销方案，达到共赢的目的。例如，购买红木家具可以在某一时间段优惠购买红木把件、摆件等。考虑到红木家具的消费人群都是社会各界精英人士，按资料信息将其归类，或者女士类、男士类、政界、商界、IT界等。

在活动中聚集某一领域人群，为其提供相互认识、扩大人脉的平台，活动中结合红木家具业内发展趋势和该领域发展动态，将其巧妙穿插在一起。或者同时邀请品牌代言人和消费者中的至尊顾客出席主题活动，不仅给大家近距离接触和了解他们创造了机会，还利用领头羊效应，为品牌作出很好的宣传。

2. 互动关系

在红木家具售前、售中、售后都要与消费群体建立良好的互动关系，即一种完善的服务体系。这种关系要高于简单的顾客与企业的关系，是一种相互学习、相互熏陶、共同进步的关系。购买红木家具的消费者必定与企业内部人员有着一样的兴趣爱好，即对红木文化的偏爱、对红木家具的偏爱。

（1）售前，筛选顾客类群，根据年龄差异、所属地域、男女性别、经济实力、工作领域进行人群细分，并保持一定的联系。联系媒介的选择可以是红木文化的传播、历史典故的扩散等，最终回归于品牌的推广。在联系的过程中，采用双向的方式，而不是一味地传递。虚心向顾客学习，并作出一定的反应，对知识和信息进行修改和完善，让其以主人翁的身份融入互动的学习交流关系。

（2）售中，建立互动的友好关系能够促进购买行为的发生。一般的互动关系即是销售人员真诚地为消费者介绍品牌、介绍产品，除此，还包括了较为高级的服务体验。例如，在苏州红木家具博览展销会中，一家来自台湾的家具企业在为来往的消费者专业地介绍品牌发展历程和产品特色的同时，贴心地为消费者提供了台湾著名的伴手礼凤梨酥。精致的包装、独特的风味为品牌形象加分不少，仅此点心就可做到如此讲究，那么家具的制作同样能够俘获众多消费者的心。再如，南方某品牌红木家具的展厅布置，除了精心打造舒适安逸的生活氛围，还将苏州特产置于家具上：一壶碧螺春茶放置在红木茶几上，吸引顾客坐下品茗；屏风内嵌苏绣，将特色文化与红木家具极好地结合起来。消费者在体验南方温情的艺术生活时，也将品牌牢牢记于心中，多的这几分好感便是交易成功的助推力。

（3）售后，奢侈品的售后服务有别其他普通商品，应该提升到一种服务文化、服务艺术的高度。红木家具的售后服务看似整个品牌管理的最终环节，其实不然，做好售后服务有可能是再次发生一系列购买行为的开始。强化奢侈品的售后服务，始终保持与消费者的互动友好关系，是一个更深层次、更高要求、更具长远战略意义的竞争策略，是提升消费者满意程度、品牌忠诚度，增强竞争力的有效举措。在消费者购买红木家具后，要对消费者使用情况进行反馈，并对其在整个消费过程进行满意程度调查，对有用的信息进一步存储和利用，加强与消费者的接触和联系。红木家具不同于其他一般家具，在使用过程中需要对其进行正确的打理和细心的保养。一方面，企业需要向消费者赠送红木家具保养清单，清单中要详细列出如何在一年四季不同的气候里正确摆放及使用红木家具，如何巧妙地使用工具对红木家具进行去灰除尘……例如，冬季较为干燥，可以用塑料布包住家具四个脚，在塑料布内安置吸水的海绵或者泡沫给家具补水，并且远离暖气、空调等热源；除尘的方法可以利用碱蒸的馒头，用豆包布包起来，稍微浸水，之后再把水拧出，便可在家具上去污，尤其处理雕刻件更为有效。简单的保养清单是必不可少的，针对处于不同地域、不同气候下的消费者，进行定期的上门保养是更为人性化的服务体验。在此过程中，保养人员有义务向消费者介绍品牌发布的新产品及产品特色，重在分析哪一款家具更适合消费者家中的家居风格和装饰基调。贴心、耐心、诚心的服务总能唤起消费者的好感，强化品牌形象。

项目 5
家具门店建设

任务 1　家具分销与特许经营

一、国内家具主体分销方式的转换

我国家具主体分销方式大体经历了直销、经销和特许经营阶段。家具的分销方式始终是多样化的，但伴随着家具工业的成长和发展，每一个阶段的主体分销方式也在不断升级。

在 20 世纪 90 年代以前，最初的家具厂家的生产水平大多为手工工艺，工业化程度极为有限，作坊式的生产只能满足就近消费者的需求。这个阶段的营销方式自然以直销为主。

进入 20 世纪 90 年代，有的生产厂家发展得比较好，工业化机加工达到了一定程度，而且国内家具工业发展的不均衡，使其产品的推广不可能总是局限在一个小的地域范围内。此时，家具生产厂家就要借助外地的经销商来销售产品。于是，家具的营销方式又增加了经销的方式。

到 20 世纪 90 年代后期，国内家具行业发展迅猛，在广东、上海、北京等地出现了一批有一定规模的厂家，销售管理就要占去厂家过多的精力和资金。对外扩张、品牌塑造的需求日显突出，迫切需要寻找先进的营销方式来解决产销的瓶颈问题。90 年代后期，是中国家具业特许经营方式蓬勃兴起和发展之时，随着时间的推移，国内越来越多的家具厂商采用特许经营方式开展业务。时至今日，特许经营方式已经是国内规模家具企业最主要的分销方式，在四川、广东等地，特许经营门店过千家的家具企业比比皆是。

二、家具特许经营模式的确定

家具的分销方式是多样化的，为什么特许经营方式能够成为现在的主流，主要是因为以下 5 个方面：

1. 家具产品自身特点的需要

家具产品作为一种工业品，集功能性、工艺性、艺术性和经济性于一体，市场稳定的需求量和极为有限的需求弹性，使各具特点的个性化产品决定其在零售终端需要个性化的推广方式。如作为套房家具的销售，至少需要 200 平方米左右的展示面积、个性化的家具陈列、一名专业有素的导购人员。这些正好适合作为专卖店的要素，因此特许经营明显优于简单的经销。

2. 企业扩张需要

家具作为一种耐用商品，某一地域的消费量毕竟有限。家具企业要做大，做出一定的规模，面临着对外扩张和延伸的问题。特许经营最早出现在广东地区，就是因为广东作为国内家具生产的主要集中地，只在产地分销满足不了家具企业扩展的需求。特许连锁经营作为商业资本扩张方式中的最佳选择，无疑在资金、人员、管理、风险、成本等方面给企业快速占领市场，增加进入市场的通道和销售网点，实现规模化经营提供了最佳的方式。

3. 企业品牌塑造的需要

家具行业和其他现代行业一样，面临着通过品牌战来争夺市场的局面。过去，以东北的光明家具、北京的天坛家具为代表的北方家具厂商基本都是采用经销方式，通过厂家自己在各地设分公司对各地经销商供货及管理，辅以广告宣传进行品牌推广，经营状况并不是很好。而靠特许连锁经营来进行品牌推广的广东厂家，如富之岛、迪信、富运、金骑士等品牌，将原有的经销商重新整改为特许经营加盟商，将原有的家具经销店做成特许经营的加盟店，凭借特许经营的四统一：统一管理、统一形象、统一运作、统一服务等诸多优势，增强了品牌的号召力，对原有家具市场形成具有冲击力，突出了经营特色，重塑了企业形象。

4. 家具企业和消费者对销售渠道的要求

从市场覆盖来说，作为特许人的家具厂商通过招募全国各地经销商加盟的方式：在全国各地设加盟店，可以很快地建立全国的销售网点，解决了市场的均衡布控。从流通渠道的成本和费用来说，特许经营本身就是一种低成本的扩张方式。

作为家具加盟商的投资，包括产品的购买和专卖店的装修费用等。相比于家具厂商直营、代销等其他方式需要厂商自己投入资金提供样品展示、卖场的装修和销售人员来说，这种流通渠道的成本是最低的，渠道的建立也是最快的。

从市场信息的反馈来说，在特许经营中，一方面，由于专卖店和家具厂商毕竟是两个独立的法人组织，各自利益难以完全统一，各专卖店对家具厂商在信息的搜集和反馈上肯定不及家具厂商的直营店来得直接和完全。但从另一方面来说，遍布各地的加盟店一般由当地的经销商经营，他们更了解当地的情况、更贴近消费者，他们反馈的信息更有价值。

从企业形象的塑造和维护来说，特许经营的专卖店的展示效果，一般经销店是无法与其相比的，特许经营的四个统一本身就是对企业形象的最好塑造和维护。

从消费者的角度来说，特许经营专卖店的统一零售价、标准的质量保证和售后服务，都能满足消费者对价格、质量和服务的要求；而且就目前而言，家具的特许经营的加盟店基本上都设在家具城或家居广场 (包括建材、家装和家具) 中，也能满足消费者对一站式购物的需要。

5. 家具销售终端的特点所决定

家具行业属于分割性行业，这个行业大部分的业务都是独立的经营者操作的，并且经营场地分散在全国各地。因此，适合用连锁专卖店来操作，并且容易受益于品牌化效应。

通过以上分析，特许经营这种业态适合于家具业的销售，对目前市场推广和未来的发展来说，特许经营是最适合的经销方式。

家具生产企业作为特许经营的开拓方，需要具备下面 5 个基本条件：

（1）拥有良好的经营资源，在家具市场具有竞争力的独特产品和品牌。

（2）有成功的单店管理经验并容易被复制。成功的单店的管理经验包括了解消费者消费行为、竞争、定位以及品牌形象，而且这套经验要容易传授给家具加盟商，使其在经营中能充分运用上这些经验。

（3）家具产品和经营模式有良好的获利能力。好的家具产品和经营模式是特许经营能够长久持续发展的根本保证。虽然即使有好的家具产品和经营模式也未必能保证你会成功，但若没有却一定不会成功。在特许经营中，产品包括服务还必须接受距离的检验。因为特许经营的营业点是分散在各地的，必须考虑家具产品在其他地区的接受程度和获利性，以及经营模式的可行性。

（4）有稳定的、品质保证的货品供应系统。

（5）有确保特许经营体系正常运转的管理及支持系统。

三、特许经营的四统一

特许经营的四统一在家具营销中有十分突出的作用，是对家具进行特许经营的具体表现。

1. 统一的形象策划

形象是识别某一组织与系统的重要标志，一个组织应该有它特有的形象。特许经营作为一种商业营销模式，统一形象十分重要。统一形象不仅是出自管理的需要，而其本身就是广告宣传，有助于吸引顾客和品牌的培育，更能造成巨大的市场声势，给对手以压力。统一形象包括名称、商标、宣传品、挂画、门头、张贴物、装饰物摆设、产品布置格调等。

2. 统一的规划设计

统一规划设计是特许经营的基本内容之一，只有对各加盟店进行统一的规划设计，才能确保整体组织其他方面的统一。其主要内容包括区域规划，即统一划分区域，使加盟店的分布合理；形象设计规划，确定各加盟店以统一的形象出现。

3. 统一的管理模式

各加盟店应该在统一的管理模式之下工作，形成统一的管理风格。其主要内容包括统一的管理风格、组织气氛、工作程序、人员配置形式等。

4. 统一的价格服务

各加盟店在产品的销售上采取统一的零售价，未经许可，一律不得擅自调价。在服务方面，采取统一的服务方式与做法，包括安装、维修、送货、退货、换货等，都按统一的规范操作。

四、特许经营组织建立的三个阶段

1. 第一阶段——商业模式验证期

商业模式的验证可以通过试点经营来完成。试点经营是指特许人在建立特许经营制度前进行的市场尝试，以确定真正的市场需求状况。它通过尝试积累业务经验，包括营销、促销、员工培训、店面装饰、货品摆放等，把加盟商的经营风险降到最低程度。目前家具业大多采用的是在生产就地最近的城市的家具城建立直营样板店，此举既能直接获取第一手市场资料，又能给加盟商提供培训基地和样板。

成功的试点经营是制订特许权组合的基础。建立和经营试点业务中得到的经验为组织特许权的内容提供了根基。在特许权组合中包括经营业务所涉及的各方面因素，以一种可转交的方式反映了特许人的全部经营经验。这个工作需要专业人士来完成。家具厂商企业内部一般没有这样的人员，可以交给专业的咨询公司来做。

2. 第二阶段——大规模发展成长期

一般加盟店的个数在十个以下，特许经营体系就还处于商业模式试点经营期。十个以上，特许经营就进入了发展推广期。这个阶段企业的核心在推广上，通过合理的布局，"桩、点"结合，建立全国的营销网络。这个时期也是危险期，如果特许经营体系组织得不好，各种各样的严重问题就会相继发生，特许经营有可能到此为止。

3. 第三阶段——体系连锁成熟期

处于这个阶段的加盟店数量一般在40个以上，特许经营体系已经具有相当规范，组织健全。企业的工作核心在于提升这个特许经营体系的管理水平。特许人的有关信息对加盟商来说都是明朗的。特许总部能成功地采纳各种革新措施，同时它在市场中对各种发展机会作出迅速反应的能力也大大提高了。

五、特许经营的组织结构

若一个生产厂商营销业务的拓展采用特许经营的方式，其营销体系的组织机构就是特许经营的运作机构了。作为特许经营体系的核心在两个方面：市场开发和市场支持。一般其组织结构也采用简单的直线职能式，如图所示。

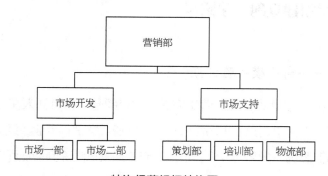

特许经营组织结构图

市场开发一般按照地理区域来划分，各自分管一块区域的开发和加盟商的管理。如××家具企业按照长江以北和长江以南分成市场一部和市场二部，然后再细分到各省的管理归属。划分了部门，就可以通过销售业绩对市场开发工作进行考核。

市场支持主要的工作包括培训、服务和物流。对加盟商的培训包括开业前、开业后的一系列培训，贯穿了整个特许经营的过程。培训部的工作包括培训手册的编写、培训项目的安排和加盟店业务指导。特许人提供给加盟商的服务是全方位的，包括了特许经营的各个方面。由于家具的物流需要及时和准确，因此一般加盟商根据客户的定货向特许者定货，特许者按需给加盟商提供货物。物流部的具体工作包括库存管理和办理给各加盟店的发货事宜。

六、家具特许经营的运作

家具特许经营的运作主要包括加盟商的招募、选择和与加盟商的关系管理。

特许经营加盟过程的一般具体操作流程如下：

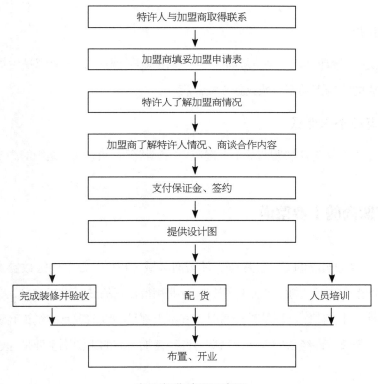

加盟操作流程示意图

七、加盟商应具备的条件

选择到好的加盟商对于特许人来说是事半功倍的事。可以从以下几个方面进行把握：

1.财力

加盟商本身要具有特许经营的必要资金。加盟商拥有过多过少的资金都不利于特许经营的发展。若资金过少，加盟商开展业务会有困难；而对拥有过量资金的加盟商，特许人会难以控制，有时甚至会破坏特许经营体系的规范。

2.经验

在其他行业，大多数特许经营公司一般不要求加盟商有实际工作经验。因为成熟的特许经营的业务培训既基本又全面，甚至有些特许人认为，按照公司的方法对有经验的人进行培训会更困难。但在目前国内民用家具行业中，特许经营体系的健全还极不成熟，家具营销本身又具有一定的专业性，所以更多的特许方家具厂商倾向于招募有一定家具经营经验的加盟商加盟。

3.经营地点

经营地点是指连锁专卖店的经营场所。目前在家具行业中，一般都是由加盟商提供具体场所做专卖店的终端市场家具城或独立经营店。

4.加盟商的个人背景

加盟商的个人背景包括加盟商的个人健康、婚姻状况、独立性、组织能力等综合因素。

八、寻找加盟商的主要渠道

家具行业招募加盟商的专业性极强，加盟商区域分布广、每个地区数量不多的特点，不适于通过媒体渠道进行传播，也不能用其他行业用得较多的鼓励员工或员工家属开设加盟店的方式。家具行业在刚刚出现特许经营时，基本上都是将以前现有的经销商统一整改为特许经营加盟商。随着特许经营的发展，后期特许经营加盟商的来源则主要是通过各种大小的家具展览会招募。

家具企业参加家具展需要做的准备工作如下：

1.必需的资金

必需的资金包括展位费、广告费、宣传册制作费、人员费、加盟商接待费。参加大型的家具展览会一般需要费用为5万~100万元。

2. 新颖的产品

在展会上推出新品是绝佳的时机。此举不仅能向同行和老加盟商显示厂家的实力，而且可以吸引新加盟商的眼光。

3. 足够的备货

一般展会都会给厂家带来超出常规的定货量，而且家具经营商都想尽快地提到现货。有时，没有足够的供货量，就会与业绩以及有实力的加盟商失之交臂。

4. 展位的装修

要想在展会上取得好的效果，展位装修的好坏具有举足轻重的作用。展位的装修，应当根据实际情况以及产品的特点进行。装修是为了烘托产品、突出产品、美化产品和吸引加盟商的眼光，不可以一味追求豪华，装修的档次与风格应该与产品的档次与风格相匹配。

5. 特许经营招募资料

特许经营招募资料包括公司介绍、投资计划、创业手册、加盟申请表等。

6. 宣传用品

宣传用品包括产品说明书、纸制手提袋、照片、手提电脑、赠送礼品等。

九、特许经营加盟合约的签订及授权

在特许经营中，特许人与加盟商取得统一的合作意向后，接下来就是加盟合同的签订了。加盟合同是特许人和加盟商维系的纽带。特许经营的合同一般都采用标准合同，即在交易时，往往不与对方逐项磋商合同的事项，而是事先准备了一套合同，一旦对方签字，合同即生效。所以，特许经营对合同的要求较高，一般由特许人聘请律师精心拟订或自行制订，由律师审核，以使合同尽可能地扩大特许人的权利，加重加盟商的义务。而对加盟商来说，只存在二选一的选择，要么照此签订合同，要么根本不签合同。但考虑到双方合同的长远性，能够满足双方当事人的预期经济目标，特许人在拟订合同时还是应该抱着公正的态度，充分考虑到有关的法律规定，使合同公平合理。

1. 特许合同的基本内容

特许合同的基本内容主要包括以下 8 个方面：

1）合同期限

合同期限即加盟双方关系持续的时间，合同的持续期应长到足以使加盟者收回他的初始投资。一般家具行业合同期限为一年，在合约上，还应注明允许加盟店有延展期的权利，若特许方加盟厂商的产品不对路，加盟商随时都有可能"移情别恋"。

2）商标、商号的使用

在绝大多数的特许连锁体系中，加盟总部拥有以下无形资产：

①贸易商标或贸易名称，以及相应的商誉。

②一种商业模式或某种体系，将各个要素均记载于一本手册中，有些内容可能是商业秘密。

③在某些情况下，可能是一种制作方法、秘方、专门技艺、设计图样和操作的文件。

④上述某些项目的版权。

在签订加盟协约时，应准确清楚地说明总部拥有的无形资产，以及授权加盟店使用这些资产的种类和范围。在目前的家具行业，有品牌的厂商都有商标，会要求加盟商予以保护，家具的款式和制作工艺也是要求重点保护的对象。

3）特许方提供服务的种类和范围

特许方将对加盟店提供一定的服务项目，这些服务包括开业前的初始服务和开业后的后续服务。初始服务主要有选址、店铺装修、培训、开店摆场等。后续服务包括以下方面：特许方对加盟店活动实施有效的监控，以帮助保持标准化和企业利润；特许方继续进行操作方法的改进及革新并向加盟店给予援助；特许方进行市场调查研究并向加盟店传送市场信息；特许方开展集中统一的促销与广告活动，特许方向加盟店提供的管理咨询服务等。合同中详细列出这些服务项目，是对加盟店利益的一种法律保护。

4）加盟店的义务

为了让加盟者明确自己的责任和义务，也为了约束加盟店履行职责，必须将这些事项也明确列入加盟和约中。虽然在合同中只有特许方和加盟商作为立约人，但特许方为建立一套完善的业务制度，都会加入一些条款去确保其他加盟店及公众的利益。因为，任何一间加盟店如果不能维持应有的水准，都或多或少对特许经营体系的声誉有所损害，进一步影响其他加盟店的盈利。所以，在合同内应列明双方在合作中的义务，来维持各方面的利益。一般情况下，操作手册有一些内容会涉及加盟者应执行的义务，并作为加盟商开业后的经营活动参考指南。随着特许体系的发展，操作手册还将不断地更新和完善。

5）对加盟店的经营控制

特许经营的最大特点就是在经营业务及方式上高度统一，使各自独立的加盟者在合同的规定下形成一个资本统一经营的外在形象。如果其中一个加盟店没有按特许方的统一要求去经营，就会破坏这一整体外在形象，使整个特许系统的声誉受到损害。因此，总部必须对加盟店实施有效的控制，以保证经营的标准和规范能够得到一丝不苟的贯彻。特许方采取什么方法控制加盟店的经营，应详细列在合同中，以得到加盟者的理解并加以接受。

6）加盟店的转让

加盟商可能会由于种种客观原因而无法继续经营加盟店，这就涉及加盟店转让或出售的问题。加盟店是否能转让、怎样转让、转让给何种人等都必须列入合同中，以免将来发生纠纷。也有些合同明确表明，假如加盟者要转让出售自己的企业，特许方将有购买的优先权，或者有权选择转让的对象。在这种情况下，一定要注意说明加盟店的转让价格标准。大多数家具厂商对这一点没有明确规定：加盟商转让加盟店，总部一般不回购。

7）争端解决方式

若因合同引起的或与合同有关的争议，合同中一般会规定双方应通过友好协商解决，如果协商不能解决，则可上诉合同发生地法院解决。

8）终止合同及后果

合同一旦确立，就不能随意撕毁或中途终止，但是，也可能有加盟权双方不遵守合约的事件发生。合约中应明确规定，任何一方违反协议到什么程度时，另一方就有权终止合同。合约终止后，加盟者不能再使用总部所有的贸易商标、名称、各种标志和其他权利。

除了以上内容，合约一般还包括地域的限制、营业时间的规定、商业秘密的遵守等内容。

2. 合同中的重要内容

1）区域限制

①合同中应写明特许人授予区域独占权，即在一定区域内不再指定其他加盟商或特许人自己经营业务。

②特许人不将其制造的产品或其商标交于加盟商所在区域的其他人使用。

③加盟商可被限制在合同中指明的场所进行营业活动。

④在特许人的同意下，加盟商可以改换其营业场所。特许人在接受加盟商的变换地点申请时，不能拖延不答。

⑤禁止加盟商去授权区域外吸引顾客，但不能要求加盟商拒绝向主动来的区域外顾客提供服务。

⑥地区加盟商被禁止在其区域外销售特许权。

2）产品

①加盟商不得制造、销售和使用特许方竞争对手的产品或服务。特许人需要保证在所有特许方业务中的产品都是特许人自己生产的，或其指定的，或注有其品牌的。

②为保护自己的工业和知识产权，或维护特许体系的形象和声誉，特许人可以要求加盟商：

a. 必须销售和使用由特许人制造的产品和服务。

b. 只把产品出售给最终用户、其他加盟商或体系内的其他分销商。

c. 尽其最大努力销售产品。

d. 完成最低销售目标，并预先订购。

e. 保持最低限量存货。

f. 为其提供的产品和服务做出保证。

十、特许人与加盟商关系管理

特许经营要取得成功，特许人和加盟商双方必须要通力合作。特许人和加盟商是各自独立的法人，但在经营中又要求他们对外统一、一致。特许人正确处理好与加盟商的关系，对特许经营的成功起着至关重要的作用。

作为特许人，有责任创立并维持一个支持服务体系以满足每一个加盟商的需求。特许人通过培训使加盟商充满信心，也使加盟商理解并贯彻特许人的运作要求，并相信只有坚持特许人的运作方式才能成功，获取丰厚的利润。

1. 特许人的支持服务系统

连锁的核心就是要开发一套设计科学、流程合理、运转高效、标准化强、可以复制的开店支持系统。没有这个前提，特许连锁经营会成为无源之水、无本之木。

培训是特许人支持服务系统的主要内容，也是受许人所得到的重要支持；同时，特许人有责任在加盟商和特许人之间培育并维持足够且正确的交流。特许人应该意识到加盟商的主要动机：赢利，成功经营自己的事业，以及通过特许经营获得事业成长的机会。特许人的支持构架应围绕帮助加盟商能实现上述目标来设计。

2. 培训

特许经营在很大程度上是在其他场所复制成功的运营模式。这依赖于知识和技能的有效传播。培训能开拓出使加盟商成功所需的知识技能和理念。

一个完整的培训体系包括培训机构、开发培训计划、培训内容、培训地点和培训方法等。

几乎每个特许人内部都建立有培训部专门负责培训。人员的多少视企业规模的大小和加盟店的多少而定。对执行培训重要职能的人员必须要求其对有效的培训程序了如指掌，必须对家具行业进行特许经营确保成功的运作要求和特点有广泛深入的了解。

培训地点一般选择在特许人总部或者特许人样板店所在地。培训一般分为三大部分：开业前培训、开业培训、开业后培训。开业前培训一般采用集中培训，大约控制在 7 天以内。培训既有课堂讲授，也有现场演算。培训涉及的内容包括特许经营企业介绍、销售技巧、家具的摆场、企业管理、现金及库存控制和生产／运营方式等。具体的内容由特许人提供培训手册，让加盟商全面了解特许经营操作方式。

十一、如何做好家具特许经营的思路

1. 培育可供转让的成熟品牌

构造特许经营离不开品牌的投入和对知识产权体系的创造和呵护。特许经营的品牌文化需要特许人和加盟商共同去创造，品牌文化是特许人给予加盟商和顾客的承诺，是信任的基础、质量的保证、企业个性和加盟商及消费者期望的浓缩。优秀的品牌文化是维护企业与加盟商关系最牢固、最有效的基础和纽带，在特许双方关系中通常出现的许多棘手问题，如加盟商翅膀硬了想摆脱特许人，不服从特许人的管理，拖延、拒付权益金等让特许人最头痛的问题，在优秀的品牌文化面前都会迎刃而解。因为优秀的品牌文化会让人产生很高的忠诚度和归属感。

可供转让的成熟品牌应包括以下内容：产品在同行业中独具特色；企业有一整套标准可行的经营管理模式维护特许连锁体系的运营。目前家具行业更多的是想依靠特许经营来打造自身的品牌，并没有可供转让的成熟品牌。要增强品牌意识，树立以企业形象为中心的经营理念，一方面，在产品上下功夫，拥有自己的专业设计队伍，杜绝抄袭或模仿同行的产品，提供质量过关、款式独特的家具，创出"你无我有，你有我优"的特色经营；另一方面，要不断探索和积累经验，建立一整套可行的运营模式和完整的经营系统，提供加盟店人员培训、营业指导、商品供应，同时加强对它们的监督调控，使整个特许连锁体系稳步发展。

2. 采用现代化的管理手段，充分发挥特许连锁经营的优势

特许连锁的优势在于能通过统一的经营方式复制式发展来获取规模经济效益，而规模化的特许连锁体系必须有先进的管理手段为保证。家具行业本身整体素质不高，管理手段发展缓慢，尤其是计算机技术在管理中的应用相对滞后，使特许经营还存在着现代化的经营方式与传统的管理手段之间的矛盾。有的家具厂商还没有完善的物流中心信息网，采购、配送、销售仍主要依靠传统的人员经验管理，这些效率低下的管理手段严重制约着特许连锁体系的发展规模和规范化程度，使特许连锁体系的优势无法得到充分发挥。所以，解决目前家具特许经营规模偏小、规范化程度过低的有效途径之一，便是采用先进的管理手段进行高效、有序、科学的管理。一方面，逐步加强特许连锁业硬件设施的建设，提高流通效率，实现特许连锁体系快捷的服务功能；另一方面，加快计算机技术的开发利用，建立计算机网络化的物流中心、信息中心，实现统一货物供给调配的高效、有序，使整个特许连锁体系的服务统一、质量统一。

3. 坚持双赢的模式，谋求家具厂商和加盟商的共同发展

家具的特许经营的发起者是特许人家具厂商，是家具厂商销售产品的一种模式。通过双方协商，加盟商被准许在一定时间、一定地区内经营特许人的产品，并分享经济利益。有的家具厂商作为特许人，只从自身的角度出，一味认为如何制造出一份让人看起来"科学"的模式把产品推出去，招商获得成功就是特许经营的成功。事实上特许经营是一项长期经营的事业，特许经营要靠为加盟商提供源源不断的支持才能保持长久的生命力，只有加盟商获取到经济利益，在市场中生存下去，特许经营体系才能运行下去。

任务 2 家具门店概述

一、家具门店的含义

无论是家具企业直营，还是特许经营，家具一般都需要通过门店进行销售。门店又名

店铺、商铺。顾名思义，家具门店就是进行家具销售的场所。它包括大型家具专场，也包括家具城里面的门店或者独立的家具门店。

二、家具门店的分类

1. 按用途分类

（1）生活家具店。所销售货物主要是生活家具的门店。

（2）办公家具店。所销售货物主要为办公家具的门店。

2. 按面积分类

（1）小型家具门店。家具门店面积在 100 平方米以下。

（2）中型家具门店。家具门店面积为 100~1 000 平方米。

（3）大型家具门店。家具门店面积在 1 000 平方米以上。

在消费者的意识中，家具门店的大小往往代表了家具企业的实力。

3. 按所有权形式分类

（1）直营家具门店。指家具企业自主经营的门店。

（2）分销商家具门店。指分销商拥有产权的门店。

三、家具门店价值的构成

门店是一种特殊价值的房地产形式，它并不仅仅依附于某一特定的房地产价值来体现自己的价值，而是与所在地区的城市规模、经济发展水平、人口数量、购买者的消费能力、消费倾向等诸多非房地产因素有着密切的关系。

家具门店的商业价值是门店房地产价值之外的价值，并不以实物形式存在。它是家具门店价值中的主要价值成分，与房地产价值一起构成家具门店价值。

家具门店价值 = 家具门店房地产价值 + 家具门店商业价值

构成家具门店商业价值的因素主要有区域因素、商圈因素、家具企业因素和购买因素等。

这里主要介绍商圈因素。

所谓商圈，是指某一范围内各种商业因素的综合。它像物理学中的"场"一样存在着，在这个"场"里，各种商业因素相互作用、相互影响、相互制约、相互促进。

1. 商圈分析

通俗地说，商圈即"零售市场的销售空间"，习惯上是以已经设立或即将设立的家具门店为原点，经若干距离为半径去画一个规则的圆圈，或者把商圈分成内部圈、外围圈和辐射圈。通常大型商圈的半径为 2~3 千米，当然也需视人口密度及交通设施情况而定。

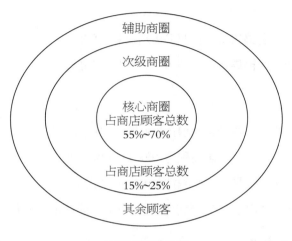

店铺商圈构成图

商圈基本上没有形状，但为了方便计划，一般事前规划可用圆形来为商圈推算。例如，有以下各情况，可为商圈的范围划分点。

①商圈半径以 500 米为限。

②马路分界：凡超过 40 米宽的道路，四线道以上或中间有栏杆、分隔岛、主要干道阻隔，划分成两个不同商圈。

③铁路、平交道阻隔：人们因铁路、平交道的阻隔，交通受阻，划分成两个不同商圈。

④高架桥、地下隧道阻隔：因高架桥、地下隧道阻隔，使人潮流动不便，划分成不同商圈。

⑤安全岛阻隔：因安全岛阻隔，使人潮流动不便，划分成不同商圈。

⑥大水沟：因大水沟阻隔，使人潮流动不便，划分成不同商圈。

⑦单行道：因单行道阻隔，使人潮流动不便，划分成不同商圈。

⑧人潮走向：人潮走向的购物习惯及人潮流动的方向，使该区形成一个独立商圈。

2. 商圈的类型

商圈有集中型商圈和分散型商圈两种形态。在选择商圈时，应充分考虑商圈的定位、所售商品价位、商圈范围大小等多种因素。一般而言，商圈形态可分为以下几种：商业区、住宅区、文教区、办公区、工业区、混合区(分为住商混合、住教混合、工商混合等)。

3. 连锁效应

在发达地区，商圈的形成主要依靠政府的发展规划，而在商圈自然形成的过程中，连店效应往往起着举足轻重的任用。"店多成市"是业内对连店效应的最好诠释。例如，甲、乙、丙为三家相邻家具门店。因为这三家家具门店都经营同类家具，所以产生竞争。商业竞争的手段是降价、增加商品品种和规格、提高服务水平。如果甲、乙、丙三家均能在竞争中保持不败，那就说明这三家家具门店都有竞争力，都有自己的价格、商品或服务特色，都能争取到别处的消费者，并使三家的销售空间得到拓展，形成商圈。如果这三家家具门店经营不同的商品，各店的经营商品互不冲突，能满足不同需求的消费，那么甲、乙、丙三家除了实现自身销售之外，还能实现销售互补。

就商业区而言，商圈类型主要有互补型、专业型、综合型 3 种。

4. 商圈调查内容

商圈调查因素一览表

商圈总体要素	数量要素	人口数； 客流量、客流规律； 本体系所在行业的销售额、营业面积； 本体系所在行业的主要卖场状况； 交通量及交通设施
	质量要素	人口的年龄、职业、家庭人口构成； 收入水平、消费水平、消费特征； 就业状况、产业结构； 竞争店、互补店的分布； 市政设施； 城市规划
竞争店因素	主体方面	竞争店规模、业态； 竞争店的商品结构、楼层构成； 竞争店营销及其组织活动状况，竞争店吸引顾客的设施状况，如停车场
	附加因素	文化、公共设施的有无

5. 商圈内部的平衡与和谐、商圈的扩张与征服

商圈是以相对稳定的需求量和商业企业销售空间为存在前提的。建店的一般规律是商业企业在商圈中取得和谐，与所在商圈的购买力相适应。而在抢占市场、征服商圈时，商业企业往往会采取与商圈不和谐的举措，如突然降价、设立大型店铺、改行倾销等。这种举措

往往是商家精心设计、有其深刻创意的，其最后目的不外乎打击竞争对手，为自身的生存作铺垫。

如果某一商圈内的商业企业经营状况较好、利润丰厚且超出社会平均利润，就会引起其他投资者的注意并设法仿效，在原商圈的边缘地带自发形成新的商业投资空间。该商圈由于在地理空间上扩大了范围，势必会向外界争夺市场并与同类型业态展开竞争，直到产生更加适合市场的商业企业，或者商业企业在竞争中完成自我调整以适应扩大的商圈。

四、家具门店投资决策

1. 家具门店投资前期研究

一家家具门店的投资决策，一般按如下步骤操作。

1）规划调研

①城镇化进程。

②居住区规划。

③交通规划。

④商业规划。

⑤规划的实施。

2）商圈模拟

（1）商圈设定。模拟商圈设定有人为设定与自然环境设定两种。人为设定是指以人或车辆到达商店的距离为半径的商圈设定办法；自然设定是指商圈在一个相对封闭的范围内自然形成的商业环境。例如，甲、乙两店为同业态、同规模的商店，同处一个自然环境商圈中，如果人为设定商圈等距离销售同类、同档次商品，那么我们基本可以确认两店的选址条件相同。

（2）圈内定位。搜索范围→目标搜索→目标评估。

（3）客流模拟。在拟投资店铺的位置明确后，需要考察的是该区域内交通干道、交通去路、公交线路走向、社区外地铁站、各住宅小区的大门等情况。然后，应重点考察社区商业中心位置的道路、公交线路对拟投资店铺的影响。

3）选择有发展潜力的商圈

从商圈发展来看，商圈发展潜力与商圈内人们收入的增长、商圈内居住人口中就业人口与赡养人口的比例、商圈内居住人口文化程度的高低、商圈内新开发的住宅及销售价格、商圈内住宅开发规划、商圈内道路交通等市政建设规划等有密切的关系。为此，投资者在选择店铺时要综合考虑所在商圈内的各种因素而作出取舍。

4）选择交通便捷的商圈

交通便捷的商圈，主要是指客运便捷、客运能力强的交通设施附近的商圈。这样的商圈客流量才有保证。

5）选择建店障碍少的商圈

障碍包括人为障碍、法律障碍、配套设施障碍等，这些障碍会直接限制店面的具体用途。

6）友好为邻，避开竞争店

正常情况下，商圈内的店铺要避免同质化竞争，最好是商圈内店铺商品互补，形成良好的合作关系。

2. 如何防范家具门店投资风险

①家具门店投资风险的类别。家具门店投资风险包括自然风险、政治风险、社会风险、经济风险、法律风险与政治风险、商业环境风险、经营风险、商业风险等。

②建立家具门店投资风险控制体系。

③家具门店投资风险的具体控制措施。这是指针对商圈变化、家具门店供求关系变化、建店障碍、自然环境变化、法律、行政限制，以及投资决策失误而作出的控制措施。

五、开店前的准备工作

1. 资金准备

资金预算表应包括下列内容：

①到开店为止总共需要多少资金？这些资金分别用到哪些地方？

②自己可运用的资金有多少？

③开店总费用减去自己的资金，还差多少？

④不足额的部分，是否有借贷来源？

⑤拟订自己的偿还贷款计划，是否有能力按规定还债？

一个详细准确的资金预算表是准备开店资金的重要文件，有了它，才能对资金来源和去向做到心中有数。

2. 选择店址

1）店址选择的重要性

①投资数额较大且回收期较长。

②它是店铺制定经营目标和经营策略的重要依据。

③它是影响家具门店经济效益的一个重要因素。

④它能贯彻便利顾客的原则。

2）店址的区域位置选择

绝大多数家具门店都将店址选择在商业中心、交通枢纽、居民住宅区附近，从而形成了3种类型的商业群。

3）店址选择时的交通因素

边沿区商业中心往往坐落在铁路沿线的重要车站附近，规模一般都不是太大。

4）店址选择时的客流因素

客流包括现有客流和潜在客流。客流量的大小是一个家具门店成功的关键因素。通常，店址总是力图选在潜在客流最多、最集中的地点，以便多数人就近购买商品。

（1）客流类型。一般家具门店客流分为3种类型：自身客流，指那些专门为购买某商品的来店顾客所形成的客流；分享客流，指一家家具门店从邻近商店形成的客流中获得的客流；派生客流，是指那些顺路进店的顾客所形成的客流，这些顾客只是随意来店购物。

（2）客流特征。客流目的、速度和滞留时间。

（3）街道特点。比如，十字路口由于客流集中，往往是最佳开设地点；有些街道由于位于中间地段，客流规模较大，与之相应，中间地段的家具门店就更能吸引潜在顾客。

5）选址技巧

一个优秀的店址应当具备以下6个特征，一般至少也要拥有两个，若是全部拥有，那最好不过了。

①商业活动频度高的地区。

②人口密度高的地区。

③面向客流量多的街道。

④交通便利的地区。

⑤接近人们聚集的场所。

⑥同类商店聚集的街区。

任务 3　卖场布局

一、产品摆放（摆场）

摆场关系到产品销售、公司形象，都是由专业人员设计、布置的。但是，作为导购员每天在卖场中与家具朝夕相处，也必须具备一些家具摆场的常识。

1. 家具摆放的基本原则

家具要成一大套摆放（包括卧室房套、书房套、客厅套、餐厅套四小套）。每套之间不允许远距离隔开，一套产品要在一个空间内摆放。

充分合理地利用卖场空间，整体摆放不要太挤，要做出空间效果。

2. 家具摆放要求

①一般家具摆放要求家具背面靠近墙或者隔断。

②隔断要比摆放的家具长 100 厘米以上。

③卧室套摆放时，床与大衣柜不能离得太远，大衣柜最好与床（床头）垂直摆放，梳妆台可与床平行摆放。

④客厅家具的摆放主要以沙发、茶几、电视柜的摆放关系为主。沙发可成“U”“L”两种形式摆放。沙发一般要求正对或侧对电视柜。

⑤书房的摆放，可为“一”字形摆放、“L”形摆放、散开摆放 3 种。

二、灯光设置

灯光照明是营造专卖店气氛的重要手段，不同的照明方式可以体现产品不同的风格特征，可以为消费者提供更加完善的消费体验。下面，按照不同产品类型分析以下几种有针对性的照明方式。

1. 现代板式家具或钢玻璃家具

此类家具整体照明与局部照明按照 6:4 比例配制，需要卖场整体照明亮度均匀，在局部如床屏、床脚、台面设计亮点处局部照明。灯光可选择白色灯，光源选用色温高的冷光。此种照明方式使家具更显晶莹剔透、简洁高雅，凸现家具时代气息。

2. 古典实木

此类家具由于其特点，决定了照明需要营造一种温馨、舒适、奢华的气氛，照明上整体与局部搭配采用 4:6 的比例，这也是由古典家具设计亮点多、工艺亮点多所决定的。光源可选用低色温的暖光灯胆。一般来说，大件家具上方以两组灯为准，这种照明也通用于中式古典和欧式田园等实木感强烈的家具。

三、饰品摆放

饰品摆放规范如下：
①摆放同款饰品时应注意大小搭配，即高的配矮的、大的配小的。
②摆放时应注意高的家具配扁平状的饰品，低矮的配高的饰品。
③绢花干花摆放时顺应家具方向，组合形状应模仿自然生长状态。
④饰品摆放位置不要放在家具方向，组合形状应模仿自然生长状态。
⑤地台上饰品摆放要注意画出构图感觉。
⑥植物选择摆放在角落。

四、卖场陈列

根据家具风格的不同，卖场陈列的情况一般也不同。

1. 现代简约风格

现代简约风格讲究的就是以少胜多、以简胜繁，家具同样如此。简单流畅的线条，单一的色彩都是现代简约风格家具的特点。在陈列上更多的是表现其功能性。

简约风格的家具在卖场装饰、装修风格上一般都以简单为主线。对于陈列品的设置，应尽量突出个性和美感，并要求以精、少为搭配原则，起到画龙点睛的作用。

2. 自然风格

自然风格的陈列主要表现家具材料的原始形态，同时尊重民间的传统习惯、风土人情，保持民间特色，注意运用地方建筑材料或利用当地的传说故事等作为装饰的主题。这样可使室内景观丰富多彩，妙趣横生。

在自然风格家具卖场的陈列中，多放植物作为点缀，特别是比较大型的绿色植物，温馨自然的气息油然而生。

3. 欧美风格

欧美家具讲究精细的手工裁切、雕刻及镶工，在线条、比例设计上也能充分展示丰富的艺术气息。

灯具可以选择一些外形线条柔和、光线柔和的灯，比如铁艺枝灯。

装饰画可选看上去比较厚重的画框，才能与之匹配。而且并不排斥描金、雕花甚至看起来较为隆重的样子，相反，这恰好是风格所在；地毯选择也不能太花哨，以典雅为好。

4. 现代风格

主张兼容并蓄，凡能满足当今居住生活所需的内容都加以采用。这种风格的室内设计，空间组合复杂，突破完整的立方体、长方体的组合，且多呈界限不清的状态。利用设置隔墙、屏风或者壁炉的手法来制造空间层次感，使卖场在不规则、界限含混的空间里利用细柱、隔墙，形成空间层次的不尽感和深远感。后现代派的设计者们还常将墙壁处理成各种角度的波浪状，形成隐喻象征意义的居室装修格调。

5. 田园风格

田园风格家具整体风格自然而浪漫优雅，所以装饰用的窗帘、床品等大量使用清新淡雅的颜色、柔美娇嫩的花朵图案，是使卖场更为浪漫的常用方法。

6. 东方风格

东方风格起源于中国、印度等东方国家，其家具在艺术上都具有自己独特的风格和民族气息。西方国家普遍认为东方文化的艺术魅力具有持久性，它的美不受时代潮流限制，因此不少人常常凭借东方风格的器物所特有的恬静、含蓄、稳重的气质来增添现代居室的神采韵律。东方风格的家具陈列是灵活多样的，有的将室内一角布置成东方韵味的环境，有的用屏风、古董、刺绣等装点卖场。

任务4 商圈内小区整合促销

营销应随需而动，顾客在哪，我们的销售就该在哪。追根溯源，顾客从哪里来，回哪里去？小区！小区是最靠近顾客的"末端"，那么门店商圈辐射范围内的小区就是我们销售工作的"前沿阵地"，小区拦截业务队伍就是冲锋陷阵的"先锋队"。在小区设置一道"屏障"，将顾客拦截在竞争对手之前，就领先了对手一步。一步领先，将令整个营销工作步步领先。

具体如何拦截呢？步步为营做好17步。

一、建立专职小区推广队伍

1. 小区推广部架构

小区推广部（组）一般由2~10人组成，最少2人，设一名经理或主管。下设若干个小组，一般以2~3人为一组，以组为单位来进行小区开发。

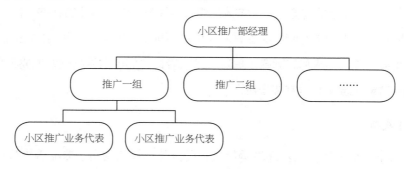

小区推广部架构图

1）小区推广部经理岗位职责

直接上级：副总经理。

直接下级：小区推广业务代表。

主要职责：

①负责建立小区推广队伍，招聘并培训小区推广人员。

②负责小区推广队伍的日常过程管理，建立健全部门管理制度。

③建立部门激励制度，检查、考核下属员工。

④开展小区市场调研，制订小区推广业务策略。

⑤带领部门成员全力以赴，达成公司下达的销售目标。

⑥协调小区推广部与装饰业务部、门店等其他部门的关系。

2）小区推广业务代表岗位职责

直接上级：小区推广部经理。

主要职责：

①开展小区调查，收集小区信息，并提交开发建议，整理后及时呈报部门经理。

②对小区物业部门进行公关，与之建立良好的关系。

③负责小区进驻的现场布置、顾客接待。

④展开"扫楼式"入户拜访，跟踪并满足住户的需求。

⑤负责业主至总部展厅参观行程的具体组织。

⑥发挥"意见领袖"的作用，开展团购工作。

⑦负责小区售后服务工作。

⑧完成部门经理安排的其他工作。

2. 招聘

小区推广销售人员的入职要求：吃苦耐劳、百折不挠。

小区推广的工作环境差、工作时间长、体力消耗大、成交难度大，只有具备上述品质的小区人员才能胜任。建议去学校招一些刚毕业的高职、中专、大专生，这些人刚出校门，急于求得一份工作；另外，他们特别能吃苦，工作务实，这是小区推广人员必备的特质之一。有物业管理经验的人员应优先考虑，因为有物业管理经验的员工，在日后与物业公司打交道时拥有共同语言，利于与物业公司建立良好的关系。

3. 培训

小区推广人员上岗前，应该进行系统的培训，考核合格后再上岗。

培训课程如下：

序　号	课　程	培训时间
1	公司介绍、企业文化	1 小时
2	管理制度、动作流程	半天
3	商务礼仪	2 小时
4	积极的心态	2 小时
5	产品基础知识	2 小时
6	产品架构、FAB（特点、优势、利益）	2 小时
7	介绍产品的 FABE 法	2 小时
8	行业竞争态势	1 小时
9	价格管理	1 小时
10	基础营销理论	2 小时
11	小区推广实操动作分解	半天
12	客户服务技巧	1 小时
13	如何处理客户异议	1 小时

4. 制度

建立小区推广部门的基本制度，主要包括《小区推广部岗位职责》《小区推广实操手册》《小区推广人员考核、激励办法》《小区推广物料管理办法》《小区推广样板管理办法》等。

5. 激励

制订小区推广人员的薪酬管理办法、奖惩办法，并让每一个人都清楚自己的薪酬构成及如何才能拿到更高的工资。

"打气"：小区销售工作很容易遭受挫折，若不适时帮助小区销售人员调适心态，很容易使业务员垂头丧气、信心下滑，对工作极其不利。可利用早会时间，分享一些同事的成功案例和成功人士的故事，激励员工克服困难、争取订单。

6. 小区推广部的过程管理

（1）"三会制度"：通过早会、周会、月会，随时了解业务进展状况，解决工作中出现的问题，确定下一步工作的方向。

（2）"工作日志、工作计划、工作总结管理制度"：每天填写《工作日志》，记录工作内容，反映市场情报，提出工作建议，《工作日志》在早会前提交；每月提交《月度工作总结与工作计划》。

××有限公司
工作日志

20　　年　　月

姓名			岗位		本月销售目标		万元

接待 / 拜访客户记录

时间		客户姓名	单位	职务	电话	沟通结果
时　分	时　分					
市场与竞争者情报						
意见与建议						
领导批示						

二、进行小区普查，建立楼盘档案，制作楼盘分布图

对本区域的小区、楼盘进行全面的普查，了解各个楼盘的定位、价位、户型、户数、配套、开发公司、物业公司、开盘日期、预计装修日期、进驻装修公司、有无竞争对手进入等信息，建立楼盘档案。再将楼盘名称标注在地图上，将楼盘分布图挂在办公室，已进驻的小区以"红旗"标注，并及时添加新楼盘。

楼盘档案表

编 号		跟进人		
楼盘名称		详细位置		
开发商		物业管理负责人	电话	
楼盘定位		是否目标买家		
均位		户型		
户数		配套		
楼盘类型	□商品房　□集资房　□安置房　□出租房　□别墅房			
是否精装修		开盘时间		
是否统一装修期		预计装修时间		
可否进场宣传		允许宣传方式		
车库/门店租金		横幅租金		
展示租金				
已进驻的装修公司		联系人	电话	
		联系人	电话	
		联系人	电话	
		联系人	电话	
		联系人	电话	
已进驻的竞争对手				
开发价值评估	预计投入： 预计销售收入：			
进驻计划				
效果评估				

三、进行楼盘分类

通常把小区分为商品房、集资房、安置房、出租房、别墅房。

1. 集资房

特点：业主间较熟悉，装修时间集中，存在互相攀比的情况。信息传播容易，易树立口碑。多为国营大企业、银行、学校、医院、政府建设的楼盘。

2. 商品房

特点：装修时间长，装修档次要求较高、零散，业主关系相对封闭，信赖家装公司。

3. 安置房、出租房

特点：装修时间短、经济水平参差不齐，装修要求普遍不高，多为双包制，求便型。

4. 别墅房

特点：装修预算较高，多为家装公司设计施工，分布零散，装修时间较长，追求档次和效果。

将手头上掌握的楼盘资料分门别类，在楼盘分布图上用不同的颜色加以区分。

四、评估开发价值，确定进驻方式

1. 评估开发价值

在对楼盘进行逐个分析后，首先评估该楼盘是否值得进驻，也就是评估该楼盘进驻的投入产出比，进行投入产出分析，需明确以下几组数据。

①需投入多少人？进行多少天？

②前期的公关费是多少？

③租金怎样？展示物料、宣传物料费用如何？

④预计销售收入有多少？

经过计算，若值得进驻，再来决定以何种方式即投入产出最高的方式来进驻。

目前而言，进驻小区的方式如下：

①租用门面或车库，设立临时售点/展示区。

②与家装公司联合进驻。

③与其他行业品牌联合进驻。

④宣传：在小区主要出入口挂条幅、贴海报等，或在已使用自己品牌产品的业主阳台、

窗户悬挂横幅宣传等。

⑤公益广告：赞助制作小区楼层牌、门牌号码、电梯间内的宣传海报、公益标语，赞助制作小区公益宣传牌、告示栏、指示牌、广告电子时钟、小区座椅、小区物业杂志。

⑥赞助小区举办的活动，如小区开发商举办的收楼晚会、售楼促销活动、业主联欢晚会等。

⑦双休日展销：利用双休日期间，由推广小组租用场地，展示产品。

⑧人员散跑：小区推广人员零星入户拜访。

2. 进驻

对不同类型的楼盘要采用不同的进驻方式。

不同小区进驻方式表

序号	小区类型	进驻方式
1	集资房	作为开发重点，集中资源开发，适宜租用门面，设临时专卖店。做好第一家样板房，注重保持与意见领袖的良好关系，利用业主之间的口碑宣传带动销售
2	商品房	①对于大型小区，可租用门面，设临时专卖店；对于户数多且其装修档次高的大型小区，在设临时专卖店的同时可派开发小组，在周六周日摆咨询台进行宣传 ②充分利用样板房带动效果，引导客户间进行口碑宣传
3	安置房／出租房	①对于大型楼盘可考虑租用门面或车库等，设临时点 ②对于装修档次低的小区，以人员散跑为主，将联系其包工头、铺贴工等作为工作重点
4	别墅房	注重与家装公司的关系建立，这类业主多由设计师或装修公司采购

3. 不同时期的宣传方式

1）初期（小区建筑期与楼盘销售阶段）

（1）小区建筑期：可能的话，可做一些巨幅宣传，将一些巨幅（喷绘）挂在建筑的墙体上。

（2）楼盘销售阶段：重点作好对开发商与售楼部的公关，多进行感情沟通，另外把宣传资料、小礼品放入售楼部，请其代为派发；可能的话，将广告牌、X架、小展架放在售楼中心进行宣传。通过掌握的业主档案，前期与业主进行电话沟通，了解业主初步的需求，并预约时间进行面对面沟通。

与物业管理处联系，做一些公益广告，如前述的赞助制作小区公益宣传牌、告示栏、指示牌、广告电子时钟、小区座椅，提前进行预热式宣传。

2）中期（楼盘售完至集中装修期间）

中期是小区推广的关键期，针对不同的小区，确定不同的进驻方式（详见上表）。

3）后期（零星装修期）

后期可通过电话沟通方式，与业主保持沟通，有意向者可上门服务；另外，做好售后服务（退货上门、铺贴指导）。

4. 赞助小区收楼晚会 / 业主联谊会

小区收楼晚会 / 业主联谊会是集中宣传的好时机，可与物业公司商量，争取合作举办晚会。

①切入：赞助一定的金额的礼品、奖品、节目，获得晚会冠名权或在现场展示 / 宣传等。

②操作：可与房地产公司合办或单独主办。

③展示 / 宣传：晚会背景画加品牌名，发太阳伞、单张宣传品，布置展架和样板等。

④提供节目：组织公司员工表演 1~2 个有特色的小品、情景剧，参与其中，给业主和物业公司留下深刻印象。

五、对物业管理处进行公关，争取以较低的成本进驻

联系小区的物业管理部门，要找到负责人，建立个人感情，争取以较低的成本取得较好的位置和陈列方式。对于那些集资房、单位房，可找该单位的行政部（福利处）等部门。

在与物业部门协商的时候，可先通过从做一些小区必需的小区公益宣传牌、告示栏、指示牌入手，取得物业部门的好感，又收到宣传的效果，接下来的合作就会顺利很多。

建立与物业部门的良好关系，保持勤拜访十分重要，在开盘销售前，一般最少两天要拜访一次。

六、进驻前的准备

1）物料清单

（1）展架：以简易展架为主，方便运输与拆卸。

（2）产品：针对小区档次选择合适的产品组合，如高档楼盘，要选择一些有特色的产品、新产品进行展示；若是经济适用房，则可选择一些性价比高的产品。

（3）帐篷、太阳伞：营造气氛。

（4）形象台、桌、椅：便于携带的轻便的标准形象台及桌椅若干。

（5）电视机、音响：以声音吸引人群；电脑现场设计可积极与业主互动。

（6）宣传资料：大图册、荣誉证书、检测报告、工程案例、销售记录等。

（7）小礼品：赠送给业主。

（8）X架、KT板：公司介绍、产品介绍等。有的直接印在帐篷上。

（9）小区单张，是非常重要的小区推广工具，单张内容、设计质量好否，直接关系到成交量多少。

2）小区单张的特点

（1）公司介绍要简洁、突出重点。如国家级的荣誉与环保方面的荣誉，包括国家免检产品、3C认证、环保产品认证等。

（2）产品清单要有针对性。根据该小区业主的收入、装修预算，制订合适的产品清单，没必要将图册上所有的产品都放上去。

（3）有针对该小区的促销方案、团购优惠方案。促销方案、团购优惠不可少，这让小区业主感觉比到市场上购买更划得来，同时可最大限度地利用小区的口碑传播的特点来推动团购批量销售。

（4）有应用的案例。应用案例是销售的"证据"，将一些有代表性、有号召力的案例放在单张上，十分可信。

（5）有服务承诺。将公司在送货、退货、换货、品质保证等方面的承诺详细标示，给业主吃下"定心丸"。

（6）最好是一个小区一种单张，显得格外重视在此小区的推广。

七、正式进驻

正式进驻小区进行推广、销售，有3种方式可供选择。

1. 单独进驻

1）场地选择

小区人气最旺的广场或必经的过道。

2）场地布置

①一般采用钢结构帐篷式展架，此种展架防风、遮阳、避雨、十分牢固且易拆卸，同

时十分抢眼，宣传效果好。

②产品展示多采用简易货架。

③要配有统一的形象台。

④附近以太阳伞配合造势。

3）注意事项

①要搞好与物业公司的关系，事前进行公关。

②事中要服从物业公司的管理。

③不能和门卫发生冲突，有事情可找主管协商。

④场地布置必须有气势，有一定的震撼作用和吸引力。

⑤有条件的，现场可播放专题片、广告片。

2. 异业联盟，联合进驻

为共享资源、节约费用，可找一些其他相关行业的品牌合作，合作公关、合作宣传、合作展示、合作促销，如瓷砖与涂料、瓷砖与家电、瓷砖与家具等。其目标顾客一致、销售时间基本一致，这样在小区推广时就可联合进驻小区，共同进行推广。

3. 与家装公司联合进驻

对一些住户不多的商品房，单独进驻成本高、风险大，可选择与一些知名装修公司联合进驻：利用装修公司租用的门面，占用一角摆放产品宣传资料与样板；与家装公司商量好，要求驻小区设计师协助进行产品导购；每成交一单，给予设计师／装修公司一定金额的奖励。

八、接待与介绍产品

①工作人员必须统一穿着公司的制服或 T 恤，遵行良好的商务礼仪，使用礼貌用语。

②介绍产品要专业。

③绝对不可以与业主争吵。

④向业主赠送纸巾、气球等小礼品，以博得好感。对一些业主必需的卷尺、计算器、雨伞等物品，在登记了业主的姓名、地址、电话后，可以借给业主使用，下次入户拜访时借机收回。

⑤推广人员要主动出击，向路人散发单张、小礼品，并引导其至展示地点参观。

⑥接待时积极建议业主预约参观总部展厅和参加家装课程。

⑦积极介绍针对本小区的促销活动和团购方案。

⑧送给业主的资料最好用一个纸袋或塑料袋装起来，显得很"珍贵"，业主才不会随便丢弃。资料一般包括产品汇总折页、团购指南、促销活动单张、家装课堂预告、接送时间安排表、业务员的名片等。

九、扫楼

所谓的"扫楼"，就是挨家挨户进行入室拜访，而不是简单地将产品资料塞到门缝里就完事。这些资料、信息要到达业主，才有价值。

①入室宣传人员要注意商务礼仪，穿着整洁，彬彬有礼。千万不能死缠烂打，业主反感时，要适可而止。

②入室拜访，最好带上一些礼品，如装修时用得着的卷尺、计算器、纸巾、小雨伞等。

③根据前期收集的业主档案称呼业主，如："您好，李小姐，我是××品牌的，我有一些资料想给您看看。"

④拜访后要留下业主的联系电话。向业主索要电话时，可以这样说："到时有一些优惠（或家装课堂，或预约去总部展厅参观），便于随时通知您。"

⑤扫楼时有一个技巧，一般选择从顶层往下走，从上而下入室拜访，这样心理感觉不会太累。

⑥扫楼后应该填写《业主档案表》。

××小区业主档案表

业主编号：

姓名		联系方式	手机：		宅电：	
住址						
工作单位						
住房面积		拟装修时间				
装修公司		设计师			电话	
装修档次	□高档　□中档　□简装					
装修预算						
装修方式	□包工包料　□包净工					
采购方式	□业主采购　□装修公司采购		预计采购时间			
业主感兴趣的品牌						
开发价值	□高　□一般			跟进人		
跟进计划						

十、参观预约登记／确认

对一些有意向的客户，可建议他们去公司总部展厅参观。在现场时可以这样对业主说："我们在这个小区只是展示了部分产品，而且展示场地比较简陋，效果相对要差一些。建议您去我们公司总部展厅去参观一下，总部展厅品种齐全，效果也好很多，我们有专车接送过去。"说完，可拿出一份"参观邀请函"，请业主填一下。然后在约定时间的前一天晚上，再通过电话确认业主是否去，并告之具体时间。

参观邀请函

尊敬的_____先生／女士

首先祝贺您即将喜迁新居！××公司愿为您的新居增光添彩，我们很乐意为您提供专业的装饰建议与服务，特邀请您及您的家人到公司总部展厅参观，热诚欢迎您的光临！

××公司
日　期：

客户参观预约登记表

序号	客户姓名	住址	电话	随行人数	预约参观时间

客户回执

客户姓名		住址	
电话		随行人数	
预约参观时间		候车地点与时间	
××公司联系人		电话	

十一、接送目标客户至展厅参观

接送目标客户到展厅参观是小区推广中很重要的一个环节，只要客户愿意到展厅去参观，就意味着销售成功率已达 60%。在接送组织过程中，要严密安排，为客户留下一个良好的印象。每次接送的人数以 30 人左右为宜，正好一个中巴车可装满。接送参观的时间最好是周六、周日。

①在接送前一天确认参观的客户名单。

②提前半小时来到预定地点（一般在小区的正门口或公交车站）。

③组织客户上车，并清点人数，电话联系未到客户。

④为上车的客户每人发一瓶矿泉水，并在车上介绍此次参观的行程安排与返程安排。

十二、展厅接待

客户接送到展厅后，门店导购人员与小区推广人员分成几个小组来接待。接待的环节主要如下：

①倒水。

②介绍产品与服务。

③现场对比测试产品的防污性能、光泽度等。

④回答客户疑问、计算用量、预算费用。

⑤举办"家装课堂"（详见第十三步）。

⑥接受产品预订（详见第十四步）。

⑦在展厅接待过程中，要确保每个客户都有人接待，不得怠慢任何一个人。

⑧展厅门口应悬挂横幅或欢迎牌，以示欢迎。

十三、家装课堂

（1）时间：一般选在周六、周日。

（2）地点：专卖店内或会议室内，一般来说，要安排在店内，可起到吸引人气的效果。同时，在介绍产品时，可实地讲解。

（3）时间：1.5个小时左右。

（4）讲师：与公司有合作关系的装饰公司的资深设计师，或公司的资深销售人员。

（5）内容：目前流行的装饰风格、如何选择装饰公司、如何选购瓷砖／地板／洁具、产品特点介绍、家装案例分享、家装注意事项。

（6）设备：使用投影仪、计算机。

十四、接受预订

客户在展厅逗留 1 个小时左右后，就可开始接受预订。为激励客户预订，可通过以下方法：

（1）团购优惠：向他们讲明团购的优惠政策。

（2）促销措施：介绍最近针对 ×× 小区的优惠、赠礼方案。

（3）标准语："大家装修都很忙，为节约大家的时间，你们可以根据需要预订产品，只需下一点订金，我们提供全程上门服务（上门计算实际用量、送货上门、退 / 换货上门）。要预订的话可到我们这里填一张表。"

（4）填表："产品预订单"一式两份，公司与客户各留一份。

在预订过程中要发挥意见领袖的作用（事先与其商量好），由他召集大家来进行团购与预订。

十五、团购

团购就是集体购买，有些称为集采。团购分两种方式：

一是由意见领袖召集进行（这种方式特别适合单位的集资房或统一兴建的宿舍）。做团购先找抓住"意见领袖""热心人"，这些人在社区内具有一定的号召力，可利用他们组织进行团购，再根据团购数量给予其一定的奖励。团购的突破口就是要先做一家样板房，然后由团购召集人组织业主去样板房参观，这样成交的概率就会大很多。

二是利用 BBS 进行网上招募。在一些房地产网站、装修材料采购网站或小区网站的 BBS 上以业主的名义发布一些团购相关产品的帖子，有意向购买的客户就会跟帖。这对一些经常上网和经常在网上购物的"白领一族"特别有效。

十六、小区回访

根据产品预订单的名单，逐一对各客户进行回访，进行核实用量、安排送货、收取货款、指导施工、退 / 补货等服务。

对因故没有参观展厅又较有兴趣的客户，可预先联系入室拜访，介绍其他客户到公司总部展厅参观的情况，重点要说明有多少户实现了成交，争取成功销售。

在各业主装修好准备入住时，可以发短信或打电话祝贺其喜迁新居，并征询其对产品品质、服务过程、装修效果是否满意。

十七、口碑宣传

在小区推广过程中，要善于利用已成交的客户进行口碑宣传。为激励客户们进行口碑宣传，可以对老客户实行一项促销政策，若其介绍一位新客户成交，给予一定的奖励。

同时，对一些犹豫不决的客户，可带他们去已装修好的客户处看产品装饰的效果。

另外，要把本小区的客户名单整理成一个表格，将已装修好的住宅拍成照片，作为"证据"，向其他潜在的客户展示，能起到很好的"临门一脚"的作用。

小区拦截营销"60字诀"

建队伍，制地图，先分类，再评估；

公关好，成本少，筹备足，进驻早；

诚待客，巧推介，扫楼盘，定预约；

接送客，看展厅，家装课，敲预订；

团购惠，回访勤，树口碑，带销售。

随着企业介入小区推广，小区推广已成为一个如火如荼的"新战场"。小区推广并不复杂，学好以上十七步，马上动手，你可以由生手变熟手、熟手变高手。

项目 6
家具 O2O 营销模式

任务1 家具 O2O 营销模式的基本概念

一、家具行业销售渠道发展的新情况

在经历了传统家具行业的店面销售后，2008 年后，家具行业逐步开始网络渠道销售探索。

2008 年左右，国内初始网络销售主要还是以集采模式进行，集采模式就是销售重点从店面转移到消费者终端，即业主小区。初始集采模式不全部依赖网络，找到目标楼盘后可以开展宣传、"扫楼"，即挨家挨户拜访的模式进行销售，但初始很多消息需要从网上获得，或者需通过网络与业主互动，如搜集楼盘信息、宣传集采活动开始的时间，也有些业主将自己的户型图和需求发上网络，由网络销售人员搜索报价。初始的装修论坛主要有搜房家居、篱笆论坛等。

2011 年后，随着移动互联网的发展，家装销售模式发生变革。如今，随着美乐美、团装网、红星美凯龙网上家装品牌及土巴兔、齐家网的发展，众多家具品牌开始探索 O2O 发展模式。如何将线上采购及线下体验模式相互结合产生销售行为，成为众多品牌研究的新课题。

二、O2O 营销模式

O2O 全称为"On Line To Off Line"，又被称为线上线下交易模式。它是指将线下的商务机会与互联网相结合，让互联网成为线下交易的前台，此概念来源于美国。在大数据时代，没有万年不变的商业模式，只有不变的思维。随着近些年互联网的蓬勃发展，产生了很多新的电子商务模式，如我们所熟知的 B2B、B2C、C2C 模式等。但随着这些商务模式的发展，又出现了众多的限制因素，为规避这些不足，O2O 模式应运而生。

O2O 商务模式的关键是在网上寻找目标客户群，然后将目标客户带到线下店面中。它是支付模式和为店主创造客流量的结合（对消费者而言，也是一种"发现"机制），实现了线上的购买、线下的服务。它在本质上是可计量的，因为每笔交易（或是预约）都是发生在网上的。这种商务模式应该说更偏向于线下，更有利于消费者，让消费者感觉消费得较踏实。

O2O 包含了 3 个方面：线上用户体验、线下用户体验和用户间数据（CRM）。

二、家具行业实施 O2O 模式的必要性

在国内，O2O 模式早有应用，如目前的糯米团购、大众点评等。O2O 模式的发展非常适合家具行业的营销模式，其原因主要有以下 4 个。

其一，家具产品需要消费者体验。家装投资在我们的生活中占有相当比重。但它又与服装及日用品不同，可能一生就买两三次。它的成本比较高，使用时间长，所以购买需要慎重。而网络上只能靠图片来展示产品的基本信息，产品的表面纹理、表面处理效果或者使用便捷性是很难体验出来的。同时，家具装修讲究整体搭配，网络上的搭配效果未必与消费者自家搭配效果相匹配。看得见、摸不着、搭配需要想象，这些网络销售弊端通过实体店面的体验让消费者有了全新的认识。

其二，家具运费成本高，最后 1 公里安装至关重要。O2O 模式占据优势，如果采用 B2C 模式，消费者买到商品后发现不适合自家需求想要退货，但家具体积、质量太大，会导致退货成本太高，从而造成消费者在网络消费时心存疑虑。同时，货到后虽然满足了客户需求，但客户还需要自己联系装修师傅进行安装，就增加了客户的安装压力。客户是非专业的，就可能会因为这些因素而放弃网络采购的想法。

其三，家具的售后服务非常重要。如果相关品牌在当地没有店面，可能会造成售后服务无法及时处理或者处理成本太高商家与消费者相互扯皮的现象，而线下店面可以很好地完成售后服务及处理工作。

其四，现在网络销售假冒产品泛滥，消费者可以亲身体验店面从而鉴别真伪。因为网络是虚拟的平台，很多产品为了吸引眼球，宣传自己的产品原料如何环保，但卖价非常低，这是非常不合理的。如果消费者无法亲临店面体验是很难发现问题的，等到产品到家的时候可能只会忍痛接受。所以，线下店面可以部分地遏制虚假网络销售。

现在，几乎一种新媒体就代表着一种新的销售和渠道。微信、微博、二维码的诞生让人们有了更多的渠道去整合目前所拥有的资源。如何更及时、有效地将现有产品及产品信息

传递到终端客户手中是我们目前面临的最大挑战，而作为家具行业所面临的问题就是如何将传统行业与电子商务结合起来，相信未来O2O会为我们提供更多可能。

三、家具实施 O2O 模式的困难

互联网时代，O2O 发展模式成为众多商家眼中的必争之地。但很多企业没有提前做好市场分析，或者专业知识储备不足，最终投入了大量的人力、财力，却对企业发展造成巨大负担。例如，红星美凯龙网上商城 2015 年就引发人事震荡，裁员近 70% 进行结构性调整，而裁员的原因就是项目投资 3 年烧钱 2 亿元而销售额仅为 3 000 万元。家具行业不要因为电商热就盲目跟风，用户从线下转移到线上将会有很多因素不可控。事实确实如此，一线城市还好，很多二、三线城市商场服务可能还没跟上客户需要，这个阶段盲目跟进电商无疑是灾难。所以，传统家具行业进入 O2O 模式必须慎重考虑，主要需要规避以下风险。

1. 专业人才储备不足

红星美凯龙的案例主要是因为前期开拓业务时人力资源未做出调整，项目主要负责人在家具行业几十年，销售业绩不斐，但运营互联网隔行如隔山，导致前期走了很多弯路。

传统家具行业管理人员电商知识储备不够，但懂得电商的人又可能对家具行业不了解，所以发展 O2O 商业模式必须为该项目匹配合适人才。家具市场上很少有既懂电商的技术人员，又有了解家具市场的资深营销人员。所以，家具企业首先需要调整人员架构问题，整合两类人才资源。

2. 线上线下渠道的平衡

家具企业如何平衡与经销商之间的利益也是家具企业需要重点考虑的问题。家具企业发展 O2O 营销模式必然会使外埠经销商受到冲击，他们肯定会产生被替代的危机感。家具企业必须让经销商明白，家具行业与服装行业、食品行业不同，终端的 1 公里服务非常重要，家具企业与经销商之间是可以共存、共赢、共同发展的。

直营店的销售管理团队也会因 O2O 模式有职业危机感，但线下体验店的服务和产品介绍将会成为直营店未来发展的重点，线下工作人员未来的表现直接影响着消费者的感受、心情和满意度。公司需要做的是加强销售人员专业知识培训，使他们的业务能力可以满足未来体验馆的需求。

3. 互联网传播效应

互联网传播效应可以说像病毒一样，很多企业只看到了它传播好的一面，即实效性与广泛性。但一旦一个企业的产品品质出了问题或者被投诉，产生的负面新闻也会被迅速放大、传播。同时，可能会有来自竞争对手的不明攻击，这些在未来都可能是家具企业所遇到的挑战。

4. 公司资源分配

家具企业在发展 O2O 营销模式的情况下还需要保持传统店面渠道的投入，所以资金投入对家具企业将是一个挑战；出于对经销商利益平衡，也需要考虑到如果线上销售产品挤压了经销商的利润空间，将影响经销商的积极性。同时，家具企业发展 O2O 营销模式还需要看家具企业店面资源是否足够，如果没有覆盖的店面，就需要和当地大型装饰公司合作。这些问题对家具企业而言都是新的挑战。

四、家具企业实施 O2O 模式的必要准备

家具企业在实施 O2O 营销模式计划初期应参考业内其他公司的转型经验，充分意识到以上问题，并对此做好必要的准备。

1. 加强员工培训，与经销商达成一致

家具企业必须高度重视实施 O2O 时员工知识储备不足的事实，集中人力资源进行培训，并定期对员工进行考核，以提升员工的业务能力及知识储备。

与经销商沟通，外埠经销商管辖区内的售后业务及服务都由经销商负责并提供相应返点。为了规避网上产品对经销商线下目前主流产品的冲击，初步确定网上销售产品体系与经销商体系的差异化，这样能对经销商起到保护作用。

等线上业务量达到一定规模的时候，家具企业与经销商双方同意所有产品均可以上线出售，届时经销商已经有足够的时间进行产品销售方案调整。相信将来网上会为经销商提供更多客户资源信息，经销商也会为这些客户提供最好的服务。O2O 模式得到大力推广后，也可以规避行业内目前很多经销商"挂羊头卖狗肉"的现象。因为交易都是在网上完成支付，所以也不会存在经销商弃店携款潜逃的事情。

2. 加强 CRM 资源管理，及时处理客户需求和投诉

家具企业可以通过 CRM 系统了解销售商需求，以及消费者购物过程和购后体验，所

以家具企业应将 CRM 发展放在一个非常重要的地位，投入专业人员进行数据信息录入、后台维护。根据客户的反馈调整产品结构及服务理念，及时处理客户投诉，避免客户投诉无门的情况出现。

3. 地区试点—全面铺开

家具企业不要一开始就急于在全国范围内推广 O2O 模式，而是应适宜采取"地区试点—全面铺开"的方式。可以先以企业总部所在地作为试点，将所在地的一两家直营店改为体验馆进行试运营。体验馆成功后再逐步向经销商推广，最终向其他城市辐射。待销售渠道辐射完成后，就可以逐步完成系统店铺的改造和 O2O 模式的全线推广。

目前我国中西部地区家具销量增量明显，随着国家城镇化的发展，相信未来几年中西部地区的增长率将持续超越东部地区，如西安、成都、兰州等这些增长率比较高的城市将会成为外埠体验店的首选城市。

4. 寻求外部支持

为避免家具企业在转型期间出现重大决策失误或少走弯路，家具企业可以聘请专业咨询公司或者与高校合作，及时对不同发展阶段进行诊断评估。

任务 2　家具企业 O2O 模式的实施

一、家具行业 O2O 模式下的决策过程

下面，简单分析一下消费者在网络渠道和传统购物渠道两种不同方式下购买家具产品的流程。

1. 家具产品传统购物环境下的决策过程

在传统购物环境下，消费者有了消费需求后一般采用以下几个步骤：

（1）逛店对比：了解需求后，有些人直接去建材城或家具专卖店寻找目标产品；有些人可能需要先做功课，如在网上或者找朋友咨询相关产品，心里有了大致的定位后再去逛店。

（2）了解产品：货比三家后大概了解每个产品的优缺点，最终做出判断。

（3）确认订单：确认所需产品后在专卖店签单，交纳定金，并确认测量或安装日期。

（4）定制产品上门测量：如为定制产品，如门、地板、橱柜等，需要安装师傅测量后确认具体合同金额；如为标准产品，此环节可以省略。

（5）送货上门，交纳尾款，完成安装。

2.家具产品网络购物环境下的决策过程

在网络购物环境中，消费者的购物决策过程与传统过程有所不同。产生购物需求后，他们一般采用的是如下步骤：

（1）进入网店选购产品：了解需求后，直接去淘宝或京东等电商平台搜相关产品信息、价格，进行对比后基本就能确认产品是否可以接受。

（2）选购产品：确定目标产品后直接在网络界面下单，并付款。

（3）完成配送：如为标准产品，直接送货上门，完成交易；如为非标产品，需要联系设计师上门服务，测量后出效果图，然后安排生产、交付物流、送货、安装，完成交易。

3.O2O 模式对销售者消费习惯的影响

以上两种模式，一个为线下购物模式，一个为线上购物模式。线下购物模式费时、费力；线上购物模式没有很好的体验产品，消费者可能在产品到家后发现各种不满意，而将该品牌拉入黑名单。根据 D.I. 霍金斯消费心理学，O2O 模式对消费者的消费习惯影响意义深远。

1）对外在因素的影响

在网络购物环境下，商品价格都比较透明，有些商家甚至将售后服务成本、增值税发票等信息发在网上。在产品信息差不多的情况下，消费者更看重的是价格对比。在 O2O 模式下，商家会因为消费者所处的不同环境、社会阶层等外界因素形成对特定客户群体的推广，并在相互的网络媒体交流中对这个商品的文化和社会层次进行更准确的定位。消费者在网上了解后，再在线下接触产品，从而对产品特性、服务质量等属性有了进一步了解，从而知道购买的商品是否符合自己的文化需求与社会需求。

2）对内在因素的影响

在 O2O 模式下，消费者产生需求后去网上搜集店铺信息，找到目标产品后线上支付购买，随后线下体验产品，全方位地参与了产品销售过程。

在产品体验的过程中对网上获取的信息有了更深的了解，不是被动地接受产品信息而是主动地了解产品信息是 O2O 的整个过程，是一种消费者全方位学习的过程。首先，消费者通过网络推广，初步了解自己的需求。消费者通过商家店面、网站，了解到商品的功能信息、图片信息及产品描述，通过网络评价了解到商品的使用特点，在线上进行一次自我学习。在这个阶段，消费者已经对产品有了一定的了解，并选择一些商标作为目标商品。在 O2O 的线下阶段中，消费者通过实际体验，亲眼所见、亲手触摸、与销售员沟通交流，将其在网络上获得的信息与现实联系起来，从而对所购买的家具商品有了全方位的了解，从而完成线下二次学习。

在线下与店员或商家的沟通中，因为对产品某些特点达成共识，消费者有被认可的感觉，从而有一种被尊重的愉悦感觉。

3）对内在需求的刺激

消费者需求有主动需求或者被动引起的需求两种。对某种物品的需求本质是此物品的稀缺性给消费者带来的满足。商家可以对消费者某些需求进行主动刺激，或者通过自媒体进行宣传，从而引起消费者需求，最终实现销售。

4）体验营销

O2O 模式最重要的一点就是体验营销。现在创立一个品牌其实就是再创一个良好的体验营销，整个流程中的一切产品服务的最终的目的就是建立良好的用户体验。

首先，产品的设计和推出不再单纯地考虑原料和技术手段，而是根据目标客户的特点和需求来设计。

其次，企业推出产品或服务时尽量不要或尽量少地依赖第三方，尽量把渠道变短，让客户得到更快的体验。

要建立良好的客户体验，就要在任何环节都有客户至上的思想，在任何环节都要考虑到客户的感觉。互联网企业更加重视客户感觉，所以他们的产品经理总是在网上和客户打交道。企业如果可以想客户所想、满足客户的情感与物质需求，就会给客户带来良好的购物感受，让客户用快捷的方式愉快地购物。

二、实施 O2O 的步骤及运营策略

实现 O2O 模式需要两个必要条件：其一是有成熟的线下业务，其二是需要开展线上业务。正常的家具企业线下业务应该已经非常成熟，所以目前要做的是积极开拓线上业务。开

展线上业务首先要考虑的问题是在哪个平台上开展业务；其次，开展线上业务后公司的产品策略、价格策略、推广方式、物流策略和支付方式等都需要做出相应的调整和改变。

1. 数据信息的掌握

O2O 模式最重要的就是掌握消费者消费习惯的大数据。所以，数据信息的搜集、掌握和归类对家具企业而言非常重要。家具企业需要投入大量人力、财力去了解消费者的消费行为、购买特征等，并在此基础上选择公司运营平台、产品营销方案及产品宣传方式。

2. 线上平台的选择

线上平台一般有 3 种：厂商自建平台方式；厂商加盟成熟的电子商务平台，如天猫、京东等卖场；加盟卖场自建电子商务平台模式，如红星美凯龙网上商城等。

厂商自建平台压力大，而且起初因为业务经验不足，风险也比较大。卖场自建的网上商城模式正在试水阶段，如红星美凯龙近几年开始建材网上商城，但几次都以失败而告终。因此，家具企业在 O2O 模式试水阶段最好的选择是去比较成熟的电商平台开店，如京东、天猫等。因为这些平台已经有庞大的消费群体，客流量不是很大的问题。最大的问题是企业如何宣传、营销自己，把自己的产品及时、有效地推广给目标客户群。

3. 优化客户体验

为了侧重突出客户体验的感觉，家具企业要努力在线上线下为客户营造一个家的感觉。线上为客户提供无限的家居产品解决方案，线下店面可运营为一个家与工作之外的"第三空间"。

目前，很多家具品牌经销展厅的销售依然停留在冷冰冰的产品展示阶段。消费者行为学研究表明，目前最为顾客接受的家具品牌宣传理念是回归家庭生活。家具企业要移情于客户想要归属感的心态，将线下旗舰店面改造成新的家居体验馆，即集咖啡、读书、烘焙、美食、厨房、软装于一体的社交场所。它不仅提倡使用绿色环保家具，而且提倡积极健康的生活方式。同时，线上店面也可以通过这种品牌方式的建立来吸引粉丝，运用微信息公众号或者微信粉丝群来建立一个消费者喜欢的线上平台。

4. 产品策略

家具企业的产品策略也需要随着 O2O 模式的实施做出调整。家具企业除了目前推出的传统的成品家具和定制产品外，还需要引进一系列其他家居生活用品，如马克杯、咖啡、厨房用的餐具、调料架、桌布等。此举既可以满足客户体验，也可以进行二次或者无限次销售，使客户与家具企业具有黏性。这对现在越来越讲究生活品质的"80后""90后"而言具有很大的吸引力。

家具企业要利用 CRM 系统掌握的客户资源，后期通过线上推送的方式定期推送公司产品的新特点。公司的重点是家具产品，但同时目标是能将店面打造成一个消费者业余消闲消费的场所。

环保是大势所趋，人心所向，同时，人们也越来越关注健康。对于家具产品而言，必须坚持绿色、环保、健康的定位。

5. 价格策略

线上顾客更容易通过互联网获取产品价格信息，特别是竞争对手的价格信息，因此线上产品价格定位不宜太高。同时，线上顾客需要花费的消费成本也比普通的线下顾客少，因此也有定低价格的成本空间。

为了规避线上线下比较价格问题，线下线下产品需要有一定的差异性。

6. 推广方式

随着互联网的不断成熟和发展，同时由于自媒体的兴起，传统广告行业遭遇了前所未有的挑战。现在的消费者也越来越理性，如果还是像以前只是着力于对产品的宣传，甚至有时夸大其词，会让消费者厌烦。所以，现在产品推送方式需要讲究技巧。

作为传统广告行业，现在也在改变思维，不单单是宣传产品，也会将情感、心理需求因素投入广告中。

与传统广告行业相比，互联网广告行业现在具有巨大优势。依赖于庞大的数据信息库，经过精细的数据处理后进行有针对性的推广活动可以达到事半功倍的效果。互联网公司的广告制作成本只是传统公司的 10% 甚至 5%，大大降低了广告成本的投入。O2O 企业模式宣传的重点就是要让目标客户得到自己的产品信息和价值观。要做到这点就必须要依托于互联网平台，从互联网公司那里获得数据信息，进行市场调研、数据分析，确定受众客户群体。通过互联网，将广告发送到这些人的邮箱里、手机上，一方面大大降低了成本，另一方面可以直接到达目标群体，效果更为直接。

除了广告媒体方面的推广，家具企业在运营中还可以进行很多推广活动，如在特定时间挑出不同类别产品进行活动，刺激客户消费积极性等。家具售后还可以有很多免费服务提供，如免费上门保养、家居生活顾问等。同时，还可以推出使用公司橱柜十年免费更换门板的活动。使用十年后，自家产品就可以更新换貌，这对消费者来讲是一个很大的卖点。

例如，推广核心可以是绿色环保，回归家庭。所有的推广主题都需要围绕这个概念来讲，让忙碌一天的人们回到家以后切身体会到舒适的感觉。

7. 支付方式

O2O 模式的重点就是实现线上支付。现在家具企业不仅需要提供现金支付、银行卡交易、货到付款等支付方式，还应该支持银行卡转账、财付通、支付宝、微信支付等支付方式，以及 NFC 支付、扫脸支付等方式，以方便客户可以有多种付款方式的选择。

8. 物流策略

传统家具行业进入电子商务后面临的最大挑战就是物流中最后 1 公里的服务。消费者投诉的最大问题就是家具产品的配送安装问题。目前很多电商的家具品牌不负责送货上门和安装，从而流失了很多潜在客流量。为了解决这个问题，目前通常采取以下两种办法。

（1）当地有经销商的，互联网平台实现销售的当地产品的安装售后均由当地经销商来完成。对于经销商来讲，也乐见其成，通过这种相互合作的方式一方面增加了品牌知名度，另一方面增加了业绩销量，达到共赢。

（2）当地没有经销商的，一般都会有比较大的家装公司进入，家具企业可以和这些家装公司合作，在家装公司店面设立自己的产品区域。线下销售可以与家装公司合作，线上销售由家装公司负责安装和配送。

以上两种方案可以非常好地解决消费者安装及售后服务问题。

9. 体验服务

体验服务主要指线下店面的一些活动。家具企业可以就公司产品特点，简单明了地在店铺网上进行宣传，线下则可以提供很多贴心的服务。

例如，让客户可以自行到店面体验；根据消费金额报销客户一定的交通费用，加深客户的体验意愿；店内设立很多书柜，满足很多宅男宅女不愿待在家里，但喜欢找有家庭氛围的环境看书的意愿；店面的导购员有烹饪经验，在客户选购厨房用品或家具用品时，可以根据自己的生活经验向客户提出专业的建议；店面周末推出烹饪课程，适合三口之家带着小孩来体验，不用担心因为装修看家具而带着宝宝不方便。

客户来店消费后可以拿到公司推出的一张会员卡，在以后采购家具以外的产品时可以享受折扣，在生日或者纪念日可以得到公司快递的纪念卡或免费纪念品。

通过以上方式充分增加与客户之间的沟通，并通过客户的积极反馈进一步了解后续产品开发的重点，以及服务需要关注的重点。通过这种为客户营造家的氛围，一方面传递家庭价值观，另一方面使客户与公司具有很强的黏性，这种黏性是其他竞争对手很难破坏的。

任务 3　家具 O2O 模式下的新媒体营销

一、新媒体的概念

新媒体是家具 O2O 模式的一块重要拼图。新媒体是一个相对概念，"新"是相对"旧"来说的，新媒体是伴随媒体的发展而变化的。对于报纸来说，广播是新媒体；相对于广播，电视又是新媒体；而网络，则相对于电视是新媒体。当今社会上的新媒体是依托于计算机互联网技术发展而形成的媒体形态。

可以看出，新媒体在给人们交流沟通带来新趋势的同时，又引发人与人之间关系的变化。因此，新媒体必然使用信息传播技术，运用新的媒介经营模式，实现新的内容展示方式，开辟新的内容产生渠道，创造新的用户感受。新媒体区别于报刊、电视、广播等传统媒介，它是通过网络、数字和移动技术，利用互联网平台和手机、计算机等终端设备，向社会传播信息和服务，因此新媒体也被称为"第五媒体"。其主要优势：①跨时空。由于新媒体运作特点使其脱离时空成为可能，全天 24 小时可在互联网环境下收发信息，没有时间、空间束缚。②覆盖范围广。新媒体为信息传播提供了更加广阔的空间。由于互联网快速发展、移动终端的普及，网络覆盖了大多数人群，新媒体因此可以向更多人传递信息。③可视性强。新媒体可以实现视频、图片、声音等多种信息的即时传递，而不是单一的文字，这就为新媒体纵深发展铺平道路，更加直观、易懂、方便理解。④互动性强。新媒体依托网络优势，使民众不再被动接受信息，而是可以参与交流讨论、提出建议意见。通过移动技术支撑，受众可以决定自己的喜好，对信息的意见表达实现了高度自由。因此，新环境下新媒体正以蓬勃的发展态势来到我们生活中，为我们提供丰富的交流互动方式。

二、新媒体营销的内容与特点

1. 新媒体营销的主要内容

（1）消费者行为分析。新媒体营销面对新兴市场环境，应做到及时了解和分析消费者行为方式的变化，为营销活动提供数据分析和营销参考。针对与传统消费市场不同的消费群体，弄清楚消费者的购买动机和行为，是行为分析的关键。

（2）市场调研。面对新兴消费市场，研究企业所处的市场环境，制订合适的营销策略。由于新媒体的便捷性，不受时空环境限制，覆盖面广周期短，可以方便地掌握消费者购买偏好和动机。

（3）成立网络品牌。新媒体营销依靠网络便利性和自身优势，搭建自有品牌，提高企业竞争力，构建品牌文化。

（4）消费者服务。新媒体营销不同于传统媒体售后服务，可以有效利用网络优势，全天候无间断地向顾客提供产品服务，追踪交易过程。

（5）促销活动。新媒体平台为企业创造丰富的营销手段，提供多种媒体交互方式，生动形象地展示企业产品，方便消费者直接购买及交易。

（6）制订营销策略。凭借新媒体平台，企业可以更清楚地发现自身问题和不足、自己产品的竞争力和优势，进而制订细化的营销策略，有的放矢地实现卓越的营销目标。

2. 新媒体营销特点

（1）准确定位目标客户。新媒体包含丰富的媒体内容，微信、微博、论坛等平台可以让每个人成为信息发布者；通过大数据的挖掘和计算，企业可以通过新媒体了解用户需求，获得准确的市场依据。

（2）拉近用户距离。相对于传统媒体被动单一传播方法，企业在新媒体传播中通过网络技术与用户进行密切互动，跨越时空距离，营销效率得以大幅度提升；同时，可以借助市场反馈及时改进产品。

（3）降低企业宣传成本。新媒体营销改变了之前一点对多点互动，实行多点对多点互动，相较于传统媒体，降低了媒体宣传费用，节约了营销成本。

（4）新媒体营销更强调全球性，在开放的环境背景下，营销在客户交流中更加容易实施。

（5）新媒体营销可以在消费者中赢得更多关注度，获得良好的产品认同感，从而打造品牌形象。

三、新媒体营销方式

1. 社交网络营销

随着互联网发展速度加快、多媒体技术进步，人们日常生活中社交属性不断强化，社交网络营销就是以社交平台为基础的营销方式。其营销核心内容是关系营销，与消费者建立联系、巩固关系，现在火爆的微信、微博等都是主要的社交网络营销模式。

当今环境下，微信已经成为第一大信息交流沟通平台，集沟通、交易、社交属性于一身。移动互联网的普及使微信成为第一应用软件，微信拥有庞大的用户基础，而微信公众号又是其创造性的设计。公众号让企业和用户有了信息发布与沟通平台，既为企业进行广告宣传，又方便了用户之间互动。

微博营销是公司利用微博平台进行营销活动的营销方式，我国微博使用量发展迅猛，据统计新浪微博注册用户数已突破 1 亿，每日登录数超过 6 000 万，这样的群体对新鲜事物充满兴趣，同时也是潜在的消费群体。微博营销既有利于商家进行营销活动，又可以加强与用户沟通互动。现今人们沟通交流时间环境碎片化，微博用户数不断提升。基于网络环境，微博营销在新媒体营销中具有独特优势。

社交网络营销凭借自身多媒体技术优势，可以满足企业不同的营销策略，通过事件营销、话题营销、产品植入等形式实现营销效果；同时，可借助用户群体参与、互动、分享来扩大营销影响范围。在投入成本上，社交网络营销远低于传统广告投入，可以降低企业营销成本。另外，在目标用户选择上，社交营销更具针对性，可以实现精准营销，提升用户体验。

2. 搜索引擎营销

搜索引擎营销是依据用户使用搜索引擎的习惯和方式，利用互联网对信息检索机制，将公司信息精准投放给目标用户的营销方式。进一步看，就是企业付费给搜索引擎实现公司信息推广，让用户发现信息并点击进入了解公司网页，达到公司与用户互动目的，引导消费。借助互联网技术发展，企业在搜索引擎上对产品进行推广宣传、品牌传播、服务介绍等营销活动，在消费者进行产品搜索过程中，引擎根据用户搜索词进行相关信息推送，并且实时分析消费者兴趣爱好，实现信息的精准投放。目前搜索引擎平台主要有百度、谷歌、360、搜狗等。搜索引擎营销已经发展成为现在企业必不可少的营销方式。企业通过对信息的搜索和传播，精准投放用户群，为自己带来更多的关注度和点击量，有效提升企业知名度和影响力。

3. 移动 App 营销

随着互联网技术和移动终端的不断发展，智能手机已经普及，消费用户通过手机、平板电脑就可以进行购物消费。调查显示，移动设备已经成为最主要的上网工具。移动营销即面对移动终端用户，向目标群体定向精准地传递公司产品信息和促销活动，并通过互动交流实现营销目的。为满足消费者对产品信息的需求，各互联网公司都已经使用 App 进行公司营销推广，建设自己的移动客户端，满足消费者个性化需求。移动营销具有成本低、服务不间断、持续性强等特点，可以全面展示公司形象和产品信息，在与消费者互动过程中实现差异化、个性化的营销效果。因此，对于企业来讲，移动 App 营销能显著增加公司知名度，扩大影响力，及时了解反馈用户信息，提高消费者忠诚度。

4. 短视频营销

近些年，短视频火爆，视频短小信息量巨大，方便快节奏人群对于信息的获取和分享。短视频不仅需要事件包装，也依靠剧情吸引用户。企业将品牌产品信息巧妙地融入视频情节中，通过网络转发分享，比传统广告针对性更强、成本更低。对于企业来说，短视频营销效果独具一格，制作精良短小的视频既能起到广而告之的作用又给人印象深刻，有助于企业品牌形象的推广与宣传。

四、新媒体营销与传统营销比较

1. 新媒体营销与传统营销的差异

传统营销更多以实体营销为主，如报纸、杂志、广播、电视等；而新媒体营销主要依托于互联网，从网络层面把握和了解消费者行为。相对于传统营销，新媒体省时省力同时成本较低，而传统营销模式比较单一。

相较于传统营销广泛性，新媒体营销更强调信息的准确性和有效性，这样才能在互联网环境下为用户带来更直接的体验；同时，新媒体营销需要大量数据，因为即时的信息需要数据做支撑。

传统营销存在大规模同质化问题，企业更多是从大众消费者市场里划出目标市场。而在新媒体营销环境下，企业将个人需求挖掘出来，进而安排生产和产品供应，满足顾客需要。新媒体营销的发展表明了产品生产者和消费者的关系发生了转变，只有更好地了解客户需求，降低沟通成本，深入用户内心，才能实现企业长足发展和品牌宣传。

2. 新媒体营销与传统营销的联系

本质上看，新媒体营销和传统营销的目的都是实现企业利润增长。在互联网环境下，新媒体营销凭借特有的营销策略对传统营销带来冲击，但这并不能说明新媒体营销将取代传统营销，它们是一个相互融合的过程。首先，互联网只是覆盖市场上一部分群体，同样存在很多传统的消费者。其次，一些有传统购物理念的消费者并不接受网购等消费方式，自然对新媒体营销距离较远。最后，互联网作为新兴的交流方式并不是唯一的，传统的营销方式仍将存在。因此，新媒体营销与传统营销将互相补充、互相促进，新媒体是对传统媒体的扩展和延伸。

3. 新媒体营销相比传统营销的优势

从消费市场来看，新媒体市场遍布整个地区，没有区域限制。只要有互联网的地方就是其潜在市场，顾客就是所有网民，消费者对于信息的需求和交流的丰富程度也促进了市场发展。

从消费方式来看，传统营销更多依靠地面营销，即个人对个人的实地交易；而新媒体技术的运用将实现没有时空限制的消费形式，更加灵活自由。

从商家与消费者交流形式来看，信息的发布与传播有新媒体技术的依托，将极大地节约交流成本和信息发布成本，便于商家和消费者实时沟通，提高服务质量，实现高效交流。

项目 7
家具导购员

任务1　家具导购员的基本职责

家具经过设计、生产的一系列过程进入市场，仅仅走完了"万里长征"第一步。而产品由市场进入消费者手中，最终被用户所使用，并由此给企业带来利润才是企业最终的目的。你的产品或服务能够解决客户的问题并不意味着客户会主动找上门来，完成这一步的关键、具有临门一脚作用的就是导购员。

家具导购员的职责很简单，就三个字——卖产品。究竟怎么卖？这里面包括很多的内容，卖产品的过程实际上是家具导购员一系列有效活动的必然结果。家具导购员的工作，就是如何在企业利益和顾客利益之间找到共同点，既让顾客得到应有的利益，也使企业的利益得以维护。

导购员虽然年龄、性别、所在卖场不同，但所有的导购员都承担着一些相同的基本职责。在这里，我们把这些基本的职责简单地归结为"四信"——传达信息、获得信任、树立信心、维护信誉。

1. 传达信息

这里所说的信息，包括两个方面，一个是向顾客传达有关产品价格、功能、技术、性能等的专业知识。导购员首先必须了解企业、了解产品，不但了解自己的产品，也要了解竞争对手的产品。另一个是导购员要利用直接在卖场和顾客、和竞争品牌打交道的有利条件，多方面收集并向公司反馈信息。

1）向顾客传达信息

我们常说干什么吆喝什么，吆喝什么要明白什么。家具导购员最重要的工作之一就是要将家具产品的知识、细节讲述给顾客。在导购员面对新顾客的时候，由于不了解顾客的心理，担心讲不好而使潜在顾客流失，心里就会比较紧张；如果再对自己的产品没有透彻系统的了解，面对顾客则更不敢开口。

当顾客走进家具展台时，首先看到的是家具的外形、品牌、价格等，对外形、品牌、价格，顾客会立即建立自己的评价，并形成先入为主的态度。导购员难以对此进行改变，可以改变的是顾客自己不知道的信息，这些信息主要是顾客无法马上观察到的产品内在的细节信息。因此，如果能够言简意赅、有重点、形象生动地向顾客介绍清楚产品的细节，将增加顾客新的信息，这是他们所愿意接受的。

另外，产品知识除了对自身产品的了解，还要专业了解整个行情，以及与产品相关的边缘知识。只要是有关家具的知识，比如软体家具系列，不论是沙发、床垫，还是弹簧、皮质、布艺、木料、金属等家具和材料，它们的基本原理、主要特点、优劣势都要能随口说出来，让顾客感到你很专业。

请记住：顾客完全依赖家具导购员提供的信息作出购买决定。如果家具导购员不能提供足够的信息，顾客就会从他们的竞争对手那里购买产品。

熟悉产品的家具导购员被看作可信的，而且是顾客可以依赖的。从家具导购员的立场上看，产品知识可以帮助其增加自信、激发热情。如果销售人员对产品的优点了如指掌，他们就会深深地喜爱自己的产品。热情可以感染顾客，如果家具导购员对产品充满热情，顾客就会受到感染。

2）提供市场和消费者信息

导购员能够将市场终端的信息及时反馈到家具制造企业，有助于其及时改进，为相关决策提供有价值的参考。

①收集顾客对产品的期望和建议，及时妥善地处理顾客异议，并及时向公司汇报。

②收集竞争品牌的产品、价格和市场活动等信息，及时向公司汇报。

③收集卖场对公司品牌的要求和建议，及时向公司汇报，建立并保持与卖场良好的客情关系，获得最佳的宣传和促销支持。

④了解卖场的销售、库存情况和补货要求，及时向公司和经销商反映。

2. 取得信任

导购员在推销家具之前，其实首先是在推销自己。顾客只有首先信任导购员，才会接受你的产品，否则很难认同你的家具。许多成功的导购员最重要的一点，就是想方设法赢得顾客的信任。一旦顾客对你产生了信任，家具导购员就基本上用不着费力介绍产品，揣摩顾客心思。相反，家具导购员提什么建议，顾客都会接受，你就真正成了顾客的购买顾问。

请记住：对于导购员来说，顾客的信任就是最高的奖赏！

①顾客因为信任你，进而信任你的品牌，相信它是强大、有实力、诚信的。

②顾客因为信任你，进而信任你的产品，相信它是高品质、能够解决问题的。

③顾客因为信任你，进而信任你的经销店，相信它是诚信、能够提供优质服务的。

1）热爱公司和产品

首先要热爱公司，以公司为荣，以自己的产品为荣。销售人员能够以自己的公司和产品为荣，就会向消费者传达这样的一个信息：这个公司、这个产品可以信任。如果连你自己也说不喜欢自己的公司，满腹牢骚，顾客还会信任你的公司，还会信任你的产品吗？你的牢骚和不满，也会让顾客不信任、不满意你，他们会认为，既然你不喜欢，为什么还要在这里做呢？你不喜欢的东西，为什么还要推销给别人呢？已所不欲，勿施于人嘛。因此，家具导购员得建立一种"宝贝效应"，就是相信自己拥有的是最珍贵的东西，给顾客推销的也是最好的东西。

2）热情主动

服务首先是态度问题。导购员面对的是人，推销是心与心的交流，导购员要用热情去感染对方。热情所散发出来的活力与自信，会引起顾客的共鸣。一位销售专家说："热情在推销中占据的分量在95％以上。"导购员会因过分热情而失去一笔交易，但会因不够热情而失去一百笔交易。顾客不再光顾的原因有90％是因为现场销售人员缺乏礼貌，而不是价格、品种、服务设施等方面的因素。顾客来到你的店里，看到产品品牌，首先联想到的是这个品牌所代表的企业是一个什么样的企业。而对绝大多数顾客来讲，他们对企业并没有很多了解，在这种情况下，除了已经从广告、媒体、亲朋邻居处获得的有限信息外，现场销售人员的态度，就代表着企业的形象。

热情主动并不是简单的技巧，而是一个人品质的外在体现。一个充满爱心的人，一个热爱工作、热爱生活的人，总能让人随时感受到他的热情和真诚。

3）热心让顾客体验

家具导购员在向顾客简单介绍产品时，一般需要配合实地演示，产品本身就是一个沉默而又最准确可靠的推销员，再生动的描述和说明方法，都不能比产品本身留给顾客的印象深刻，这就叫"百闻不如一见"。比如沙发，可以打开沙发背后的拉锁或蒙布，让顾客看一下内部木质框架结构的用材，让顾客坐在床垫上，试试弹簧有没有发出摩擦声等，必须让顾客参与进来。鼓励顾客在卖场"拉开抽屉、打开柜门、在沙发上坐坐"，不知不觉中让顾客产生信赖。成功的产品演示通常要注意几点：

首先，要了解顾客的主要购买动机和利益需求。比如顾客最关心布料，你可以重点让顾客触摸布料，坐一坐感受舒适感，仔细观察纹路，讲解耐用性、抗污性等。

其次，要一边演示一边讲解，一边讲一边询问顾客是否听明白，得到肯定的答复后再继续讲解，同时可以适时增加承诺内容。在这个阶段，由于顾客的主要兴趣点在产品，因此承诺属于无意识记忆，反而可以产生有效的记忆。

再次，讲解要注意三个环节：演示特点—介绍功能—提供利益。向顾客演示产品特点的目的，是讲解它是具有怎样的功能，而这样的功能到底会给顾客带来什么样的益处才是顾客最关心的问题。因此，一定要将产品功能转化成顾客的利益。比如，我们在市场上听到有的导购员给我们介绍自己的沙发使用"布袋簧"，我们问这"布袋簧"有什么特点、能给消费者带来什么好处等，他却回答不上来。沙发使用"布袋簧"只是它的特点，功能呢？就是它的作用。还有最重要的利益点：沙发具有更高的回弹性，坐感更舒适；抗老化性能好，寿命更长。这才是顾客最关心的东西。或者说，顾客并不关心什么簧，他们关心的是坐在沙发上的感觉。如同购买钻头的顾客并不是对钻头感兴趣，他们感兴趣的仅仅是它钻出来的洞。因此，讲解一定要讲出利益点，把技术术语转换成顾客的感觉语言。

请记住：家具导购员应该是面向顾客而不是面向产品，顾客并不是买产品本身，而是购买产品给他们带来的利益。

最后，始终紧扣"说服"的主题，一边演示，一边总结讲解，强化利益点，让顾客真正明白你的产品能给他带来怎样的好处。

4）提供证据

如果顾客不完全相信你的介绍，可以提供公司获得的荣誉，家具产品获得的各类认证证书，比如质量认证、环境认证、绿色标志等。也可以提供已有客户的名单，或者设计服务的记录，以此获得顾客的信任。

3. 坚定信心

我们是不是经常有这样的体会：给顾客苦口婆心、辛辛苦苦讲了半天，产品讲得很清楚、礼仪也恰到好处，顾客却好像要故意刁难你，提出一些不可实现的要求或不可思议的问题，一旦一语不合，立即转身离开，半天功夫白费了，更重要的是很打击自己的自信心。问题出在哪里呢？

顾客的问题和要求，我们称为顾客的异议。如何处理异议，是销售成功的关键。这需要我们学会如何处理异议、营造卖场氛围、引起顾客兴趣、激发顾客购买欲望，在顾客信任的基础上，增强顾客购买的信心。

请记住：销售工作是在被客户拒绝时才开始的！

异议是顾客对导购员说不明白、不同意或反对的意见。顾客表示异议而打断导购员的话，或是就某个问题而拖延等对导购员的打击都是难免的事，换句话说都是必然的事。导购员要善于接受和处理异议，不仅要接受，还要欢迎。因为异议对导购员来说不一定都是坏事，顾客的异议对你其实好像一盏灯，指示你更清楚地知道顾客的实际需求。妥善地处理好异议，更能够树立自己和公司的良好信誉。

当导购员向顾客介绍产品和信息时，顾客往往会提出一些疑问、质询或异议，这主要有几种可能：

客户说：它真的能值那么多钱吗？

客户说：价格太贵。

客户说：暂时没有钱（没有预算）。

客户说：别的地方更便宜。

客户说：家具样子并不好看。

……

面对以上各种各样的异议，我们如何巧妙地处理，总结起来有以下7种策略。

1）委婉处理法

导购员在没有考虑好如何答复客户的反对意见时，不妨先用委婉的语气，把对方的反对意见重复一遍，或用自己的话复述一遍，这样可以削弱对方的气势。注意只能削弱而不能改变顾客的看法，否则顾客会认为你歪曲他的意思而对你产生不满。比如顾客抱怨"价格比××品牌的高多了，怎么这么高！"导购员可以先顺着他的话说："是啊，价格比××品牌的确实高一些，但是……"，然后再等顾客下文。

2）全贬法

如果顾客的反对意见的确是你的产品或服务中的缺陷和不足，千万不可回避或直接否认，明智的办法是肯定有关缺点，然后做淡化处理。这就是我们常说的"全贬法"——当自身产品达不到顾客的某种标准的时候，就发布一些行业"机密"，把整个行业的标准降低，说整个行业都是这个水平。这样有利于顾客的心理达到一定程度的平衡。但这种方法的使用要建立在顾客对你比较信任的基础上。

3）转化处理法

这种方法利用客户的反对意见本身来处理。家具导购员要善于利用反对意见里的积极因素去抵消消极因素，说不定能成为一件好事。比如客户说"我很忙，没有时间听你那么啰唆"，你不妨说"正因为您忙，我也希望在最短的时间里给您将产品布置到位，帮您节省更多的时间"。这样一来，顾客就会对你的产品和服务产生兴趣。

4）反驳处理法

从理论上讲，这种方法应该尽量避免使用。直接反驳对方容易使气氛僵化而不友好，使顾客产生敌对心理，不利于顾客接纳导购员的意见。如果顾客的意见是误解而且你有确凿的资料证明时可以直言不讳，但态度一定要温和。比如客户说"我们小区很少有人用你们的家具"，这时你可以拿出老客户记录，告诉他我们有多少客户分布在哪些小区，通过旁证让顾客对你的产品放心，也间接地反驳了他的意见。

5）冷处理法

对于顾客的一些不影响成交的反对意见，导购员可以不必反驳，不予理睬。比如顾客抱怨你的公司或者你的同事、你的同行等这样一些无关成交的话题你都不要理睬，把话题引到你要说的问题上来。比如顾客说："你们公司在外地，算在顾客头上的运输费用也不低。"尽管可能事实并非如此，你也不要分辩，转而介绍有关产品的内容。国外的销售专家认为，在实际销售过程中，80%的反对意见都应该冷处理。

6）关注现场布置

工作现场的布置、环境所营造的氛围，在一定程度上左右着顾客的感觉，是顾客能否下决心购买的重要因素。这些因素包括以下方面：

样品上是否积有灰尘？如果有，顾客会感觉这里的生意很冷清。

受顾客欢迎的产品有没有存货？如果没有，顾客会对产品的受欢迎程度表示疑问。

现场 POP 海报有没有脱落、掉色、陈旧的现象？如果有，顾客会感觉管理不到位，对店里的服务诚信产生怀疑。

墙壁装饰是不是有变色、脱落或裂缝？如果有，顾客会感觉你的公司实力不够，难以存之久远。

地板是否有垃圾、纸屑，甚至有口香糖？如果有，顾客会感觉不严谨，对承诺产生怀疑。

7）错误观点

对于售点导购行为的调研表明，许多导购员存在以下的几个错误观念：

①只要能很好地介绍信息和产品，处理疑问和异议，想买的顾客自然就会购买。

②主动建议购买会使顾客产生疑心，反而使他们离去。

③主动建议后，如果被顾客拒绝则很难堪。

④很多导购员向顾客介绍完信息及产品、解答疑问后，如果顾客没有反应便不知所措，或是等待，这样错过了很多机会。

其实，希望导购员主动建议是顾客的普遍心理，导购员之所以等待顾客开口，一个重要的原因是不好意思。

请记住，顾客也是同样的心理：希望导购员建议其购买而不是自己先提出来。而且顾客觉得既然销售是为了赚钱，当然卖方要主动一些了。

另外，顾客往往自己不能下决心购买，尽管导购员可能出色地介绍了信息并解答了疑问，但顾客还可能无法完全信任销售人员或有充分的自信，所以犹豫不决。此时导购员若主动建议可以增强顾客对你的信任，进一步增强顾客的信心。

因此，当顾客基本满意时，要积极主动地建议购买，但不要催促购买。当然，如果顾客无意购买，也不要失望，要感谢其光临，并不是只要你服务周到，顾客就一定会购买。

4．树立信誉

成交并不意味着推销过程的结束。我们要求的是长足的发展，不是"一锤子买卖"。因此，成交之后，家具导购员还有很多工作要做。这些工作的核心目的，是建立良好的顾客关系。家具导购员能否建立良好的顾客关系，不仅影响某一顾客今后的购买行动，而且影响多个潜在顾客的多次购买行动。

1）建立关系

建立关系是指家具导购员运用各种手段建立和维持与主要顾客的良好的业务关系和人际关系，以便获得更多的销售机会。

美国著名市场营销学学者菲力普·科特勒认为，建立关系是推销人员必须掌握的三种主要技能之一（其他两种是推销技巧和谈判艺术）。

要努力与客户建立朋友关系，而不仅把他们看作商业伙伴。要努力弄清他们的兴趣和爱好。你越关心顾客，他们就越有可能接受你的推荐和影响。

一位有经验的老推销员曾经说过："最好的潜在顾客就是目前的顾客。"如果你一直坚持这样的想法，那一定可以吸引更多的顾客。

2）和顾客建立良好关系的必要性

①可以赢得顾客重复购买。

②能够吸引新客户。

③有助于说服顾客最终采取购买行动。

3）如何和客户建立良好关系

①兑现售后服务承诺，千万不要轻诺寡信。

②及时进行电话回访，询问是否需要服务。

③通过信函对顾客的购买行为表示感谢，请求顾客推荐潜在购买者。

任务 2　家具导购员的素质要求

一、良好的沟通能力

沟通力是优秀导购员必备的基础，是综合能力中的重中之重。因为导购员的工作虽然是推销产品，但本质上是与人打交道，即与消费者、经销商打交道，因此，必须具备良好的沟通力。沟通力包括以下 4 点：

1. 诚信坦率，说真话

不仅企业要讲诚信，导购员也要讲诚信。诚信是一种做人的品德，"德者，才之主也"。如果做生意不讲诚信，等于有才无德，这样的导购员技巧再高明，也难成大器。诚信要求导购员能够自圆其说，但不能有明显的欺瞒、不切实际的承诺。否则一旦被消费者发现与事实不符，可能会造成退货或其他不好的影响，最终吃亏的还是企业。

请记住：销售产品，更是在销售你的人品。优秀的产品只有在具备优秀人品的销售业务员手中，才能赢得长远的市场。

诚信还体现在要信守承诺。导购员常常需要通过向顾客承诺来打消顾客的疑虑。顾客也常常要求得到导购员在承担质量风险，保证在购买时间、数量、价格、安装时间、服务以及提供优惠等方面的承诺。作为导购员，在做出承诺前，必须维护公司的收益和公司的信誉，在不敢肯定能否兑现承诺之前，不要做出过多的承诺。一旦许下诺言，就要不折不扣地实现。

如果只是为了赢得交易的成功而胡乱许诺，最后又不能兑现，结果肯定会失去顾客信赖。不仅导致个人，甚至导致公司的信誉破产。

2. 丰富的技术能力，一流的说服技巧

除非家具导购员能够向潜在顾客说清楚自己的家具如何优秀，否则家具再好还是卖不出去。说服技巧最重要也最实用的就是 FABE 法（特征—优点—利益点—支持点），首先，讲清楚产品的特征、有别于竞争对手的特点；然后，讲清楚这些特点带来的优点、独具的优势，这样的优势能够给顾客带来什么利益和好处；最后，拿出具体的证据证明自己。

为了说服潜在顾客，家具导购员必须能够确定顾客的需求和愿望。家具导购员必须仔

细倾听顾客的话，分析他们真正的需求和到底有没有支付能力，到底谁说了算、能不能及时购买；还要善于察言观色，通过顾客的眼神、手势、语调和整个外表，揣摩顾客内心的所思所想，然后把顾客最想了解的信息糅合到推销语言中。总之，家具导购员在每一次成功的推销中必须能够形成自己的思想、观点，使顾客能够理解自己、明白关键点。而且，导购员也必须精于分析和理解顾客的言外之意、弦外之音。

说服的过程必须是双向的。走进家具市场，我们常会发现这样的现象，有的导购员看见顾客过来，也不分具体情况，自己先把家具的全部情况说一通。就好像酒店服务员，事先记住一段应酬的话，碰到每个顾客都如此这般说一遍。顾客可能只是要了解其中的一种家具，导购员这样滔滔不绝，顾客早已经不耐烦了。

其实导购员讲解的目的，是要了解和满足顾客的需求和愿望。如果没有顾客的反馈信息，根本无从知道这些需求和愿望，只有和顾客的双向沟通，才能把握推销的进程，明确需要进一步强调或解释的地方。如果你自顾自地介绍，根本达不到沟通的目的，只不过是家具导购员自我满足的过程。真正说服顾客的，很多时侯不是导购员，而是顾客自己。顾客参与讨论得越深，也越容易说服自己。

3. 以顾客为导向

家具导购员必须真正理解顾客的需求，并把顾客的需求看成自己的需求，并确定最有可能购买自己产品的潜在顾客。为此，导购员须对行业、公司、产品和竞争对手进行彻底的研究。

①将自己家具的所有特性和带来的利益列一张清单，家具的特点无论多么微不足道，都不应该忽略。有时，产品之间最微小的差别，可能成为决定成败的关键因素。最重要的是，差别是由顾客评价的，而不是由家具导购员评价的，在家具导购员看来很细微的差别，对顾客来说可能很大。所以，应该从顾客的角度按重要程度将利益顺序排列。

②列举公司的优势和劣势。公司的财务实力强吗？信誉良好吗？产品质量和服务如何？生产基地离市场近吗？有优惠折扣吗？

③竞争者的优势和劣势是什么，尤其在上面列出的利益方面有哪些优势？竞争者关注的产品特性和利益是什么？对方的竞争优势是什么？

④描述购买家具的典型客户的主要特征。记住，并非每一个顾客都是完全平等的。一些人能给你带来利益，另一些人则不能。家具导购员要分析：哪些人是我现有的顾客？如何根据购买行为将他们进行分类？哪些人是可以获得高利润的？哪些人是走量的？一般而言，我们会惊奇地发现：公司60%～80%的利润是从20%～25%的客户那里得到的。

⑤根据家具特性、利益及重要顺序，根据公司的优势、劣势和竞争的性质，分析自己

的家具最适合哪一类顾客、其次适合哪类顾客。

4. 掌握产品知识

导购员在销售一线，在消费者眼中代表了企业和产品的形象，产品知识、产品利益点要善于用口语化的通俗语言表达出来，满口的专业术语是很难让那些对产品了解程度基本是"门外汉"的顾客理解的，当然也无助于说服顾客购买。当你已经成为产品知识方面的专家时，对顾客提出的种种问题就能轻易作答，而且还可以当顾客购买顾问，让顾客买到合适满意的产品。这样不仅为顾客提供了产品，还提供了附加价值——良好的服务，提高了顾客购物的愉快感、满足感，节约了顾客的购物成本。顾客的满意会通过口碑的宣传让更多的人知道你所推销的产品和企业，那么顾客盈门、生意兴隆就不是梦想了。

家具导购员应该通过如下途径掌握产品知识：

①阅读公司所有产品说明书，并尽可能参加公司的培训活动。

②了解本公司的产品，并和竞争者的产品作比较。在推销产品时，家具导购员不仅要深入了解自己的产品，而且要了解竞争者的产品，以使自己的产品立于不败之地。

③寻找使用本公司（甚至是竞争对手）产品的顾客，与他们交谈，了解在推销过程中需要注意的产品的重要特性。

④参观公司的生产基地，了解产品的生产过程。家具导购员在其中会发现家具的生产倾注了设计人员、生产人员的多少心血，而且这种热情会被带到推销过程中去。

二、出色的执行力

执行力主要表现为导购员将企业的促销策略及各种促销工具不折不扣地贯彻到市场终端的能力。

1. 严格促销现场活动

企业搞的促销活动要有很强的组织性和系统性，有严密的监控和评估系统。导购员要在现场派发各种宣传资料，如传单、企业报刊等，发促销品，做好卖场的生动化陈列，现场示范产品的用法，张贴 POP 海报和挂促销横幅等。

2. 将销售环节跟进到位

家具的销售流程较为复杂，要经过很多个环节，其中包括提货、送货、现场安装、服务等，哪一个环节上出了问题都会影响到销售的成功。导购员工作不是到填好单为止的，应该注意到影响销售的每一个环节，并且辅助这些环节工作做到位。这就需要导购员具有良好的执行力，不折不扣地将这些销售环节跟进到位。所谓营销无大事的说法就体现在这里。

3. 决胜终端

作为家具行业的营销，不同于其他小件的灵活的产品营销，所有的营销传播手段大部分将落实到终端。试想，如果导购员的执行力大打折扣，企业的终端竞争效果也必将大打折扣。

三、终身学习能力

一个不善于学习、无知的销售员是不可能成功的，导购员必须学习并掌握有关产品信息，销售技巧，以及经济、社会、文化等各方面的知识和信息。

在销售这一行业中，出类拔萃的、顶尖的导购员无一不是拥有广博知识的人。真正优秀的导购员永远不会停止学习新知识、探索新领域的脚步。

1. 知识就是财富

对于我们每个人来说，知识和技能是我们唯一不会被别人剥夺的宝贵财富。

洛克菲勒曾经说过："如果把我身上的衣服全部都剥光，一个子儿都不剩，然后把我们扔到大沙漠去，这时只要有一支商队经过，那我又会成为百万富翁。"

我们在成长道路上所积累的知识和经验，足以让我们从"一文不名"到"百万富翁"。因为我们都知道学习的重要性，知道我们自身所拥有的这种财富。

无数的事例告诉我们，具有丰富知识经验的人，比只有一种知识和经验的人更容易产生新的联想和独到的见解。宽广的知识面对我们的工作有极大的促进作用，不仅能让我们在工作时更加得心应手，更能够增加我们的个人魅力。

2. 向成功的人学习

有的人花10年、20年的时间，甚至穷尽毕生的精力，慢慢摸索走向成功，这样的人现在已经不多见了。我们当前所处的社会，知识和信息日新月异，原来那种老牛拉车的速度已经跟不上时代发展的要求，我们要学会借助于别人的力量成功。任何一个成功者，必然会有他高人一筹、出类拔萃的方面，比如在推销方面学习美国汽车推销大师乔·吉拉德、学习日本保险推销大师原一平等。在自己前进的道路上，必须通过模仿—学习—领悟—创新这一过程，形成自己做事的风格，甚至青出于蓝而胜于蓝，超越前人。

3. 向书本学习

导购工作是一项最基础的实践活动，要想不断取得进步，必须和理论相结合，从而将自己的实践经验提高和升华。因此，要大量阅读有关木材业、家具行业，以及相关行业的业务知识，还要学习营销学、社会学、心理学、传播学等方面的知识。

4. 向身边人学习

向身边的每个人学习。每个人都有优秀的一面，要善于发现身边人的长处，从他们身上学习自身不具有的知识和技能。

不管哪种人，都有优缺点，而且人生的际遇各不相同，说不定平时你认为最没用、最瞧不起的人，有一天会教给你终身受用无穷的东西。

四、与人为善的交际能力

导购员必须具备较强的社会交往能力，在任何场合都能够应付自如、相机行事。要善于与各界人士建立亲密的交往关系，还必须懂得各种社交礼仪，占有大量的信息，一旦和他们相识，能很快找到彼此感兴趣的话题，善于与交往对象打交道。

为此，在导购工作中，必须做好以下几点：

①待人热情诚恳，行为自然大方。

②能设身处地站在顾客和他人的立场上考虑问题，体谅顾客或他人的难处。

③有自制能力，能控制自己的感情，能沉着、冷静地处理问题。

④既有主见，又不会刚愎自用。

⑤对人宽容，求同存异。

⑥遵守诺言，做不到的事情不要提前承诺。

⑦认识到自己的过错，要诚恳、率直地道歉。

⑧遵守礼仪和各项规章制度。

五、敢于创新能力

创新能力指导购员对导购技巧、方案、策略等业内"游戏规则"创新性运用或提出的能力、导购员对自身素质的完善，也要求不断地创新，因为市场不会一成不变，要想成为永远的胜者，就必须永远创新，走在市场的前端。

导购员每日与消费者直接打交道，更能直接从现场发现问题的苗头从而首先找到解决的办法。这些办法往往是企业创新的重要来源。

导购员对导购技巧的创新运用，更多地来源于学习和实践。实际上，凡是优秀的导购员，均从实践中总结出了一套独具特色的推销方法。

由总部制订的促销方案，往往是一种策略性的指导意见，不可能考虑到地区差别、城乡差别及不同类型消费者的差别。所以，导购员将总部的策略方案运用到市场一线的时候，应是见机行事、因地制宜、因当地风俗购买习惯而异。

任务3 家具导购员的礼仪要求

在家具导购服务工作中，导购员得体的举止、规范的礼仪往小处说代表着自身的形象和素质，往大处说代表着服务形象和企业形象。形象是什么？形象就是外界对我们个人、企业的印象和评价，包括知名度和美誉度。一位知名企业的老总曾这样定位形象问题。他说，形象就是宣传，形象就是效益，形象就是服务，形象就是生命。总而言之，形象重于一切。社会生活中，每个人、每个企业都希望给外界留下良好的印象和评价。

良好的形象从哪里来，主要来自消费者的传播和评价。家具导购员是和消费者接触最多最频繁的人，消费者看企业的形象，除了先入为主的企业的品牌，除了周围朋友乡亲的评价，最直接的就是家具导购员了。因此，家具导购员的礼仪形象非常重要。

一、举止

1）举止好——如沐春风自亲近

导购员态度的好坏是产品畅销与滞销的主要原因。态度好的导购员，其言行举止能使柜台变成一个对顾客具有强大引力的磁场。在这里，导购员并非只是一个销售的工具，其本身就具有一股强大的力量，能够将顾客吸引上门。

2）工作姿态——认真忙碌

一般来说，顾客对一个柜台的第一感觉如何，主要取决于导购员在工作时的姿态如何。当导购员们忙碌地工作时，便会给店里带来一股蓬勃的生机，顾客愿意走进这种生机盎然的店中。

同时，当导购员的注意力集中在其他事情上时，比如导购员正在接待其他顾客、正忙着填单、正忙着擦拭展台和现场摆放的家具等。顾客看到你很忙，会觉得店里有生气，而且觉得自己在这时不会受到强迫推销的压力。

相反，如果导购员是如下的这些姿态：站着或坐在柜台前，神情麻木、无所事事、无精打采、愁眉苦脸，或者导购员互相聊天，打扑克，旁若无人，顾客会觉得没有生气，感觉这店里很久没有人光顾，很久没有卖出产品了。

3）待客态度——三个一样

导购员要积极用声音向顾客打招呼，服务态度友好真诚，表情自然热情。对顾客的态度做到三个一样：买和不买一个样、进门出门一个样、熟悉不熟悉一个样。

不管商品如何优秀，如果家具导购员的语言、态度、行为粗鲁、傲慢，轻率，都会使顾客产生不愉快的感觉。比如下面导购员的行为，会让顾客产生很不愉快的感觉。不仅显得导购员缺乏基本的素质，而且降低了产品在顾客心中的档次。

顾客问： "你们的办公桌有什么优势？"

导购员：（用脚踢踢桌腿，代替用手指点）说："……"

二、仪表

作为优秀的导购员，会保持整洁美观的容貌，穿着新颖大方的服装，表现出稳重高雅的言谈举止。他的仪表能够感染顾客，使他们产生购买的欲望。

保持整洁的仪表，要做到以下 3 个方面：

1）利索淡雅

俗话说，远看头，近看脚，不远不近看中腰。当顾客走进店里时，首先注意到的是导购员的发式。

导购员的发式要求：男导购员头发要前发不过眉、后发不及领、侧发不掩耳。女导购员头发最好束起来，不要披散头发，否则不够专业。另外，长头发披散会给产品演示、帮助顾客搬运拆装等带来不便。

女士可适当化些淡妆，以形成良好的自我感觉，增强自信心，同时也给顾客留下一个清新淡雅、赏心悦目的视感。

2）仪容整洁

衣服上不要有头屑。先理好头发然后着外套，防止头皮屑掉在衣领上、肩上。

要勤剪指甲勤洗手，细节更能代表你。

要及时修面，保持脸部干净，朝气蓬勃，用来感染他人。

3）穿着素雅

具体来说必须做到"三不要、三要"：

①不要花枝招展，要统一制服。

导购员的工作，属于服务性质。故不宜打扮得过于花枝招展，以免引起顾客的反感。

导购员的着装，应以素雅洁静为宜，最好统一着制服并佩戴工作牌，以利于树立品牌形象和顾客监督。

②不要性感着装，要庄重大方。

导购员在营业时间，不能穿花里胡哨的衣服或奇装异服。

女士不能穿袒胸服、透明服、超短裙等。

③不要发屑遍肩，要保持卫生。

衣领、袖口要干净，特别是肩部，绝对不能有头发或发屑。

三、心态

1. 爱心产生效益

很多服务行业都提出要"微笑服务"，这是因为微笑服务，能让顾客有喜悦轻松、如沐春风的感觉。导购员的微笑会感染顾客，互相创造一种轻松舒适的购物环境。

我们不能时刻微笑，但我们必须有一颗尊重普通人的爱心，一种感恩的心情。我们的工作不仅是推销一套家具，我们首先是为顾客送去信任、方便和爱心。顾客来到这里，听你的讲解或者购买你提供的产品，是表示他对你的信任，对你工作的支持。对顾客，我们时时要有感恩的心情。一个有爱心的人，一个懂得感恩的人，他的笑容一定是发自内心的最真诚甜美的笑。

请记住：心态决定一切！良好、积极、健康的心态是一切事情成功的基础，也是成为优秀导购员的基础。

2. 激情助燃成功

作为导购员，如果没有知识还可以学习，没有经验也可以积累。但是，一旦没有激情，一定没有发展。因为导购员的工作，每天不知遭遇多少次拒绝，如何在拒绝面前，仍然激情万丈，是决定成功的关键因素。

有句广告词："有激情，一切有可能。"一个有激情的人，总让人感觉他精力旺盛，仿佛有使不完的劲；他很顽强，生活里没有什么困难让他害怕；他可能会经历失败，但他一定很快就重新振作起来，收拾河山，从头再来；他活得很自信很潇洒，直面所有的困难，一往无前，即使是老人，也会"老夫聊发少年狂"，60 岁的年龄却有着 30 岁的心态。

请记住：导购员有激情才能感染顾客，有激情就体现着你热爱你的工作、热爱你的产品，更体现着你热爱生活、热爱周围的人！

1）持续的热情

没有人愿意和一个整天都提不起精神的人打交道，没有哪一个领导愿意去提升毫无热情的下属。一事无成的人，往往表现的是前三分钟很有热情，但就是三分钟热度，一旦小有阻碍，很快就会放弃。比如有的人经常豪情满怀，下决心要做成什么大事，结果没几天改弦易辙了；很快他会再下决心要做什么，但不久又放弃了。这样不断下决心的人，常常很难真的做成什么大事。成功者往往属于最后三分钟还有热情的人，他们一旦下定决心，会坚持不懈做下去，风雨无阻，绝不动摇。有句话这样说的：信念一旦确定，一定要坚持下去，哪怕是错误的信念！这样的人才能够成功！成功是因为你对你所做的事情充满持续的热情。

2）不向困难低头

一个导购员这样说，她一开始做导购的时候，认识她的人，她的亲友都劝她不要做这一行，因为她生性腼腆，"口才"又不好，木讷寡言，一说话就脸红。但她不相信，越是不可能，她越想去尝试。果然，第一个月的时候，她竟然没有推销出一套家具，按照规定，她只能拿很少的一点保底工资。这时候别人又劝她离开这个行业，但是她没有。她在思考，在努力地改变自己，相信只要付出努力，一定会有收获；她更相信，自己并没有失败，只是还没有成功。第二个月的时候，她终于卖出了一套卧室家具。她激动得语无伦次，相信自己已经踏上了成功的第一级台阶。一年的导购工作，她变了，变得更从容更自信，已经成为一名小有名气的优秀导购员。

奢望一朝一夕的成功是不可能的，但只要你不向困难低头，永远奋发向上，你一定可以达到自己预期的成功。

请记住：那些优秀的导购员都是在经历过无数困难之后，从中不断获得动力和经验，才能最终崛起的。

3）拒绝消极思想

导购工作中常见的消极思想有：

"这样的顾客不可能买"，实际是"你还没有找到让顾客购买的理由"。

"我们的产品确实没有这方面的优势"，其实一定是"你还没有找到、没有发掘出产品的优势"。

"又是一次失败的导购过程"，实际是"这个导购过程还没有成功"。

"这个顾客不买产品来闲逛"，实际是"你还没有吸引住顾客来接受你和你的产品"。

"这个顾客不讨人喜欢"，实际是"你没有能够让顾客感到喜悦和兴奋"。

请记住黄金法则：你怎样对待别人，别人也会怎样对待你。

做人，要保持积极的心态，做导购员尤其要做到以下方面：

①即使在最艰难的时候也要鼓励自己。

②尽量用自己的积极情绪感染顾客，如果顾客是冰，你要做融化冰的火焰。

③永远不要抱怨，抱怨始于庸者，止于智者。抱怨无助于解决问题，只会使心情更糟，心态更不平衡，运气更不好。

④面对问题，重要的是向前看，积极寻找解决问题的方法，让希望之火重新点燃。

⑤整天生活在正面情绪当中，时刻享受人生的美好和乐趣。

4）坚忍执着，挖空心思、多方尝试

导购员常常很委屈：

"苦口婆心讲了半天，顾客却没有留住"；

"讲什么顾客都不相信，我已经精疲力尽了"；

"怎么说他都不点头，自己都快没有信心了"；

"他到底需要什么，是不是根本不需要？"

当遇到棘手的问题时，甚至你已经感觉到绝望时，你一定要保持坚定的信心，继续尝试用新的方法、新的角度、新的思路，迂回达到成功。

遇到这样的问题时，你要让自己冷静下来，想想其他家具导购员是不是也会遭遇到类似的问题，他们又是如何解决的。

想清楚问题的关键点在哪里？仔细分析找出问题的关键点，才能解决好问题。

请记住：胜利只属于坚持到最后的人，凡事不能持之以恒，正是许多人最后不能成功的原因。行百里者半九十，这样的人即使今天有百万家资，明天也可能沿街乞讨。

四、接待"三声"

就是接待顾客要会说三句话。

1."来有迎声"

顾客一进门，家具导购员说什么，怎么说？要"来有迎声"，顾客一进专卖店，家具导购员要主动和顾客打招呼。我们经常出去买东西的时候，走进一个店，那个服务人员忙着自己照镜子、修指甲，对你爱理不理，或者想理就理，不想理就不理，或者一副苦瓜脸，你什么感受？那就是赶紧逃出来，受不了。因此，一定要主动和顾客打招呼。

1）主动相迎的好处

（1）迅速建立与顾客的关系。主动表示服务意愿，可以尽快地与顾客建立和谐的关系，为下一步销售做铺垫，体现尊重顾客的原则。

（2）打消顾客的顾虑。只有当顾客确信导购员乐于为其提供服务时，才愿意表达自己的需求，所以主动相迎便于建立信任。

（3）顾客期待导购员主动相迎，尽管有些顾客担心被打扰，但所有的顾客都期待导购员会主动和自己打招呼。导购员应该放弃以往认为怕打扰顾客而不打招呼的旧观念。

（4）冷淡会使 70% 的顾客敬而远之。调查显示，近 70% 的顾客不从一个商店那里购买东西，是因为店员的态度冷淡。如果导购员不主动相迎，可能很多顾客根本没有欲望进来看看。

（5）积极的第一印象永远是有益的。长期主动相迎的结果，会使顾客对导购员刮目相看，成为优秀服务的表率。

2）"来有迎声"的方式

（1）问好式。顾客进门时主动问好。例如，您好！请进！欢迎光临！新年好！早晨好！节日好！

（2）放任式。当发现顾客不希望被打扰时，可以请顾客自由参观，并表明乐意为其服务。可以说："不好意思打扰了，请随意，如果需要帮助的话，请随时找我。"

（3）插入式。若顾客到来时，导购员没有机会打招呼，则可以在随后有机会时插话，表明服务意愿。例如："你好，需要帮忙吗？这是最新款家具，我可以打开给你看看。"

（4）应答式。有的顾客未等导购员开口就先问，这时应该彬彬有礼地回答。

2."问有答声"

顾客进门，肯定是要了解家具的知识，顾客是有备而来的，不是没事闲逛的；顾客是需要导购员帮助的，不是自找麻烦的；顾客是比较感性的，不是完全理性的。顾客进来了，先围着店里巡视一圈，找到兴趣点，站在那里联想一番，然后就要开始发问了。这个时候，导购员要做到"问有答声"，有问必答，但也不必主动攀谈。有问必答不仅指在卖场，实际上只要是进入区域的顾客，无论他问什么问题，是不是和家具有关的，都要热心回答。回答顾客询问时要注意以下4点：

（1）语速要慢，不要一口气说完，要留时间观察顾客的情绪，多听顾客的反应。很多时候，顾客进店里买东西都是被导购员热情且滔滔不绝的介绍吓跑了。

（2）不要挤牙膏似的，顾客问一句答一句。顾客本来想了解更多的内容，但他不了解家具的具体情况，不知道问什么，希望你主动介绍。如果你回答一句没下文了，顾客会觉得你不热心。

（3）要保持谦恭的态度，有时候说话的态度比内容更重要。国外有句谚语说："出自肺腑的语言，才能触动别人的心弦。"

（4）说话语气要委婉，有些话直接说比较生硬，如果加上一些委婉的语气词，让语气软化一些，顾客就会愉快地接受你的信息。

3."去有送声"

"去有送声"，就是讲善始善终。我们都有这样的经历，无论去购物，或者到某个地方吃饭，并不能回忆起整个过程和每个细节，而是仅仅能记住其中的一些闪光点，尤其是结尾，往往是印象最深的部分。一项开始美丽而结尾平淡的服务，其对于顾客的满意程度要逊色于一项开始一般而结尾美丽的服务。

我们到一个饭店就餐，餐厅环境幽雅，饭菜质量上乘，服务态度周到。而一旦结账后，服务员对顾客冷漠之至，完全一副"两清"的姿态，顾客会不会有一种被欺骗的感觉："原来那些虚假的笑不过是为了让你痛快地结账！"

我们到大商场购物，上楼的时候有豪华电梯相送，服务小姐热情相迎。等你大包小包拎着东西下楼时，却怎么也找不到电梯，问服务小姐，她冷冷地告诉你："下楼时没电梯，自己走楼梯！"你是不是很恼火？还想着以后不来这个势利的地方。

因此，当顾客告辞的时候要道别，即使你正忙，也要让所有的顾客在你的目光所及的范围内，主动打招呼，让顾客感觉到你很注意他，很在意他，不要让顾客黯然离去。

①顾客离开时要主动说："大哥（大姐、阿姨）您慢走，欢迎再来！"

②顾客可能只是来转转，或者看半天没有决定买你的，你也要感谢顾客的光临。

③顾客走时要送到门口，帮顾客拉开门，目送顾客走远不再回头，再转身回来。

④如门口有台阶，要提醒顾客小心行走，尤其是雨天及雪天。

⑤即便顾客没有决定是否购买，你也必须表现出高兴的样子。

任务 4　家具导购员工作要领

一位有经验的家具导购员这样说，在实际导购工作中，能说不如会说，会说不如会听，会听不如会看，会看不如会干，会干不如会想！仔细想想很有道理。

1. 有话说，胸有成竹

①面对顾客时，家具独特的特点如数家珍，一一道来。

②对顾客的提问，应答灵活自如，能轻易不被顾客问住。

1）说清楚，有专业水准

①语调明朗、轻松、清晰，调整好节奏、速度。

②让声音富有磁性，语调更美妙，语言更动人。

③介绍中不出现口误，不前后自相矛盾，善于自圆其说。

④很少有脱口而出但毫无意义的"口头禅"。

⑤能够针对不同的顾客，采用不同的介绍方式。

2）绘声绘色，生动幽默

①看着对方的眼睛说。

②带着微笑说。

③和顾客寒暄、拉家常、套近乎时，做到亲切自然、绘声绘色。

④善于调动轻松的现场购物气氛。

2. 会说

"会说"指什么呢？会说是指导购员能否说到顾客的心里，说到点子上。要够理解消费者的心理，说出消费者真正的需求。该说的说，不该说的不说；该多说的多说，不该多说的少说。

会说话体现在以下方面：

①说得让顾客相信你，有的顾客会因为一言不合拂袖而去。

②说话能正中顾客下怀，迅速拉进与顾客之间的距离。

③话语充满感情，乐观、富于感染力。

④说到点子上。

⑤尽可能准确地把握消费者的需求。

⑥理解消费者，为顾客创造需求。

⑦运用 FABE 法则向顾客推销产品，重要的是说明利益。

⑧说到顾客动心，达到你的目的。

⑨给顾客留有余地，更要为自己争取尽可能大的空间。

3. 会听

当我们谈到某个人应该干销售这一行时，我们常说他很有"口才"。事实上，会听才能更有力量。俗话说"言为心声"，精明的导购员是善于聆听的。他们知道除了在开头的时候由自己主动介绍、打声招呼之外，其他时刻说话的主动权应该掌握在顾客手中。顾客的满意或不满意、赞同或不屑都应该通过顾客的语言或身体语言表示出来。"会听"的导购员通常从聆听中迅速判断出顾客的类型、顾客真正的需求。比如，顾客说："这套家具太占地方了！"不会听的导购员会赶紧给顾客介绍一套面积小的；但根据顾客的声音、身体语言，聪明的导购员会立即判断出顾客的真正意思是可能是说："这款价格太高了！"

请记住：优秀的导购员，同时也是一个优秀的心理学家。

能言善道、口若悬河的导购员未必容易得到顾客的认可；相反，木讷含蓄的导购员反而容易取得顾客的认可，因为顾客觉得这样的导购员诚实可信、值得交往。顾客可不希望和一个十分精明的人谈生意，这样他会处处提防，避免上当。有句很形象的话："上帝给了我们两只耳朵和一张嘴巴，就是让我们多听少说的。"

1）"会听"的重要性

（1）"会听"有助于了解顾客，了解需求。导购过程中要想办法让顾客开口，让顾客自己说出看法、意见和顾虑。把 2/3 的话留给顾客说，自己只说 1/3。

（2）"会听"可以使顾客感受到尊重和欣赏。卡耐基曾说过："专心听别人讲话的态度，是我们能够给予别人的最大赞美。"同样，顾客会用感激和热情回报你的真诚。

（3）"会听"可以使自己更受欢迎。当我们把注意力集中在倾听对方、理解对方的时候，我们的姿态是谦恭、谦虚的，这样的人，无论什么场合总会更受人欢迎。

（4）"会听"有助于我们赢得主动。俗话说"言多必失"，说得多了，就有可能把自己不想说出去的秘密泄露出来。有经验的导购员面对顾客时，常常先把自己的底牌藏起来，听顾客说出自己的意图后，才根据情况出牌，这样的成功率更高。

2）如何更好地"会听"

（1）简单发问，启发鼓励顾客多说。边听边鼓励顾客多说话，比如，"还有什么""你对此感觉怎么样""还有什么想法"等，这类话可以鼓励顾客说得更多。

（2）积极倾听。

①同顾客迅速建立眼神交流，可以从顾客表情和眼神中觉察到细微的变化。

②顾客说话时，闭着嘴听，作为一名专业家具导购员，永远不要打断顾客的说话。

③积极倾听是通过非语言方式体现出来的，如身体前倾、直接面对说话的人、点头微笑、定期的反应，比如"嗯""是的""我明白"等，鼓励说话者。

（3）揣摩顾客心理。

①边听边积极思考说话者的主要观点，并在自己脑海中快速辨别分析。

②通过语言，揣摩顾客的真正意图。

③俗话说"言为心声"，要善于通过语言理解对方的心声。

4. 会看

"会看"就是会察言观色，从细节观察顾客的需求。主要看顾客的经济能力、想买什么、什么时候买。家具导购员必须能够确定顾客的需求和愿望，否则产品还是卖不出去。家具导购员除了仔细倾听顾客非说不可的话、分析其用意之外，还要能够对他们的非语言行为明察秋毫。顾客的眼神、手势、语调、表情和整个外表，都能在很大程度上暴露其所思所想。

①比如，如果一个顾客在说"不"——表达反对的意见，但如果他在笑，身体姿态放松，或者他还在盯着产品仔细研究，那么他真正的含义可能就是"同意"。

②如果顾客身体前倾观看产品，愿意和导购员面对面交流，脸部表情平和，而且自然地和你有直接的眼神接触，表明他对你、对产品很有兴趣，心情放松愉快。

③如果顾客双臂交叉紧紧抱在胸前，这种姿势在全球范围内都代表一种含义，即防御的心理，或者还表现出漫不经心的样子，眼睛看着天花板，这说明他在拒绝你。

④当顾客一边听讲，一边揉鼻子、清嗓子、捏耳朵，眼神游移、双腿不稳，你该判断出他有些不耐烦了。

⑤如果顾客微微抬头，用手托着下巴，眼神和你接触，而且有点头思考或会意的动作，说明你的推销已经成功了一大半，这时候你要停止继续讲，抓住时机促成交易。

⑥如果顾客嘴巴松弛，没有机械地笑，下巴朝前，导购员的介绍可以紧紧跟上。

⑦如果顾客和导购员的眼神交流维持几秒钟，微笑，朝上翘着鼻子，表示他在掂量你的建议。

⑧如果顾客微笑放松，表现得有了热情，销售便差不多成功了。

⑨当然，也要记住，观察到的有时并非真实的，比如一个顾客看起来精神不济，可能仅仅是因为他患了流感而已。

⑩通过观察顾客怎么来的，比如是开轿车来的，还是骑摩托车、自行车来的，据此判断顾客的基本购买能力。

5. 会干

作为导购员，客户就是我们的最大资源。基于这种想法，家具导购员平时要设法留住老客户，通过老客户带来新客户；也要设法拓展自己的交际圈，去争取新的客户。

1）留住老客户

要成为优秀的导购员，必须随时随地不断努力，让自己的能力和素质不断提高，让老客户感受到你的坦诚、可靠、有才干、具有亲和力、惹人喜爱，他们才可能成为你的回头客。

（1）重视客户信息。导购员要尽可能详细地记录下每天来访的顾客的情况，尤其是顾客的电话和地址资料，一定要妥善保存。

（2）建立客户档案。包括客户的个人资料，如年龄、学历、工作单位、收入水平、爱好、家庭情况等。勤于分析不同的客户群的消费心理，这样，你面对客户的时候，就有了很多的共同话题，可以容易地知道客户的需求，甚至可以给他当购买顾问。

（3）设立新客户开发报告表。包括客户名称、地址、电话、购买产品、交易价格、争取客户经过、经验总结等。

（4）区分价值客户。从众多的客户资料中寻找重点客户、有价值的客户，找到那些喜欢你的产品或服务的客户，经常保持和他们的联络。他们是你有希望的回头客，他们还会给你带来新的客户。

（5）建立朋友关系。经常和重点客户、有价值的客户、喜欢你和产品的客户建立联络，比如逢到节日寄发贺年卡，或打电话表示祝贺。不仅把他们看作商业伙伴，更要与他们建立朋友关系。

2）开拓新客户

如果你的表现让你的客户觉得你很有敬业精神，可能会产生这样的效果：即使你不积极地去争取，客户也会自动上门。能够做到这点的，一定是一个顶尖的家具导购员。

（1）老客户带来新客户。如果你的老客户对你有好感，就会给你带来新客户。他会介绍自己的朋友来找你，介绍自己的亲戚、邻居来找你。前提是你们之间有信任关系，当然不一定是朋友关系。

（2）找到具有影响力的客户，为你推荐新客户。比如，有一定职位、一定权威性的客户；小区里热心的、有一定威望的老年人，和你彼此欣赏的人，他们的宣传和推荐是你的财富。

（3）对老客户要时常有些回报，不要认为他们的推荐理所当然。就算亲如太太，有时候也要送上一件礼物。成熟的家具导购员更懂得"养"客户的重要。

（4）主动出击寻找客户。可以在节假日、双休日到附近的小区里搞宣传促销活动，规模可大可小，总之要行动起来，不能光待在家里守株待兔。生命在于运动，销售在于折腾！只有不断付出行动，热情大胆地"干"，业绩才会有大幅度的提高。

（5）把产品宣传页做成公益广告 POP，比如上面可以印上"水是生命之源，请节约用水""请爱护小草""请勿吸烟"等，张贴在公共场所、广场草坪、公众场所、出租车或者客车里，可有效宣传企业形象和产品形象。

6. 会想

导购员不仅要有不知疲倦的身体，更要有充满智慧的大脑。推销是需要智慧的，勤于思考的大脑是成功的最好发动机。

1）销售需要巧干，用脑胜过用腿

①顾客走了，琢磨哪里说得对，哪里说得不好，哪句话具有说服力，某个问题怎样应对才最有说服力。

②考虑竞争对手产品的优劣势，对比自己的产品，考虑怎样才能有效地应对，怎样以

己之长攻对方之短。

③研究客户的需要。用头脑分析客户面临的问题，或许他自己都没有意识到。如果你能够帮他分析问题，然后能够解决问题，你的推销一定能获得成功。

④研究客户的支付能力。研究你的准客户有多大支付能力。如果你的准客户手头紧，只好看看他们是否能介绍更好的客户给你。

⑤研究客户的决策能力。研究怎样的客户有权作出购买的决定。

⑥研究推销的基本规律。推销工作虽说千差万别，但还是有规律可循的。

可以将你所经历的最有代表性的销售事件记录下来，仔细加以分析，你会发现很多有用的东西；你还可以经常将你已经完成的销售事件放在脑子里，从前到后过一遍，保留令你满意的细节，把不满意的地方进行改进，让整个事件趋向完美；你还可以以一个案例为蓝本，变化各种条件，制定不同的销售策略，这种"纸上谈兵"的办法有时能获得意想不到的效果。

2）学会学习和思考，不断学习改善推销技巧

① 向客户学习，从他们的不满和疑问中，从他们的交易习惯和方式中，从他们的言谈举止中，学习有用的东西。

②向别的导购员学习更好的推销方法和技巧。

③为了解客户心理，要系统地学习心理学。

④学习公共关系学，吸取与人交往的知识和技巧。

⑤学习社会学知识，研究人的行为模式、习惯以及不同年龄反映在性格上的差异。

⑥向你自己学习，学习自己积累的成功经验，吸取自己不可多得的教训。

3）异想天开，琢磨好点子、好方法

①学会联想，有职业敏感性，随时随地领悟销售的道理。

②经常保持好奇心，从身边的简单事物中发现推销的灵感。

③让自己进入角色，让自己成为顾客，成为顾客的亲人或朋友。

④学习别人独特的推销方法，尝试运用并总结自己的拿手办法。

要善于学习优秀的推销大师的思考方式，普通的销售业务只要稍稍改变一下思考方式，就可能取得意想不到的效果。

项目 8
家具销售技巧

任务 1　接近顾客的方法和技巧

一、接近吸引顾客

唯有当顾客来到我们店里并且将所有注意力放在我们产品身上的时候，我们才能够真正有效地开始我们的销售过程。

1.如何吸引顾客来到我们柜台

销售过程开始的第一步就是吸引顾客来到我们的卖场，通过大量的实践证明，最常用、最有效的方法如下：

①在店门口悬挂布幅、发放宣传单页。

②做两个充气膜卡通放在店门口，也是一种很好的广告效应。

③冬季来临了，把一些有关如何选购家具的知识或消费者关心的知识贴在楼道的表匣子上或奶箱上，写上电话号码。

④在新楼交楼牌的时候，代发自己品牌家具的宣传资料。

⑤在公交车或长途车上张贴"车内请勿吸烟"等公益性广告，并在上面印上自己品牌家具的宣传资料和店内联系电话及地址。

⑥在做活动之前，给潜在顾客打电话联系，说我们将要举行大型促销活动，并且有丰厚的礼品，请顾客抽时间过来看一看。

⑦综合性专营店里购买过其他产品的客户都留有档案，以回访的方式询问是否有购买其他类家具的打算。

⑧在做售后服务时，带去宣传资料，让顾客了解新产品，若用得好可以请其向周围的人推荐。

⑨在店外的橱窗上张贴"××家具提醒您：天冷了，请预防感冒！"等字样，体现出店内的一种温馨感。

2.顾客来到柜台后，吸引顾客的注意力并留住顾客

①店内布置吸引人。

②人要热情，但又不要过度，不要让顾客感觉不买东西就欠你似的。

③准备好气球、小礼品、小玩具，吸引顾客，让他不想离开。

④搬过椅子请顾客休息，送上一杯水，必要时打开电视请顾客观看。

⑤先不要着急谈销售的问题。比如，济南的一位导购员在店里养了几条鱼，当顾客来到店里后首先会被这些鱼所吸引，然后导购员就从养鱼开始找到与顾客的共同话题，先解除顾客的戒备心理，与其在一种轻松的氛围下进行交流。

3.接近顾客，迅速拉近导购员与顾客的关系

①先让他自己看，不跟着、不盯着。

②礼貌服务、热情服务，给顾客倒杯水、请顾客坐下看。

③先不谈销售、不谈产品、不谈企业，拉家常，由此可以判断顾客所能承受的产品价位。

④先从其他与产品无关的东西谈起，比如可以称赞女顾客的服装、发型等。

4.如何获取顾客信任

①要公正客观，不要攻击别人的产品，当顾客问及时也不要开口就说别人不好。

②先不讲自己的产品好，而是讲基本知识，比如你是推销板式家具的，可以先讲板式家具方面的知识及选购板式家具的标准。

③讲技术、讲专业、讲安装使用常识。

④如果是在节日前来的顾客，可以建议顾客先别买，等节日厂家搞活动时再买。

⑤问顾客在哪里工作、在哪里居住，看能不能找到共同认识的人。

⑥讲企业实力。

⑦用科学和证据说话。

⑧请顾客看营业执照、各种荣誉证书等证件。

二、推销家具的语言技巧

1.如何设计推销家具时的 30 秒钟开场白

依照销售心理学的统计，最好的吸引顾客注意力的时间就是你接触顾客的前 30 秒。在

你一开始接触顾客的前30秒钟，你的行为或者你所说的话，会让顾客决定是不是要继续听你说下去。

用问题吸引对方的注意力，永远是比较好的方法！

举例："您好，欢迎光临！先生／小姐，您不介意告诉我现在家里用的什么样的橱柜吧？您有兴趣让我介绍一下我们的产品与您现在所用产品相比，能为您带来哪些好处吗？"

2.如何运用10分钟原理推销家具

现在人都很忙，他们都很害怕浪费时间，同时都不喜欢强迫式的推销。因此，在你与顾客谈话时，要清楚地告诉他不会占用他太多的时间。

举例：

假如有一天一位顾客急匆匆地来到店里，他只是想先匆匆地了解一下情况，这时你切记不要啰唆，要采用10分钟原理："先生／小姐，我非常希望能够为您介绍一下我们的产品，因为有些资料我必须亲自向您解说才能够让您完全了解。这个过程我只会占用您10分钟的时间，当我用10分钟的时间向您介绍完了以后，我相信您可以自我判定我们的产品是不是适合您。"

分析：在这个过程中，你一方面提前告诉顾客你不会占用他太多的时间；另一方面又不断地强调顾客可以自己作决定，不会对他进行强迫式销售。

三、接触顾客六法

①在你每天开始工作之前，先利用几分钟的时间，回忆最近一次或曾经一次让你感觉最成功的销售结果和过程。借此来增强你的自信心，让自己完全保持一种积极的、正面的、充满热诚和自信的心态，开始你的销售行动。

②请记住：在与顾客谈话过程中，脸上永远挂着笑容。让顾客一直处于一种最佳的购买环境中。

③在你和顾客接触的过程中，你的某些表现会影响顾客的购买决定。你需要注意你的外表及穿着，你的外在形象是不是让人感觉专业、整齐、清洁，会影响顾客对你的印象。

④你的声音应该宏亮而且清楚、充满自信，让你的讲话速度同顾客的讲话速度处在同一频率上。假如让顾客感觉到你的声音和语调缺乏自信，他们就会认为，你对产品也缺乏自信。

⑤你的肢体动作会影响顾客对你的印象，同时也表现出你的自信心是否足够。

⑥你的产品和资料的摆放要整齐、清洁。如果你的产品或资料凌乱不堪，会显现出你对产品的不自信，让顾客对你产生出极差的印象。

四、如何快速与顾客建立亲和力

相信大家都有这种体会，当人们之间相似之处越多时，彼此就越能接受和欣赏对方。你喜欢跟哪种人交往？你会不会喜欢结交事事与你唱反调，想法和兴趣都和你不同的人呢？相信不会。你应该会喜欢结交同你个性、观念或志趣相投的人。你们有共同的话题，对事物有相似的看法或观点，不论如何，你们或多或少有某些相似之处。沟通也是如此，彼此之间的共同点越多就越容易沟通。

因此，在进行产品介绍前，最重要的步骤是，必须在最短的时间内与顾客建立最大的亲和力。一个被我们接受、喜欢或依赖的人，通常对我们的影响力和说服力较大。下面介绍5 种建立亲和力的有效方法。

1. 情绪同步

情绪同步是指你能快速进入顾客的内心世界，能够从对方的观点、立场看事情、听事情、感受事情。做到情绪同步最重要的是"设身处地"这 4 个字。

许多销售人员都知道，每天要保持活力，笑容要常挂在脸上。可为什么有时不奏效呢？因为你所遇到的顾客，未必都是笑容满面、非常兴奋的人。当遇到一个比较严肃、不苟言笑的顾客时，若要和他建立亲和力，你需要和他在情绪上类似；当遇到一个比较随和、爱开玩笑的顾客时，你要同他一样活泼、自然。

下面的案例，会帮助你更深切地体会到，如何用情绪同步的方式建立亲和力。

案　例

有一天，一位顾客来到 ×× 商城选购床垫，各个品牌的导购员都在争取这位顾客。×× 品牌的一位导购员小王发现顾客对棕床垫非常感兴趣，就是不看弹簧床垫。小王非常着急，当顾客一转身她就笑脸相迎，递上一张宣传材料："先生，您好，欢迎看一下 ×× 品牌床垫，弹簧床垫与棕床垫不同……"没等小王说完，顾客就一脸不耐烦严肃地说："我不要弹簧床垫，不用给我介绍。"最后，顾客手里拿着几个品牌的棕床垫宣传材料离开了商场。过了几天，这位顾客又来到了商场，小王心里想，这次顾客肯定是来购买了，但她还是想争取到这位顾客。当顾客经过她的柜台时，小王面带微笑地说："先生，欢迎光临，这里是××品牌床垫。"顾客又不耐烦地说："我不要弹簧床垫。"一般的人可能这时就会放弃，但小王立刻想到了"情绪同步"四个字。于是小王用几乎与顾客同样的口气说："先生，你怎么对弹簧床垫这样反感，能说一下为什么吗？"顾客停了下来，小王马上搬过椅子很和气地说："先生，我看您对弹簧床垫好像有偏见，请您坐下来，我们聊一下好吗？您的意见将有助于我们改进产品。"顾客也变得和气了许多："姑娘，你别提了，我以前家里用的就是××品牌的弹簧床垫，夏天根本没法用，感觉又热还不透气，睡着一点都不舒服。这马上天就热了，听朋友说棕床垫舒服，因此我想买一个棕床垫。"小王一听就知道顾客用的这个品牌当时技术不成熟，采用的床网及布料弹性、透气性差。于是她接着很同情地说："先生，真是挺让人窝火的。我们家几年前也用过××品牌的弹簧床垫，也遇到过您说的情况。当时，我妈也赌气地说再也不买弹簧床垫了。后来，我们才了解到弹簧床垫经过了几年的发展，产品也更加趋于完善。现在技术领先的厂家都在不断创新，生产出了软硬面设计的床垫：硬面加入天然环保椰棕垫层，满足夏天凉爽透气的需求；软面采用软硬适中的床网及密织健康海绵加上抗菌布料，满足了冬天温暖舒适的需求。因此，我劝您在购买时还是应该多了解一下各种床垫，毕竟一用就是几年。况且您以前用的床体肯定是低的，单独换个棕床垫睡着也不舒服。我这里有一些有关软硬面床垫的介绍以及如何选购等方面的资料，您不妨拿回家再仔细看一下。"顾客接过资料后连声地说："谢谢，谢谢你，姑娘！我再回家商量一下。"

过了几天，顾客真的回来购买了这个品牌的一款软硬面设计的弹簧床垫。

案例分析：其实在整个谈话过程中，小王从头到尾没有推销产品。事实上，她花了大部分的时间来建立亲和力，先取得顾客的信任，从而取得了成功。

2. 语调和速度同步

要做到语调和速度同步，首先要学习和使用对方的表象系统来沟通。所谓表象系统，分为五大类。每一个人在接受外界信息时，都是通过5种感觉器官来传达及接受的，它们分别是视觉、听觉、感觉、嗅觉及味觉。在沟通上，最主要的是通过视觉、听觉、感觉3种渠道。

（1）视觉型。特征：

①说话速度快。

②音调比较高。

③说话时胸腔起伏比较明显。

④形体语言比较丰富。

（2）听觉型。特征：

①说话速度慢，比较适中。

②音调有高有低，比较生动。

③在听别人说话时，眼睛并不是专注地看对方，而是耳朵偏向对方说话的方向。

（3）感觉型。特征：

①讲话速度比较慢。

②音调比较低沉，有磁性。

③讲话有停顿，若有所思。

④同人讲话时，视线总喜欢往下看。

对不同表象系统的人，我们需要使用不同的语速、语调来说话，换句话说，你得使用他的频率来和他沟通。比如对方说话速度快，你得和他一样快；对方讲话声调高，你得和他一样高；对方讲话时常停顿，你得和他一样时常停顿。若能做到这一点，对我们的沟通能力和亲和力的建立将会有很大的帮助。

3. 生理状态同步

人与人之间的沟通，是通过 3 个渠道来完成：一是你所使用的语言和文字，二是你的语气或语调，三是你所使用的肢体语言。据调查分析，人与人之间的沟通，文字只占了 7% 的影响力，另外有 38% 的影响力是由语气和语调而来。例如说"我爱你"三个字，当某人对你说这三个字时，用一种咆哮愤怒的音调和语气说出时，你会有什么感觉？你可能感觉到的是"我恨你"这三个字。同样，如有人用轻柔感性的方式说"我讨厌你"时，你可能感受到的是一种爱意了。

至于最重要的占了 55% 影响力的部分，就是你的肢体语言的表达了。一个人的举止动作、呼吸和表情在沟通时所代表和传达的信息，往往超出他所说的话。这就是为什么有些哑剧，即使没有文字和声音却能达成莫大的娱乐效果和影响力。但一般人在沟通的过程中，却时常会忽略这个占了 55% 的沟通共同点。

所谓生理状态同步，就是通过一种临摹的方式，让双方在文字、声音、肢体语言等方面都能达成一致的沟通模式。沟通最大的障碍就在于你不了解对方的想法和心境，当你与一个人有相同的想法和心境时，自然会沟通无碍！

4. 语言文字同步

很多人说话时都惯用一些术语，或者善用一些词汇，如有些口头禅。你若要与不同的人进行沟通，就必须使用对方最常用的感官文字和用语，对方会感觉你很亲切，听你说话就特别顺耳，更容易了解及接受你所传达的信息。

下面，分别介绍视觉型、听觉型、感觉型的顾客在选购沙发时对同一问题的不同用语，以及我们如何与其同步。

（1）视觉型：我"看"还是××牌的质量好，你"看一下"人家的支架特别宽厚，"看起来"比较结实，再仔细"观察一下"做工也特别细致……

同步：先生／小姐，你"看一下"我们的产品，支架材料全是加厚型实木，特别稳固，并且"美观"。你再"看一下"我们的拉带，全是采用进口材料，弹性好并且耐用不变形，这些细节足以"看出"我们的品质……

（2）听觉型：我"听说"还是××的质量好，刚才"听"人家营业员讲支架采用加厚材料特别稳固，做工也特别细致……

同步：先生／小姐，我可以给你"敲一下"我们的支架，从它发出的"声音"，你肯定可以"听出"它是加厚型的……

（3）感觉型：我"感到"还是××的质量好，用手"一摸"，"感觉"特别细致……

同步：先生／小姐，你不妨用手"摸一下"我们的支架和拉带，你会"感到"它特别结实……

当你向几个人同时介绍产品时，就得使用以上3种方式及感官用语的表达，以满足每位顾客的主要感官系统，否则你只能抓住一位顾客。

5. 合一架构法

在与顾客沟通的过程中，一个最容易破坏彼此之间亲和力的就是直接指出对方的错误，或与顾客发生争执。不论顾客对你提出任何批评或抱怨，或是对你的产品及服务有任何你认为是错误的看法，我们都不应该直接反驳对方。这时候，我们要学会合一架构。合一架构很简单，只有3句话：

①我很了解（理解）……同时……

②我很感谢（尊重）……同时……

③我很同意（赞同）……同时……

举例：

①对价格不满时：我很赞同您的想法，我们在购买家具时，在关注价格的同时更应该关注品质，您说对吗？

②对服务不满时：我很感谢您对我们的服务提出了这么好的建议，同时我会把您的建议及时反馈给公司。在你们这些老用户的监督下，相信我们的服务会越做越好！

③对质量不满时：我很理解您的心情，假如是我碰到这样的事情也会很生气。我会将这一问题立即反馈给公司领导，看看是哪一环节出现了问题。相信我们，会给您一个满意的答复。

五、激发顾客购买家具的兴趣

1. 如何诱导顾客迅速进入购买家具的主题

（1）产品示范：讲述产品新、奇、特。

（2）促销礼品：难得的机会。

（3）销售记录：证明畅销。

（4）促销活动：机不可失。

（5）利益：产品直接利益。

2. 如何有效刺激顾客，强化购买家具的欲望

顾客的购买欲望是在诱导的情况下，在引起购买兴趣、诱导购买欲望的基础上，激发其购买动机。这种情况对有购买动机而又持币观望的顾客很有用，在不同程度上激发了他的购买欲望，起到培养潜在顾客的作用。

1）视觉刺激

①尽管是同一种商品，可从各种角度多次展示给顾客看。

②让顾客从近处看，从远处看。

③让顾客与其他商品比较看。

2）触觉刺激

①让顾客操作一下，试用一下。

②让顾客看产品说明书。

③让顾客对照其他商品比较感受。

3）听觉刺激

①让顾客听到导购员的声音和商品的声音。

②让顾客听导购员的说明和建议，以及第三者的意见。

③让顾客听其他商品的声音比较感觉。

④具有意识，开动脑筋，经常练习。

3. 如何激发欲望

①引导顾客计算折扣。

②通过为顾客算账，早买会省多少水电费等。

六、有效探测顾客的需求

每一名顾客都是抱着某种需要和需求进入商店的，在你以最合适的商品满足这些需要而结束销售之前，你必须找出顾客需要是什么。以下是从实践中总结出的判断顾客真实需求的技巧：

1. 如何通过察言观色判断顾客的需求信息

通过年龄、气质、服装、服饰、皮肤、发型、人员组合、在每款家具前关注程度等，分析潜在顾客的需求信息。

（1）根据年龄判断的技巧。年轻人比较注重时尚，因此可以推荐新品，强调外观；中年人比较注重品质，因此可以推荐中高端产品，强调公司的技术实力；老年人比较注重实用性，因此可以推荐特价产品，强调产品的性价比。

（2）根据顾客的服装、服饰判断。穿着名牌、服饰讲究的顾客，一般经济收入都较高，比较崇尚成功的感觉。因此可以推荐高档产品，强调"像您这样生活有品位的人，就应该享受高档的生活"，满足其成功人士的感觉。

（3）根据顾客对产品的关注程度。因为店里都有明码标价，顾客进店后先让顾客自己看一会儿。观察顾客在什么价位的产品前停留时间最长，由此判断他所承受的价位，推荐适合他的产品。

（4）根据顾客皮肤、发型。假如顾客皮肤保养非常好、发型时尚，可以判断他的经济收入较高，由此推荐中高端产品。

（5）根据顾客所乘的交通工具。比如××品牌的一位导购员，她每次都会观察顾客来店时的交通工具。假如是开车来的，她就会推荐高档家具；假如是骑摩托车来的，她就会推荐中档家具；假如是骑自行车来的，她就会推荐做活动产品。

（6）根据顾客的谈吐分辨。从顾客的谈吐能判断他所从事的职业及职位，由此可以判断他的经济收入，从而推荐适合的产品。

2.如何通过询问的方式判断顾客的需求

问正确的问题永远都是销售过程中非常重要的事情，通过提问你可以了解顾客的想法，找出顾客背后真正的需求。

1）提问的问题及分析

（1）询问顾客住在哪个小区。住在富裕小区里的顾客肯定是高收入阶层，向他们主推高档的产品。

（2）询问顾客住什么楼层。一般住在三楼四楼的属高收入阶层，向他们主推高档的产品。

（3）询问顾客从事什么职业。一般做生意的较有钱，推荐高档的产品；从事一般职业的，推荐实用型、特价型或样品。

（4）询问顾客是否是新房安装。通过聊天，得知顾客家里装修的材料是属高档还是中档、低档，以此来判断应该给顾客推荐什么样的产品。

（5）询问顾客感觉哪一种产品不错。通过了解，主推他喜欢的产品。

2）询问的技巧

①不要连续发问。

②要关联顾客的回答来进行商品说明。

③从顾客容易回答的提问开始。

④提问时要想法促进顾客的购买心理。

⑤有时也要善于提一些与目的无关的问题，这样做有利于融洽商谈的气氛，缩短与顾客之间的距离。

顶尖的销售员都非常懂得提问的重要性，同时也是最好的倾听者。顾客不喜欢被人推销，但所有的人都喜欢被他人关怀。以上的问题都要站在关怀的角度去提问，如同心理医生一般，了解顾客的内在需求，找出他们的问题，解决他们的问题，满足他们的需求。这就是最佳的销售行为和技巧。

任务2　向顾客推荐家具产品的技巧分析

我们在推销产品的时候，最容易犯的一个错误就是对产品的所有特点进行了详细的介绍后，顾客听完只是了解了产品的特征却不知道到底产品能给自己带来什么利益。从前面顾客的购买心态分析我们知道，顾客购买某种产品的目的都是满足他背后的某些需求，而这些需求的满足大多数时候并不是产品表面所提供的功能，而是这些产品所能满足顾客消费背后的利益或感受。那么就需要采用FABE推销法：F——特征，A——由这一特征所产生的优点，B——由这一优点能带给顾客的利益，E——证据（技术报告、顾客来信、报刊文章、照片、示范等）。

[举例]

××床垫内胆采用袋装弹簧——这是产品的特征（F）。

根据人体工程学原理排列组合，可分别承受压力，同时能有效地预防弹簧之间的摩擦——这是这一特征所产生的优点（A）。

能使人体重力得到有效的承载，令脊柱保持自然，确保睡眠安稳舒适——这是优点能带给顾客的利益（B）。

经专家检测，袋装弹簧的分解压力性能明显高于普通弹簧，并且能使全身肌肉得到充分放松；并且提供有关证书——这是证据（E）。

针对我们产品的每一个卖点我们都要进行FABE分析，在推销产品时就不再是简单地罗列产品的功能。

一、用FABE法介绍不同类别家具

1. 用FABE介绍卧室家具

卧室是供人们休息、睡眠的地方，卧室家具套餐一般是由床、床头柜（两个）、衣橱和梳妆台在内的5件套，或加上梳妆椅、五斗橱等组成的6~8件套。

介绍卧室家具要把握以下3方面：

1）整洁舒雅

卧室是供人们睡觉休息的地方。白天忙碌了一天，晚上躺在床上看着卧室内的摆设应有一种心明神快的感觉。因此，卧室布置要体现整洁舒雅的整体气氛。

2）切忌繁杂

卧室的功能就是睡觉，屋内的物品摆设切忌繁杂，动线应通顺流畅，并要注意家具布置对人们正常休息的影响。

3）选择"套餐"家具搭配科学又合理

"套餐"消费省时、省力又省钱，因为卧室家具"套餐"的所有组成部分都是经过专业人士挑选搭配的，不仅是颜色、质地、造型，就连尺寸和价格也都经过了科学比例的计算。"套餐"的款式、色彩、材质和谐统一，价格也比单一购买优惠许多，整套家具性价比会更高。购买卧室家具"套餐"，卧室中的主要部件可一步到位。

2. 用 FABE 介绍厨房家具

常言道："开门七件事，柴、米、油、盐、酱、醋、茶。"这七件事无一不与厨房紧密相联。虽然随着时代的发展，这七件事也起了细微的变化，但厨房这个家庭加油站的重要作用还是没有什么改变。

对大型专业厂家设计制作的厨房家具，可介绍以下 6 个方面：

1）做工精细、耐用

大型厂家使用现代化的机器设备，采用高温高压封边，封边后外表整洁牢固，封边带经自动黏结、切头、切尾、修边、抛光等工序，边缘平整、手感光滑圆润。这样的封边避免了长久使用中水汽对厨柜的损坏，能够使厨柜更耐用；材料之间的连接性好；截料之后，板的端部边缘无啃边现象。

2）选材精良

在材料的选择方面，选材优质。柜体的主板材所选用的刨花板、中密度纤维板等，应选择符合国家标准的、经表面贴面的一级板材。操作台面具有耐热、合理阻燃、防腐、易清洁等特点。材料均达到环保要求。

3）设计

选择厨房家具应当充分考虑洗刷、料理、烹饪、储藏物品这四大基本功能，整体设计性好。操作台的宽度、高度，以及吊柜的进深、高度等因素，要保证人体在厨房中的操作活动的方便性和实用性。把常用的东西放在 150 厘米的高度范围内，就能够减少弯腰、下蹲和踮脚的次数。

4）提供完善的售后服务

售前上门量房设计，售中上门仔细安装，售后建立用户档案，及时回访、有问题及时解决等都可以解除消费者的后顾之忧，获得好的口碑。

5）配件完美结合

良好的厨柜还应是五金配件和厨柜柜身、柜门的完美结合，在使用时，抽屉、门板等活动部件开动要方便灵活、无噪声，能经得起上万次的开关而不变形损坏。

6）柜子设计有整体活动脚板，方便清理柜子底部的卫生

非专业厂家生产设备不精良，制造出来的家具连接处会出现啃边现象，处理得比较简单粗糙；并且一般不设有整体活动脚板，不方便清洁橱柜底部。

3. 用 FABE 法介绍书房家具

书房在现代家居生活中经常承担着书写、计算机操作、藏书和休息的功能，它不但是休闲、读书的场所，也是工作的空间。书房家具主要有书柜、电脑桌（或写字台）、坐椅或沙发 3 种，选购时要尽可能做到家具的造型、色彩配套一致。

介绍书房家具可以从组成书房家具的各部分来进行介绍：

1）要有大的藏书空间——关于书柜的介绍

书柜是藏书的地方，首先要保证有较大的贮藏书籍的空间。书柜间的深度宜以 30 厘米为好，过大的深度不但浪费材料和空间，还给取书带来诸多不便。书柜的搁架和分隔最好是可以任意调节的，根据书本的大小，按需要加以调整。书柜内的横隔板应有足够的承托力，以防日久天长被书压弯变形。

2）关于写字台的介绍

写字台是存放文件和小物品的地方。写字台的高度要适中，要留有能让人腿在桌下活动的足够区域。写字台的台面支撑要合理，目测一下，台面中间无下垂、弯曲等现象。

3）坐椅的选择

坐椅应以转椅或藤椅为首选。坐在写字台前学习、工作时，常常要从书柜中找一些相关书籍。选择带轮子的转椅或可移动的轻便藤椅转动灵活，可以带来很大的方便。同时，从人体工程学角度来考虑，设计的转椅能够有效承托背部曲线，人长时间坐在上面不会感到疲劳。

4）色彩的选择

色彩因人、因家而异。一般来说，学习、工作时，心态须保持沉静平稳，可优先选用色彩较深的写字台和书柜；要想追求个性风格，也不妨选择另类色彩，这样更有助于激发想象力和创造力。同时，购买书房家具还要考虑整体色泽和其他家具和谐配套的问题。

小建议：书房也需要一些绿色点缀。在写字台或书架上放一两盆绿色植物是很有必要的，隔一阵时间看几眼，是调节疲劳的视神经的好方法。

4. 用 FABE 法介绍办公家具

办公家具主要包括办公桌和办公椅，以实木办公桌为例，主要选用美洲或欧洲优质的胡桃木、樱桃木、柚木等高档的进口木皮贴面，选择优质的高密度纤维板做内部用材。做工优良的办公桌台面平整，油漆无颗粒、渣点、气泡，颜色均匀，转角过渡自然；木材拼接整体显得紧密，间隙小且均匀。

办公椅可选择高、中靠背座椅，椅子表面迎合各阶层职员的不同需要。做工优良的办公椅，转角顺畅、线条流畅，后背以及底座饱满、富有弹性。

5. 用 FABE 法介绍儿童家具

原来是没有专门的儿童家具的，如今，随着人们生活水平的提高及大家对儿童的重视，专门根据儿童的身心特点和发展特点为儿童设计的，集功能性、游戏性、学习性于一体的儿童家具逐渐出现，并且门类众多、五彩缤纷。

儿童卧室是儿童家具最集中的地方，在功能上要体现出自由组合、灵活多变的一面。儿童卧室家具主要包括床、储藏柜、书桌、坐椅等，在有限的空间内解决孩子的学习、娱乐、休息等生活需要；并且卧室的整体布置，每件家具的图案形状、颜色等都可能影响儿童。

儿童家具应选择可爱、滑稽的图案，不能选择凶猛动物的图案，以免使孩子产生坏的联想，做噩梦。颜色宜淡不宜浓，不宜太艳，以免对眼睛产生太大刺激而影响睡眠。儿童床不能随时移动，应有一定稳定性，整个卧室应有较宽的活动空间。

孩子的储藏柜最重要的就是方便。箱子和内柜装置必须很低，以便孩子能够拿到他们的东西，还能轻易地放回去。抽屉要配备易握的拉手，而且要推拉容易，这样，可以毫不费力地拉开或是推上。为孩子的房间选择储藏柜时，要特别仔细检查一下是否有可能引起意外伤害的毛边。

在介绍儿童家具时，应把握好以下 7 个关键词：

1) 环保

家具作为日用消费品，首要的就是要求材料环保，防止家具用料中甲醛的含量超标。木质是制造儿童家具的最佳材料，取材天然而又不会产生对人体有害的化学物质。另外，儿童家具对用漆也十分讲究，所以应选用无铅、无毒、无刺激漆料的儿童家具，并且尽量选购品牌家具，千万不能因省时或省钱到一般小店买散发油漆味的家具。家具的尺寸要符合小孩的坐姿、睡姿，以免影响小孩健康成长。

2）实用

为孩子添置家具并不全为了房间的好看，实用的原则至关重要。所以，桌椅特别要讲究人体工程学原理，家具的高度要适宜孩子，使他们的手够得着放在上面的东西，橱柜的门和抽屉要推拉方便，不能紧涩。

3）耐用

因为孩子总在不断地成长，在购买儿童家具时，要注意这套家具是否可以持续使用。一套好的儿童家具应该可以满足孩子各个成长时期的需要，不会因为儿童年龄的增长而失去了作用。

4）趣味

好奇和好玩是儿童的天性，儿童家具要符合儿童的心理特征，富有趣味性，集游戏、学习、实用的功能于一身，满足儿童无穷尽的好奇心和探索欲望。

5）安全

儿童的机体平衡能力差，所以地垫要用吸着力强的；家具不应有儿童容易碰上的突出结构；床边要有护栏，结实而且还要有一定的高度，以防儿童在睡眠中从床上坠下来跌伤；柜橱门的把手要方便儿童的握取，但不宜做得过于细小，以防儿童在奔跑中被刮伤。

6）稳固

儿童家具应该重心稳固，并有一定的质量，使儿童不能够轻易地举起和扳倒。因为对于一个淘气的小精灵来说，低矮的桌椅是一个蹦上跳下的好跳台，如因家具不够稳而被踩翻，儿童很容易受到意外的伤害；而搁放东西的高架如被扳倒，也会砸到儿童。

7）易清洗

儿童家具的实用还应包括易于清洁，儿童会把家里所有的东西当作画布，表面易于清洁的家具当然会省掉大人的不少事。

6. 用 FABE 法介绍餐厅家具

餐厅家具比较简单，主要由餐桌、餐椅、餐橱柜组成。餐厅使用率极高，要求尽可能方便、舒适，具有亲切、洁净、令人愉快的家庭气氛。

介绍餐厅家具时，可以介绍以下 3 个方面：

1）餐桌材料耐热、耐磨性能好

餐桌上面经常放置热盘、热碗，应选用耐热、耐磨、易擦试的材料做餐厅家具，此种材料做成的桌面不会被损坏，长期使用不会影响桌子的美观。

2）餐椅的选择

餐桌与餐椅的高度配合应适当，避免过高或过矮的餐椅。

3）餐橱柜

餐橱柜是餐厅中放置碗、碟、酒水饮器等的家具，布置形式无固定要求，只要物品放置方便、结实耐用美观即可，同时注意与室内整体色彩与风格协调。

一般来说，木餐家具有自然、淳朴的气息；金属餐家具则线条优雅，颇具潮流感。

二、用 FABE 法介绍不同材质家具

1. 用 FABE 法介绍木质家具

木质家具可分为实木家具和胶合木板家具，实木家具又分纯实木家具、仿实木家具。实木家具是由纯实木制成的家具，这样的家具表面一般都能看到木材美丽的花纹，一般在实木家具表面涂饰清漆或亚光漆等来表现木材的天然色彩。

纯实木家具的特点：家具所有用材都是实木，包括桌面、衣柜的门板、侧板等均用纯实木制成，不使用其他任何形式的人造板。纯实木家具对工艺及材质要求很高。实木的选材、烘干、指接、拼缝等要求都很严格。如果哪一道工序把关不严，小则出现开裂、结合处松动等现象，大则整套家具变形，以致无法使用。最大的优点就是环保、污染小，对人的身体健康有利。

仿实木家具的特点：从外观上看是实木家具，木材的自然纹理、手感及色泽都和实木家具一模一样，但实际上是实木和人造板混用的家具，即侧板顶、底、搁板等部件用薄木贴面的刨花板或中密度板纤维板，门和抽屉则采用实木。优点是节约了木材，降低了成本。

目前实木家具的优势是迎合了人们回归自然的心理，环保性能好，污染小，日益受到人们的青睐。实木家具的缺陷是含水率的变化使它易变形，需要小心呵护，不能让阳光照射，不能过冷或过热，过于干燥和潮湿的环境对实木家具都是不适宜的。

胶合木板家具的特点：由中密度纤维板或刨花板进行表面贴面等工艺制成。这种家具中有很大一部分是木纹仿真家具。目前市场上出售的一些板式家具的贴面越来越逼真，光泽度、手感等都不错，工艺精细的产品价格也很昂贵。

胶合木板家具的优点是它具有多种贴面，可给人以各种色泽和不同质地的感受。板式家具还具有不易变形的特点。又因普遍具有拆装组合的特点而受到许多人的喜爱。板式家具

的缺点在于里面含有甲醛等有害物质，长期存在木板里面，不易挥发掉，不利于人体健康。

2. 用 FABE 法介绍塑料家具

新型塑料问世后，为全新一代的材质细腻、色彩亮丽的塑料家具风靡市场提供了契机。该类家具便于设计，易于造型加工，防水防潮防静电，再生性能好，可谓物美价廉。

透明的塑料家具是以 PVC（聚氯乙烯）为原料，具有很强的可塑性，可以完整、随意地表达出设计者的思路。用塑料制成的家具有椅子、储物柜、书桌等大家具，还有杯子、灯罩等小配件。

这些塑料家具的优点如下：

①表面平滑细腻，清晰透明，弧线圆滑。

②便于设计，易于造型加工，它传达着灵活、轻便的生活新概念。可回收的再生塑料，解决了环保的难题，可谓物美价廉。

③塑料家具有防水防潮防静电、耐磨、耐擦洗能力强、轻便、省空间的优点，保养不费力，只要用湿抹布擦拭或者使用清洁剂擦拭，然后再用干布擦拭就可以，非常方便。

因此，耐用、环保、轻便、降低成本、使用与储藏不占空间、经济实用，使塑料家具以低价位、高品质的形象，成为家具市场新的明日之星。

3. 用 FABE 法介绍玻璃家具

玻璃是最开阔空间的家具材料，当前用于制作玻璃家具的材料是新型钢化玻璃，它的透明度要高出普通玻璃 4～5 倍，但用玻璃材料做家具有一定的局限性。用玻璃制作的家具有玻璃茶几、玻璃餐桌椅、玻璃展示柜、带玻璃门的酒柜、书柜等，玻璃家具属透明家具，配以挤压成型的金属材料做支架，不用焊接；或采用高强度粘结工艺，造型美观流畅、设计新颖。它一改传统家具的沉重，使家居变得轻盈灵动。

玻璃家具的主要特点：通透明亮，纯洁，晶莹剔透；色彩艳丽，流光溢彩，具有浪漫情调，极富现代感；还具有较高的硬度和耐磨、耐高温特性。玻璃家具玻璃制品的优点是可调制各种颜色，可雕刻或喷涂出各种图案，使玻璃家具比木质家具更为华丽动人。玻璃家具属于绿色环保的家具。

4. 用 FABE 法介绍水晶家具

水晶有人造水晶和天然水晶之分，人造水晶是由普通的化合物，通过物理化学聚合过程而产生的，它具有与天然水晶基本相同的物理、光学、化学性质。用水晶做成的家具有水晶桌、水晶椅、水晶酒柜、水晶电视柜、水晶报架等。

水晶做成的家具的特性：有介于玻璃与珍珠之间的光泽，光质柔和不刺眼。在韧性、柔性和强度上比木材高。抗拉、抗压，无味、无放射性。耐酸碱油盐侵蚀，耐高温，遇冷遇热不变形，不磨损，易清洗。耐刮、耐划，手感圆润柔滑，并且不带汗渍、指纹印，也不同于玻璃冰冷生硬的感觉，外观温润可人。

用水晶制成的家具的优点：表面可以雕刻，整体可雕琢，易着色；是理想的家具制造材料，属于绿色环保的中高档次家具。水晶家具是继玻璃家具之后的一种超豪华、高档透明家具，其硬度是普通玻璃的几倍，价格也比玻璃高很多。

水晶配以钢架结构，经过现代技术的加工和设计师的时尚创意，水晶家具有了现代风格的造型，简约轻盈、形式多样、造型美观、设计新颖，是一种新型的高档现代家具。

5. 用 FABE 法介绍竹藤家具

用天然藤条编制的家具已越来越受到人们的青睐，如今的藤制品品种繁多，有藤桌、藤椅、藤沙发、藤茶几、藤书架、藤书箱、藤花架、藤衣架、藤储物箱等。

藤质家具的特点：吸湿吸热，自然透气，防虫蛀，不会轻易变形和开裂脱胶，其各种物理性能都相当于或超过中高档硬杂木；坚固韧性，轻巧，可编制或造型。竹藤家具无论是产品本身或是生产过程都符合环保要求，是当之无愧的"绿色家具"。竹藤家具外观还具有很高的观赏性，能显示出格调与品位。夏天坐着凉爽，即使到了冬天，坐在上面，也不感觉寒冷。配上含棉或海绵座垫、靠垫，更会有种温馨的感觉。

6. 用 FABE 法介绍纸质家具

流行于欧美、日本、新加坡等地区的纸质家具，在崇尚天然、环保、健康家居的潮流下，也开始进入我国市场。纸制家具有纸桌、纸椅、纸衣橱、纸衣柜等。

纸制家具的特点：所使用的材料与日常所使用的纸张不同，是由木材纤维经过化学处理后制成的一种坚硬结实的纸，具有防水效果。在纸制家具表面涂上保护漆后，具有防水、防霉、防蛀等功能。纸制家具经过一系列测试，一般的纸制家具都能承受 90 千克的重物和 10 万次的撞击，具有相当高的强度。因此，只要日常保养得好，使用年限可以长达 10 年。纸质家具价格相对其他类家具价格便宜，属环保产品，易于更新换代。纸制家具造型新颖且富于变化，颜色可任意调制，质感似木材，但比木质家具更轻便。

纸制家具的优点：色彩比藤家具、竹家具更加丰富。保养非常简单，平日用毛刷将灰尘扫去，沾上污迹后用湿布擦拭或用中性清洁剂和水清洗即可洗去。

7. 用 FABE 法介绍充气家具

现在的充气家具有充气床，充气沙发，充气式小圆桌、小凳子等。

充气家具的特点：材料一般选用高分子植绒 PVC 或其他新型高分子涂层材料制成，该材料与一般塑料相比，更厚、更坚韧，能承受大的冲击力和张力撕拉，不容易被胀破。高分子植绒材料做成的充气家具弹性好。传统家具耗费大量的木材，且价格昂贵，而充气家具经济美观，比一般木制家具便宜不少，几乎人人都买得起，它的正常使用寿命为 5~10 年。充气家具使用方便，能随心所欲地充气、放气，令人神往。

充气家具的优点：

①放掉气后可携带外出，叠放起来占空间小。

②使用时充上气就可以使用，比较方便。

③当充气家具脏了，清洁也方便，就像清洗衣服一样简单。

④可以通过调节充气量来控制充气家具的柔软度。

⑤充气家具还具有防潮湿的功能，直接放在地上就可以。

不过，充气家具也有致命的缺点：充气家具下面不能有带尖或带刺的尖锐物品，不能用腐蚀性强的清洁剂清洗充气材料。

8. 用 FABE 法介绍锻铁家具

源于欧洲的锻铁家具以其浪漫的艺术性和实用性越来越赢得了当今时尚一族的欢心，逐渐融入人们的生活当中。锻铁家具有玄关桌、茶几、花架、沙发、床架、餐桌椅、镜框等。锻铁家具以其独具的金属质感和艺术美感，在各式家具中独树一帜，形成迥然不同的风格。比如，锻铁床铺搭配木质床头柜，错落有致地摆放各类家具，从而更能表现不同材质所呈现出来的美感。锻铁家具制作工艺复杂，要经过裁切铁料、炉火中炼烧、锻造成半成品原料等过程后再进行焊接组合，接着进行表面防锈处理，再进行面漆处理。经过这么多道工艺处理的锻铁家具更加坚固耐用，能承受长期的风吹雨淋。

锻铁家具的特点：坚固耐用，户内户外均能使用，能承受风吹雨淋。锻铁家具款式多样，风格独具，多取材于自然景物的图案设计，显得十分典雅沉稳，打造出了家具造型的柔美感。

锻铁家具的优点：锻铁家具以其独具的金属质感和艺术美感，在各式家具中独树一帜，形成迥然不同的风格；做成桌椅、花架、床架等，与其他材质家具搭配使用，效果很好。

9. 用 FABE 法介绍布艺家具

布艺家具以其轻便、易搭配的特点俘虏了不少消费者的心。选购布艺家具，一定要把握住它的流行趋势。目前，布艺家具以布艺沙发和布艺床为主。

布艺家具的特点：

①触感柔软、款式多样、造型优雅、色彩艳丽、色调和谐、图案美丽多变、质感柔和，能给居室带来明快活泼的气氛。

②布艺家具可随时清洗或更换布套，随时都可以根据自己的心情，更换不同颜色的布套。

③布艺家具由于具有多变的布花，可以搭配不同的造型，风格趋于多元化。

④以沙发外套为例，质量良好的布艺沙发外套应具有的特点是：沙发面料应当比较厚实，经久耐用，图案均匀对称、色差小色牢度高、条纹左右对齐、花色鲜艳平整，立体感觉强，面料易清洗，面料捆花不跳线、断线、匝线顺直，两手用力扒接缝处看是否严密，牙子边滚圆丰满。

⑤好的布艺家具其框架应是超稳定结构、干燥的硬木，不应有突起，但边缘处应有滚边以突出家具的形状。

⑥好的布艺家具其框架主要连接处有加固装置，通过胶水和螺丝与框架相连，无论是插接、黏接、螺栓连接还是用销子连接，都能保证每一处连接的牢固性，确保寿命。

优点：布艺家具所呈现的风格多以温馨舒适为主，能够营造自然、温馨的气息，尤与其他原木家具搭配，更为出色。布艺家具更符合人们崇尚自然，追求休闲、轻松、温馨的心理和品位。

10. 用 FABE 法介绍皮质家具

真皮的特点：皮面丰润光泽，纹理细腻，吸水透气性好，手感柔韧坚固，弹性好，机械强度高，价值高，耐磨等，是容易保养的家具材质。但因牛种不同、选用部位不同，以及处理方式的差别，皮制品所呈现的触感不一，可能轻软如纤维，也可能厚实且坚韧，是可塑性很高的材料。

优点：耐折耐裂性能好，涂膜黏着力强，抗撕破强度高，环保性能好，高档、气派。

皮质家具以沙发及椅子最为常见，多气派大方、富有气魄。但皮革最怕尖锐物品的刮擦，平时注意清洁，若有污物沾上，立即以纸巾吸去，再用专业清洁剂清洁即可。定期以软布蘸取专用保养油（液），以少量、多次蘸取的方式涂于表面，待干后以干燥软布打亮。

三、向不同类型的顾客推荐家具

根据我们的市场跟踪调查，可以根据顾客进店的表现特征总结为以下 6 种，每一种类型的顾客都需要不同的接待技巧。

1. 携子考察型顾客及其接待方法

绝大多数家庭都有孩子，而且相当多的顾客，尤其是女顾客在购买物品时喜欢带上孩子，以便于看管。

对带着孩子的顾客，导购员要特别注意对待孩子的态度，因为这往往成为影响顾客是否决定购买的因素。

（1）表现特征：听导购员介绍产品时，眼睛还要盯着孩子，介绍过程中经常被孩子打断；收集资料，受孩子影响。

（2）接待要点：热情接待，先称赞小孩。假如有两位导购员店里又不是很忙的话，要有一位导购员专心照看小孩；假如是一位导购员，那你要拿出一半的精力放在孩子身上，以便让其父母能专心听你介绍产品。

如果顾客带着小孩上门，在招呼顾客的同时，别忘了亲切地跟小孩说几句话。但也不要奉承得太露骨了，因为这反而容易招来反感，结果适得其反；称赞孩子尽量选用一些不太离谱又能让父母亲高兴的措词，如："这孩子真有精神""这孩子真聪明伶俐""小朋友，上幼儿园了吗？"

2. 结伴购买型顾客及其接待方法

家具作为大件耐用品，在购买时，顾客很少一个人来，结伴同行的多。结伴购买的主要原因，是顾客自己往往拿不定主意，需要同伴给自己当参谋。

结伴型可分为朋友结伴、同事结伴、邻居结伴。

（1）表现特征：犹豫不定，意见不统一，时时互相商量。

（2）接待要点：认清谁是主要决定者；团结同伴；主推两款产品，不要太多。

3. 夫妻型购买顾客及其接待方法

购买家具这种耐用品，夫妻同时来购买的情况较多。仔细观察，可以看出夫妻俩在作决定时所扮演的角色是不同的。

（1）表现特征：男士更多地关注技术性等理性方面的东西，女士更多地关注促销活动、产品外观、如何使用等感性方面的东西。两个人常有分歧，但一般最后决定权在某一方。

（2）接待要点：首先判断谁更具有决定权。给男士多介绍产品技术优势、品牌优势、企业优势并且多用专业术语；给女士多介绍产品外观、促销活动、翻看销售纪录并描述老用户使用情况，并且多用感性词汇。

4. 特价购买型顾客及其接待方法

如果说广告使人心动，则促销使人行动。促销是一种重要的竞争方式，适当搞些特价活动，悬挂在店前的"厂价、特价销售"的标语总是能够吸引住一些路人的眼光。在低价的诱惑下，他们会情不自禁地走进店里看看，这些人就是购买特价品的顾客。

（1）表现特征：直奔特价，现场购买率较高。

（2）接待要点：热情接待，突出卖点，肯定质量。

5. 赠品购买型顾客及其接待方法

便宜是人人都想占的，意外之财是人人都想得的。如果买一款家具，还能得到额外的赠品，那是再好不过的了。

事实上，许多顾客就是在"赠品"的吸引下，才兴起购买意愿的。这类型的顾客我们称作"赠品购买型顾客"。每当举办促销活动时，常常云集一些来自四面八方的顾客，这里面就有很多是赠品购买型顾客。

（1）表现特征：相信质量，喜欢赠品，当场购买率较高。

（2）接待要点：赞扬眼力，承诺服务，赠品感谢。

6. 杀价购买型顾客及其接待方法

每个导购员都有这种感受，有的顾客生来就有杀价的天性，而且精于杀价。正因为他们对于自己的能力深信不疑并常为此而沾沾自喜，所以他们常常乐此不彼。这类顾客我们称为"杀价购买型顾客"。

（1）表现特征：选好款式，坚持让打折，并且只要折扣合适当场购买。

（2）接待要点：赞扬眼力，突出质量，适当满足。

其实，导购员应当欢迎杀价购买型顾客。因为他们正是有心购买才开口杀价，杀价是购买的前奏，所以，导购员一定不能对他们敬而远之。

四、推荐家具的注意事项

当你在向顾客作产品介绍时，整个介绍过程应该是非常有组织的，是事先计划好的。顾客对你产品的印象，有 80% 从你介绍及解说产品而来。如果你在产品的介绍过程中表现出来的是缺乏知识、毫无组织，那么顾客也会认为你的产品质量低下、品质不佳。

注意事项：

①在整个介绍过程中，要使用丰富的肢体语言，肢体语言的影响力，比你的文字和口头语言还要重要。

②心理学显示，一个人双手抱胸时，是对他人有所保留、心胸无法放开。这时你要自然放松，眼睛注视顾客，当顾客点头时你也点头，当顾客微笑时你也微笑，讲话的速度和语调应该和顾客保持一致。

③在整个介绍过程中，你要保持良好的站姿，并且应该站在顾客的左手边，因为这样会让顾客感觉到安全和舒适。

④在整个介绍过程中，你都要非常有礼貌和诚恳。

五、推荐产品的有效方法

1. 预先框式法

在一般的销售过程中，顾客最先产生的抗拒就是在你们初次接触的那一时刻，因为你们之间不熟悉，没有亲和力。预先框式法的使用目的，是先解除顾客内心的某些抗拒，让顾客敞开心扉来听你介绍产品。

例如，在你刚开始见到顾客或与竞争对手竞争的时候，应该马上告诉他："先生／小姐，我在这里只是简单给您介绍一下我们的产品，让您了解为什么我们的许多客户会购买我们的产品，以及我们的产品能给您带来哪些利益和好处。我只需要占用您10分钟的时间来解说，等我介绍完了以后，我相信您完全有能力来判断哪种产品对您来说是适合的。"当你在介绍完产品后，你可以接着问："先生／小姐，请问刚才对我们的产品的介绍，您觉得是不是合适，或对您们是不是有所帮助？"通过这样的问答，顾客会告诉你是否对他们合适，然后见机成交。

2. 下降式介绍法

所谓下降式介绍法，就是逐步地介绍你的产品的好处和利益，但应该把最容易吸引顾客兴趣的利益点或产品特色放在最前面来解说，而逐步地将比较不重要的或逐步具吸引力的利益放在后面来解说。

在介绍过程中，仔细地观察顾客对哪些事项最感兴趣，这可能就是他们购买的利益点，然后将你80%以上的精力放在这一点上。之后就可以直接与顾客成交，不需要再啰唆地介绍他们所不关心的其他优点。

3. 倾听式介绍法

在介绍产品过程中有一个非常重要的内容就是做一个好的倾听者，因为每一个人都希望被人倾听和尊重。

倾听的技巧：

①当你在倾听顾客谈话时，你要专注地看着他，同时中途不要打断他。

②在轮到自己说话之前，注意先暂停 3~5 秒钟。暂停的目的是如果顾客还有一些话需要补充时，他可以接下去说。顾客说得越多，你对他的了解就越深入。

③你对顾客所提的问题或谈话的内容若有不解，应马上提出来让他做更深入的解说。这时你要问顾客："请问您刚才说的那句话代表什么意思呢？"这个最简单的问题是让你与顾客之间达成完整沟通的最佳方式。

4. 互动式介绍法

要让顾客与你一起参与产品的介绍过程，适时地让顾客触摸一下产品，让他们自己动手计算一下，把东西交到他们的手上，让他们自己摸一摸、看一看，问他们问题，让他们主动回答。

最佳的说服方式不是你去告诉顾客什么，而是想办法让顾客说服自己。最好的办法就是把你想要介绍给顾客的产品的好处转换成一种问句，让顾客自己说出答案来。

5. 视觉销售法

在你介绍产品时，要尽量运用各种方式让顾客自己去想象当他购买或使用你的产品之后那种情形。

例如，当你介绍到一定程度、顾客在犹豫时，你可以这样说："先生／小姐，您可以想象当您买我们的床垫后，夏天您可以睡棕垫面，会特别凉爽透气；冬天你可以睡弹簧软面，特别温暖舒适！"

任务 3　顾客异议处理

一、如何看待顾客异议

顾客对所购买的产品产生异议，是购买行为中必然会发生的事情。如何处理顾客的异议，有几个重要的方法和心态。

首先，当顾客提出异议的时候你要把每一个异议转换成顾客的一个问题。

比如，当顾客对你说："你的产品太贵了。"听到这一句话，你要将其转换成顾客在问你："请你告诉我为什么你的产品值这么多钱？"或是："请你告诉我，为什么我花这么多钱购买你的产品是值得的？"

其次，导购员要有一个正确的心态。

顾客的异议并没有什么可怕的，顾客的每一个异议都是让你攀向成功的阶梯。每当你解除了顾客的一个异议，你就向成功的目标迈进了一步。

据销售统计：顾客有异议时的成功率比无异议时高10%。

二、购买不同类型家具的异议

1. 卧室家具购买中出现的异议及处理技巧

卧室家具主要包括床具、衣柜、梳妆柜等，根据我们的跟踪调查，发现顾客在选购卧室家具时一般是先确定床具，然后再根据床具的风格和色彩选购衣柜和梳妆柜，常见异议如下：

1）环保性异议

在人们追求健康睡眠、注重生活质量、关爱生命健康的今天，环保成为顾客选购卧室家具的首要考虑因素。

处理技巧：首先给顾客讲清楚家具中的有害物质主要来自劣质人工合成板和劣质油漆。然后讲解我们的产品采用通过环境标志认证的合成板和涂料生产，并且出具环境标志认证的证书及各项指标质检合格的报告，取得顾客信任。

2）舒适性异议

由于人的一生有三分之一的时间是在床上度过的，因此顾客在选购床具时经常对舒适度提出异议。

处理技巧：告诉顾客床具的舒适度主要取决于床底架的构造，过去的床底架多采用平板结构，我们现在的产品采用弧形多层胶合板（俗称"排骨架"）结构。人体的压力经床垫和"排骨架"二次分解，使人体的曲线能更好地与床垫相吻合，非常舒适。

3）方便性异议

卧室家具中的床具、衣柜要来储物并且有时还要搬动，因此人们常对储物、搬运的方便性提出异议。

处理技巧：首先了解顾客以前使用的什么卧室家具，然后讲解现在卧室家具的改进。比如，启动式开启的箱式结构，拥有超大储物空间并且取放衣物方便；可拆卸的箱式结构可自由拆卸，搬运时化整为零，组装时化零为整。

2. 客厅家具购买中出现的异议及处理技巧

客厅家具主要包括沙发、茶几、影视柜等。根据我们的跟踪调查，发现顾客在选购客厅家具时一般是先确定沙发，然后再根据沙发的风格和色彩选购茶几和影视柜，常见异议如下：

1）舒适性异议

如今人们讲究生活质量，工作一天后回到家就想休息一下，选沙发当然以感觉舒适为主。因此，顾客常在沙发的舒适度上产生异议。

处理技巧：最好的方法就是让顾客坐在沙发上体验，顾客在体验过程中肯定会表现出他的喜好，是喜欢软的还是喜欢硬的，是喜欢皮的还是喜欢布艺的。然后，根据顾客的喜好推荐适合他的沙发，在讲解过程中要不断强调舒适度。

2）耐用性异议

顾客在选购沙发时经常对耐用性提出异议，关心沙发的框架、弹簧、海绵、拉带、布料等。

处理技巧：先采用视觉刺激的方法，让顾客看沙发的用料。然后，用触觉刺激的方法让顾客亲自动手感觉一下，比如让顾客用两手将沙发前后左右用力反复摇一摇、晃一晃，来测验框架的牢固性。让顾客说服自己得出结论，比你直接告诉他这款沙发如何耐用效果要好得多。

3）色彩性异议

顾客在选购客厅家具时要与客厅的装饰风格相协调，因此对客厅家具的色彩非常敏感，经常产生异议。

处理技巧：通过询问的方式多与顾客交流，了解顾客客厅的大小、装饰风格、居住环境，由此推断出顾客的喜好和经济收入情况，从而推荐适合他的款式。

3. 厨房家具购买中出现的异议及处理技巧

厨房家具主要有厨柜、吊厨等，根据我们的跟踪调查，发现顾客选购厨房家具时常见异议如下：

1）安全性异议

顾客在选购厨房家具时首先会考虑防火性，因此经常会对安全性产生异议。

处理技巧：把握顾客心理，强调所采用材料的防火性能。

2）色彩性异议

顾客在选购厨房家具时，会考虑整体色彩和风格与厨房装修风格是否协调。

处理技巧：通过询问的方式多与顾客交流，了解顾客厨房的大小、装饰风格、居住环境，由此可以推断出顾客的喜好和经济收入情况，从而推荐适合他的款式。

3）耐用性异议

顾客在选购厨房家具时，会对使用年限、防水性等产生异议。

处理技巧：强调厨具的强度与结构，材料的防水性，并且出具相关证书。

4. 书房家具购买中出现的异议及处理技巧

书房家具主要有书柜、电脑桌或写字台、座椅3种。根据我们的跟踪调查，发现顾客在选购书房家具时常见异议如下：

1）色彩性异议

顾客往往在最后成交前会对你产品的色彩提出异议，会问你还有没有其他颜色。

处理技巧：其实这反映了顾客的一种矛盾心理，还想继续考察其他品牌产品，同时又对你的产品非常感兴趣，所以才会随口提出对色彩的异议。这时，你要坚定他的信心，让他确定这种产品最适合他。比如，顾客提出颜色太深时你可以说，在我们学习、工作时，心态要保持沉静平稳，据专家研究色彩较深的写字台和书柜可帮人进入最佳的学习、工作状态。

2）舒适性异议

顾客在选购书房家具时，为了学习、工作的方便往往要考虑舒适度，电脑桌或写字台的高度、座椅的弧度、书柜的结构都是顾客考虑的因素。

处理技巧：在讲解过程中多强调舒适度。比如，在介绍转椅时可以强调是根据人体工程学设计，能有效承托背部曲线，并且移动方便，便于及时到书柜中寻找书籍。

3）耐用性异议

顾客在选购书房家具时，也常对书柜、电脑桌或写字台的强度提出异议。

处理技巧：强调书柜、电脑桌或写字台的强度与结构。比如，强调书柜内横隔板的厚度，可以防止日久天长被书压弯变形等。

5. 办公家具购买中出现的异议及处理技巧

选择合适的办公家具，满足办公的各种需要，成为人们最关心的问题。根据我们的跟踪调查，发现顾客在选购办公家具时常见有如下异议：

1）空间性异议

一般的办公家具包括工作台、工作椅、书架、资料柜等。计算机、打印机、扫描仪等办公设备及大量的书籍和文件，需要一个合理的安置。因此，选择合适的办公组合家具，制造有效的工作空间，达到提高工作效率、感觉舒适的目的尤为重要。为此，顾客常会对办公家具所占空间的大小产生异议。

处理技巧：推荐集成多功能的家具，在居室面积不大的情况下，沿墙可以为顾客选择一组壁柜；而有些折叠办公家具可收可放，各种抽屉、格架应有尽有，工作时往外一拉，即可使用，不用时可以收回，一点不占用空间。

2）舒适性异议

顾客选购办公家具肯定要考虑使用舒适，这就要求尺寸适宜。

处理技巧：根据顾客不同的工作性质推荐不同的办公家具，需要接待大量客户的办公室要推荐大的接待客人的沙发和会客的桌子；独立工作的办公室则推荐大的办公桌。

3）气氛统一性异议

办公家具选择还要处理好与办公气氛的矛盾，尽可能将两者协调起来形成统一的基调。

处理技巧：结合顾客办公特点，在家具式样的选择和墙面颜色处理上作一些调整，使办公间庄重大方、气氛统一。

6. 儿童家具购买中出现的异议及处理技巧

儿童家具与其他家具最大的不同，就是使用者与布置者的不同：当父母为子女选购家具时，往往不由自主地从自己的角度出发。这种"一厢情愿"的选购，并不符合孩子的需要，而孩子自己又不懂如何选购家具，这就需要父母多从孩子的角度来考虑，免得影响子女的健康成长。根据我们的跟踪调查，发现父母在选购儿童家具时常常出现以下异议：

1）安全性异议

父母考虑到孩子缺乏自我保护意识，因此在选购家具时非常注重安全性，以避免意外伤害的发生。

处理技巧：把握父母的这一心理讲解自己的产品在安全设计上的优势，比如，考虑到孩子的安全因素，我们的产品没有使用大面积的玻璃和镜子，家具边角和把手没有棱角和锐利的边，并且让父母亲自用手感觉一下。

2）成长性异议

儿童居室的家具设置，应该符合儿童不断成长的需要。从生理上，孩子身体在不断生长，家具的尺寸也应随之变化。因此，好多父母考虑到这一点往往不愿意为自己的子女购买适合现在身高的儿童家具。因为随着孩子的长大，这些家具就会和衣服一样"变小"，而无法继续使用。在这种心理的影响下，许多父母会对儿童家具产生异议，为孩子选择一些成人家具。

处理技巧：针对这类异议，我们应该从专家研究角度进行排除。比如，我们可以对其父母讲，据专家研究，儿童使用属于自己的家具，有助于培养他们的自主意识。儿童的审美情趣也和大人有着极大的不同。因此，用成人的目光看来"顺眼"的儿童居室，并不是孩子理想的生活空间。现在市场上出现了可调整高度、长度的儿童家具，完全解除了家长们的这种顾虑。

3）环保健康性异议

现在市场上出售的各种家具，或多或少地含有对人体有害的物质。有的有害物质由于含量比较少，因此很容易被人们忽视。但对于正在成长的孩子来讲，这些物质却是非常有害的，容易诱发各种疾病，甚至会影响儿童的正常发育。因此，家长在选购儿童家具时经常对是否使用环保材料提出异议。

处理技巧：准确把握顾客这一心理，多介绍自己产品在环保方面的优势。比如，我们的产品全部采用天然材料，而且加工的工序少，这样就可避免各种化学物质在室内造成污染，并且出示各种证书取得顾客的信任。

7. 酒店家具购买中出现的异议及处理技巧

1）舒适性异议

由于酒店家具首先应给消费者营造一种温馨舒适的感觉，因此顾客在选购酒店家具时首先考虑舒适度。

处理技巧：了解酒店装修风格及顾客对款式及色彩的偏好，然后推荐适合的款式。

2）安全性异议

酒店作为公众消费场所，最重要的是安全性，因此顾客在选购酒店家具时着重要考虑安全性，如是否防火、防潮等。

处理技巧：把握顾客心理，着重介绍材料的防火、防潮性。

3）环保性异议

除了舒适、安全以外，酒店家具的环保性也是顾客选购时的考虑因素。

处理技巧：给顾客讲清楚家具中的有害物质主要来自劣质人工合成板和劣质油漆。然后讲解产品采用通过环境标志认证的合成板和涂料生产，并且出具环境标志认证的证书及各项指标质检的报告，取得顾客信任。

8. 餐厅家具购买中出现的异议及处理技巧

餐厅家具主要包括餐桌、餐椅、酒柜等，顾客在选购餐厅家具时常见异议如下：

1）环保性异议

顾客在选购餐厅家具时首先会考虑时会否会释放有害物质，因此对环保性产生异议。

处理技巧：首先，给顾客讲清楚家具中的有害物质主要来自劣质人工合成板和劣质油漆。然后，讲解我们的产品采用通过环境标志认证的合成板和涂料生产，并且出具环境标志认证的证书及各项指标质检的报告，取得顾客信任。

2）耐用性异议

顾客在选购餐厅家具时，会对是否防烫、防潮、是否会被划坏等产生异议。

处理技巧：出示相关证书及现场演示。

三、顾客异议的分类及处理方法

1. 沉默型异议

（1）表现特征：顾客在产品介绍的整个过程中，一直非常沉默，甚至有些冷漠的态度。

（2）应对方法：要多问顾客一些开放式的问题，引导他多谈谈自己的想法。当他开口说话的时候，他就会将注意力集中在你的产品上。要鼓励顾客多说话，多问他对产品的看法和意见。

2. 借口型异议

（1）表现特征：顾客会告诉你"你的价格太贵了""好吧，我再考虑考虑""我回家商量一下"等。

（2）应对方法：先忽略他的这些问题和异议。你可以告诉顾客："先生／小姐，你提出的这些问题，我知道非常重要，待会儿，我们可以专门讨论。现在我想先用几分钟的时间来介绍一下我们产品的特色是什么，为什么您应该购买我们的产品，而不是购买其他品牌的产品。"使用类似的话语，将顾客的这些借口型异议先搁置一旁，转移他们的注意力到其他感兴趣的项目上，在多数情况下这些借口自然就会消失。

3. 批评型异议

（1）表现特征：顾客会以负面方式批评你的产品或公司，比如："我听人家说你的产品质量不好，服务不好。"

（2）应对方法：首先，你要看看顾客对这种批评型的抗拒是真关心还是随口提一提。假如是真关心，你应该告诉他："先生／小姐，我不知道您是从哪里听来的这些消息，同时我也能够理解你对这些事情的担心……"接下来再介绍产品的质量和服务。假如是随口提一下，比如是价格问题，我们最好的做法就使用一个问题反问他："当您在考虑到价格问题的同时，会注意到产品的质量更重要，您说是吗？所以，等我给您介绍完之后，您就会明白我们的产品一点都不贵，而且是绝对的物超所值了。"

4. 问题型异议

（1）表现特征：顾客会提出各式各样的问题来考验你，有时提出的问题会让你无法回答。

（2）应对方法：首先，要对顾客的问题表示认可及欢迎。你可以说："我非常高兴您能提出这样的问题来，这也表示您对我们的产品真的很感兴趣。"接下来你就可以开始回答顾客的问题。在处理问题型抗拒时，你对产品必须有充分的认识。

5. 表现型异议

（1）表现特征：顾客特别喜欢在你面前显示他对你的产品所具有的专业知识，他常常告诉你，他非常了解你的产品，显示他是这个行业的专家。

（2）应对方法：你要不断地称赞他，切记不要和他争辩，即使他提出的看法是错误的。你要说："先生／小姐，我实在很惊讶，您对我们的产品具有这么多丰富的知识。我想既然您这么专业，对于我们的产品到底有哪些优点以及能够给您带来哪些利益，相信您非常清楚。我现在所做的是站在客观的立场上来告诉您，我们的产品还有哪些特点。我想当我介绍完了以后，您就可以了解到底为什么我们的产品是最适合您的。"

6. 主观型异议

（1）表现特征：顾客对你个人有所不满，对你的态度不是非常友善。

（2）应对方法：通常表示你与顾客亲和力建立得太差了，你要做的是赶快重新建立亲和力，少说话、多发问、多请教，让顾客多谈谈自己的看法。

7. 价格异议

（1）表现特征：不论你的产品价格多么具有竞争力，顾客都认为太贵了。

（2）应对方法：

①不要在一开始介绍产品的时候就告诉顾客价格，而应在最后的时刻再谈到产品的价格。

②做产品介绍时永远把顾客注意力放在他能获得哪些利益上。

③将价格分解，不要直接告诉顾客这种产品值多少钱，应该把你的产品分开来解说。

④将你的产品与一些更贵的东西进行比较。

四、顾客异议处理技巧

1. 了解顾客产生异议的真正原因

在某些情况下，顾客表面的异议并不能称为是真正的异议。我们的工作是每当顾客提出异议之后，找出这些异议是不愿意还是不能。比如，当顾客说产品价格"太贵"时，我们要确定他所谓的"太贵"是什么含义，是承受不起，还是与竞争对手相比太贵？

2. 当顾客提出异议时要耐心倾听

无论顾客提出的异议你已经听过几百遍还是几千遍，你仍然要耐心地让顾客说完他的异议。倾听时不要打断顾客，当他完全说完之后，你再耐心地回答他。

3. 确认顾客的异议，以问题代替回答

每当顾客提出一个异议，比如说"太贵了"时，你可以反问他："请问先生／小姐，您觉得我们的产品太贵了吗？"当顾客回答"是"的时候，你进一步问："请问您为什么认为我们的产品太贵了呢？"当顾客回答时，你要耐心仔细地推敲他背后的真正意义，同时加以解除。

4. 每当顾客提出异议的时候，你一定要对顾客的异议表示同意或赞同

使用合一架构法，来作为你的开场白。不论顾客提出任何异议，你首先要说："先生 /
小姐，我非常能够理解您所说的这些事情和您的考虑，同时您所说的这些问题也是非常重要
的，我想我们真应该好好研究这些问题。"然后，你就开始解除这些异议。

五、处理顾客异议的方法

1. 正面的方法

可以运用正面的技巧，直接告诉顾客他们错了。当然，很少有顾客愿意听人说自己错了，
所以必须小心。如果异议产生于对产品的错误理解，则可以这样处理：

"先生 / 小姐，对不起我刚才没表达清楚，实际是这样……"

用正面、直接的方法提供证据也是最有效的。比如，顾客："你的沙发框架时间长了
会断裂吗？"导购员："绝对不会的。我们的框架采用无糟朽、无虫蛀、无疤痕、不带树皮
或毛刺的东北硬杂木制作而成，和普通材料的框架相比，绝不可同日而语。请想一下，一套
沙发我们要用十几年，一个是绝不会断裂的硬杂木，一个是胶合板，您会选择哪一种呢？"

反问的语气是很重要的，因为你有信心就会给顾客信心，所以语气一定要坚定。

2. 弥补的方法

当顾客提出的异议部分正确时，弥补的方法是有效的。采用"是……但是……"的方法。
你要努力使顾客确信弥补的因素确实非常重要。

比如，顾客："你们公司没有足够的广告，人家的广告多。"导购员："先生 / 小姐，
是的。但是研究表明，店内的促销比广告更重要，因为我们有最吸引人的产品和最引人注目
的陈列。"

用来做弥补最好是产品最强的优势，如果此优势是附加的则效果更好。采用弥补的方
法在多方面是有效的：

①避免了直接争吵对顾客的伤害。"是……但是……"的技巧允许销售人员先同意对方，
而后圆滑地引出购买的原因。

②先同意对方可以消除对方的戒备，转移重点，强调其他好处。

③弥补技巧之所以有效，是因为顾客知道，完全满足他们需要的产品是没有的，即使有，

也可能价格很高。

3. 间接否定的方法

我们开始要附和顾客的异议，然后采用合一架构的方法委婉地说"不"。

例如，顾客拿我们的产品与竞争对手对比价格，而我们的价格又不占优势时，我们最好的做法就使用一个问题反问他："先生／小姐，我们在购买产品时确实要考虑价格的因素，但是当您在考虑到价格的同时，也会注意到产品的质量才是非常重要的，您说是吗？所以等一下，您就会明白我们的产品一点都不贵，而且是绝对的物超所值。"

通过间接否定，销售人员不直接说顾客错了，而是先和顾客的观点保持一致，以削弱对方的戒备，然后纠正异议。

4. "感觉"的方法

"感觉一下"对于随和型和情感型的人特别有效，但对于分析型和主观型的人可能会产生反感。感觉的技巧在顾客不能理解特定的优点和利益时，特别有效。

5. 抢先的方法

销售人员预见异议，事先将异议提出来。我们在销售过程中要善于总结顾客提出异议的类型，常见的异议不外乎3个方面：产品本身；价格，如价格太高等；服务，如服务不及时等。针对这些异议，我们必须组织一套完整的讲解方案，并且事先给顾客讲明。

6. 自食其果的方法

当顾客提出一个异议后，我们就顺着他的话说："先生／小姐，这也是您为什么要购买我们产品的原因。"将顾客的异议转换成他之所以购买这一产品的原因。

例如，当顾客说××品牌的沙发坐垫软，而我们的坐垫硬时，你就可以告诉他："先生／小姐，就因为我们的坐垫硬，所以您更应该购买我们的产品。"这时，顾客都会很惊讶地说："为什么？"在这个瞬间，你开始解说我们的产品设计的座垫硬，座垫硬了给顾客带来什么利益，而座垫太软了会有什么危害。

六、处理顾客异议的策略

1. 处理价格问题

1）分解价格

不要直接告诉顾客这种产品值多少钱，应该把你的产品分开来解说。你可以说："我们的产品至少能使用 20 年，算一下每年你只需要 210 元钱就能得到如此好的享受。"比起你直接告诉他："这种产品卖 5 000 元。"显然更具吸引力。

2）强调特殊品质

把顾客注意力放在他能获得哪些利益上，比如你产品的独特卖点给顾客带来的利益。

3）转而推销低价产品

有时，顾客不能负担起一个高价位产品，可以转而向其推荐低价位产品。不要让顾客感觉被人瞧不起而买低价产品。除非顾客要求直接比较这两种产品，否则一般不要比较这两种产品。不要贬低低价产品，而是强调其具特点。

4）运用比较

把自己产品的价格与对自己有利的产品比，比如与同期其他产品的价格相比。

5）推迟价格异议

当价格异议出现较早时，把它向后推迟也是个好办法。如果没有机会谈论特征及利益，处理价格异议只会给顾客造成一种障碍。

6）讨论最初和最终的价格

告诉顾客，我们原价是卖 ×× 元，已经给你打下几折了，现价是 ×× 元。

7）尽可能多地说出不同点

客观地解释价格的差异是很重要的，独特的东西是难以衡量价格的。

8）强调投资回报

向购买者说明，他所付出的钱，买的不仅是产品和服务，而且是一种投资回报。比如，给顾客算一笔账，看看使用过程中能带来什么利益。

9）给顾客最后的机会

销售人员在进行价格谈判时，不要轻易放弃，你的坚持程度表明你的价格底限。

2. 处理拖延问题

时常有些顾客提出的异议，让人一听就知道是借口。比如，顾客说"以后再来""等等再说""好吧，我再考虑考虑"等。这时，我们应该询问顾客现在不能作决定的真正原因。比如，我们可以问顾客："先生／小姐，请问是什么原因让您不容易现在作出购买决定呢？请问是价格问题吗？"你可以随便举一个他可能有的异议。顾客会顺着你的话回答说："是啊。"你接着说："请问除了价格因素还有其他问题吗？"你要一直追问下去，直到顾客说："没有了。"在这个过程中你会发现，顾客最后提出的异议就是他拖延的真正原因。当你得到这个信息后，你就应该花所有的精力先排除他最后提出的异议，采用上面的"机会成交法"或"利益成交法"刺激顾客作出购买决定。

例如，"先生／小姐，我们的促销活动今天是最后一天了。您想一下，您早晚都要买，您现在购买的话，同样的产品会给您省 ×× 元钱呢……"

3. 处理怀疑问题

对于这种异议，导购员最基本的策略是提供有力的证明，如企业实力、技术手册、各种证书、研究数据、专业期刊的文章、某些老顾客的口碑或顾客的见证，以此来说服他们。

4. 处理服务问题

①首先，要落实顾客反映的问题是否属实，并且要及时反馈给公司。

②采用合一架构的方法先承认确实存在问题，马上处理顾客提出的问题；同时，让用户确信我们的服务肯定会越做越好！

任务 4　促成成交

一、如何捕捉成交信号

所谓促成就是产品介绍到一定程度时，抓准顾客的购买心理，选择恰当的时机要求顾客购买产品。

1. 从行为上观察

①进门比较急，并且主动要求给介绍产品。

②仔细阅读宣传材料，并主动询问。

③注意力从产品开始转向导购员，开始提意见，如外观、价格、服务等方面。

④开始仔细看产品、检查产品，注意一些细节方面，如铆钉、焊接口等方面。

⑤开始征求他人意见，如夫妻开始商量、打电话咨询朋友等。

⑥在店里转来转去不想走，犹豫不定。

⑦来过多次，又来咨询一些细节方面的问题。

⑧听完介绍后走了又很快回来。

2. 从表情上观察

①听完介绍后眼睛一亮，很兴奋。

②说话声调积极并且宏亮。

③由开始的双手抱胸，到双手自然放下，由不安变得高兴、友好。

3. 从语言上分析

①对所推荐产品有了一个肯定的评价。

②开始询问具体的安装、送货、服务的情况。

③询问完功能后开始谈价格、压价。

④询问其他用户购买及使用情况。

⑤询问所推荐家具卖得好不好。

⑥说产品不好，问为什么。

⑦开始抱怨其他品牌时。

⑧自己拿不定主意，想去别的店转一转，把电话主动留下，要求导购员有什么促销活动电话通知。

二、促成成交的方法和技巧

成交的过程应该是比较轻松、顺畅的，有时候甚至应该充满一些幽默感。每当我们将产品说明的过程进展到成交的时候，不论是导购员还是顾客，彼此都会开始觉得紧张，抗拒也开始增强了。而我们的工作就是解除这种尴尬的局面，让整个过程在非常自然的情况下发生。

一个优秀的导购员，在促成成交时首先需要做的一件事，就是克服自己本身害怕被顾客拒绝的恐惧；第二件事就是能够找出一个有效的方法，解除顾客在作购买决定时的那些障碍，让顾客充分相信你的产品所能够带来的好处和利益大于他所购买产品的损失。

下面介绍一些最常用、最有效的促成成交技巧和方法。当你遇到不同顾客的时候，你要使用不同的促成方式。

1. 直接询问

当你观察到最佳的成交时机已经来临时，你就可以直接问顾客："先生／小姐，我们这产品这么好，您现在购买吗？"

2. 假设成交

假设成交法指的是当你发现顾客购买的时机已经成熟时，你不必直接问顾客买不买，而是询问一些假设当顾客已经决定购买之后所需要考虑的一些购买细节问题。

比如："先生／小姐，您觉得我们是今天下午给您送货，还是明天上午送货比较方便呢？"这时，顾客都会习惯性地告诉你一个时间。然后，你一定要接着送上用户登记本和笔，说："那好，请您留下您的地址和电话，这也将作为您的购买档案，便于我们随时为您提供服务！"

3. 随附型成交

随附型成交是指为顾客提供一些产品外的便利，从而进一步刺激销售。

比如，某品牌的沙发承诺可以到顾客家为其进行免费设计。顾客买什么品牌的沙发都无所谓，但肯定为他设计的款式最适合他。等设计完了，一般顾客都不好意思再购买其他品牌。

4. 赞扬型成交

赞扬型成交是指通过赞扬或赞美顾客来促进成交，特别适合那些自诩为专家、十分自负或情绪不佳的顾客。

比如："先生／小姐，像您这样生活有品位的人，就应该享受高档的生活，因此我给您推荐这款最时尚、最高档的产品。"

5. 条件型成交

如果对顾客所要求的条件做出令人满意的答复，可以使顾客作出购买决定。

比如，顾客对价格产生抗拒，一再要求降价，最后说出一个可以销售的价格时，我们千万不能一口答应，应该说："先生／小姐，实在抱歉，我们的价格都是统一的，我实在没有权力给您降价。"顾客："那你就请示一下你的领导吧。"可以接着说："试试吧，领导也未必同意，这确实已经是最低价了。"顾客："你快去吧，只要你领导同意这个价格，我今天就买。"然后你就假装去请示……

6. 选择型成交

选择型成交是指你发现顾客购买的时机已经成熟，你问他一个选择性的问题。

比如："先生／小姐，您是喜欢这款红色的还是那款紫色的？"

7. 小点促进型成交

小点促进型成交法又叫作次要问题成交法，或者叫作避重就轻成交法，是销售人员利用成交的小点来间接地促成交易的方法。它是从处理顾客的几点微小处积极入手，从而导致对方接受产品，做小的让步，在关键问题上不让步。比如，可加增一些小的赠品。

8. 连连称是型成交

连连称是型成交就是你设计一系列问题，而每一个问题必须让顾客回答"是"等肯定的答案。当然，你所问的每一个问题之间必须是关联的。

例如：

导购员："您觉得给您介绍的这款颜色合适吧？"

顾客："还行。"

导购员："您觉得这个价格还可以吧？"

顾客："还可以。"

导购员："您觉得给您配这种靠垫还可以吧？"

顾客："可以。"

导购员："您觉得，我们明天上午给您送货可以吗？"

顾客："好吧。"

9. 机会成交

机会成交法也叫作无选择成交法、唯一成交法、现在成交法、最后机会成交法。这种成交方式最适合使用的时机是当你已经要求顾客购买后，顾客提出了一个拖延借口，说过几天再买。你可以停下来问："先生／小姐，您想一我们现在的促销活动非常合适，早点购买我们还能享受这个特价，再晚点恐怕就没有价格优惠了。您说对吗？"

10. 无风险成交

无风险成交法是指销售人员直接向顾客提出成交保证，对顾客允诺担负交易后的某种行为，使客户立即成交的一种方法。这种成交方式最适合使用的时机是，无论你怎么解释顾客对产品的质量和服务都不放心。你可以说："先生 / 小姐，我说得再好不如您亲自用一下好。您放心，您可以先试用一下，假如不满意可以无条件退货。"

11. 抵御型成交

抵御型成交就是销售人员利用处理顾客的异议的机会直接要求顾客成交。因为客户提出的异议大多是购买的主要障碍，但有时我们可以将顾客提出的异议转化成我们的优点。

例如：

顾客："人家 ×× 的床垫比你们的软，你们的太硬了。"

导购员："先生 / 小姐，硬就对了，这正是我们的最佳设计之处。"（再介绍床垫太软的危害）

12. 特价型成交

特价型成交指的是销售人员通过提供特价的条件，促使顾客立即购买。这种方法特别适合成本型的顾客，因为他非常在意购买的东西是否便宜。

比如："先生 / 小姐，您太幸运了，我们这款床垫正在搞特价，原价 ×× 元，现价 ×× 元，并且限量销售。"

13. 成功故事型成交

每个人都喜欢听故事，当顾客提出一个异议后，你可以讲一个相关的故事，来解除顾客的意义。

例如：

一位顾客提出沙发主要看样式，每个品牌质量都一样，买个便宜的就行。你可以说："先生 / 小姐，我非常了解您的看法，确实在选择沙发时我们要考虑价格，但同时我们更要考虑它的长期使用性能。比如 ×× 小区的一位用户，他开始也和您一样，以为沙发都差不多只要样式好看就行，每个品牌都差不多，他就选择了价格较低的 ×× 品牌。结果使用一年以后发现沙发拉带断了，弹性也大大降低。所以，去年他为儿子买沙发时就不买 ×× 品牌了，而是买了我们品牌的，并且一直用得非常满意。前几天，他还又介绍了一位同事来买。我这里有他的联系电话，您可以打电话咨询一下，问他是不是这样？"

14.供货压力成交

供货压力成交是指销售人员采用不确定是否还有货源的方法促使顾客早点作决定。这种成交方式特别适合当你已经要求顾客购买，顾客仍然在犹豫不决时。这时你可以突然停下来说："呀，等一下。我好像记得这款型号已经没货了，让我查一查好吗？"运用这种方式，让顾客在内心感觉到他可能会买不到这种产品，从而作出购买决定。

15.T型账户成交

T型账户成交就是通过列对比顾客的利益与损失的方法，让顾客感觉到利益大于损失从而决定购买。每当一个顾客在作出购买决定时，他的头脑里就如同有一个天平，天平的左边放着利益，天平的右边放着损失。他必须不断地衡量比较到底购买所带来的利益多还是所造成的损失多，也就是这种追求快乐、逃离痛苦的力量促使顾客决定买或不买。这时你可以告诉顾客："先生/小姐，我知道要做一个决定不容易，因为我们都会担心，万一作错了决定，买错了东西总是不好，我也不希望卖给您一个不满意的东西。而您也知道，如果我们购买一个产品的好处多于损失，那么就应该买；如果我们购买一个产品的损失多于好处，那么就不该买……"然后你为顾客列出购买的利益或好处（至少应有 8~10 项），再让顾客自己列出他的损失，一般顾客列出的不会超过 3~5 项。在使用此法时，重点是让顾客自己说出那些损失，而不是你自己说，否则你的说服力会大大降低。

16.利益成交

利益成交是指销售人员采用利益刺激的方式促使顾客决定购买。这种成交方式特别适用于顾客提出拖延几天再购买的时候，这时你可以说："先生/小姐，我们的促销活动今天是最后一天了。您想一下，您早晚都要买，您现在购买的话同样的产品会给您省 ×× 元钱呢，省下的这些钱你都可以买一台茶几了，这多合适啊，您说是吗？"

17.最后的成交

最后的成交就是指当你尽了所有的努力后，发现你完全不能说服顾客，这时你不妨让顾客说出怎么样他才能买。

比如，你可以告诉顾客："好了，先生/小姐，很感谢您刚才给我这些时间，让我为您解说这些产品，希望我下次还能有机会为您服务。"这时，顾客会打消他的戒心。当他就要离开店时。你突然问他："先生/小姐，在您离开之前，可不可以请您帮我最后一个小忙？"

这时顾客大多都会答应，你接着说："先生／小姐，因为我从事这个行业时间不是很久，可能我的经验不是非常丰富。我非常想知道是什么原因让您觉得不愿意购买我们的产品，您可不可以告诉我，怎么样你才能购买我们的产品呢？也好让我学到一些东西。"几乎大部分顾客都会告诉你他不购买的真正原因，然后你再用排除异议法成交。

项目 9
家具门店客户服务

任务 1　家具客户服务

众所周知，客户服务的分类有很多，按照客户服务进行的时序，将客户服务分为售前服务、集中服务和售后服务是最常用的一种划分方法，在家具行业中也不例外。

一、售前服务、售中服务和售后服务

1. 售前服务

所谓售前服务是指开始营业前的准备工作。许多的服务项目在顾客购买商品过程开始之前就已经进行了精心的安排。

广义的售前服务几乎包括了除售中、售后服务以外的所有家具经营工作。从服务角度来讲，售前服务是一种以交流信息、沟通感情、改善态度为中心的工作，必须全面、仔细、准确和实际。售前服务需为家具品牌赢得良好的第一印象，因此售前服务应当热情、主动、诚实、耐心、富有人情味。

售前服务对门店经营来讲必不可少。售前服务不仅可以引起顾客的兴趣，而且还可以达到促销和塑造形象的目的。

2. 售中服务

售中服新又称销售服务，是指买实过程中，直接或者间接地为销售活动提供的各种服务。现代商业销售服务摒弃了过去那种将销售视为简单的买实行为的思想，把销售过程看作既满足顾客购买商品欲望，又不断满足消费者心理需要的服务行为。优秀的销售服务为顾客提供了享受感，从而增加了顾客的购买欲望。融洽而自然的销售服务还可有效地消除顾客与营业员之间的隔膜，使买卖者之间相互信任。

销售服务在更广泛的范围内被家具门店经理们视为商业竞争的有效手段。如果一个雇员在销售过程中没有能够体现出优秀的服务业绩，那么他带给门店的损失不仅是一笔未能达成的生意，而且损害了门店的信誉。表面上门店暂时丧失的利润可能微不足道，但是日后将使门店丧失竞争能力。这并非危言耸听，而是客观事实。

3. 售后服务

售后服务是门店为已购商品的顾客提供的服务。传统的观点把成交或推荐购买其他商品的阶段作为销售活动的终结，然而在新产品剧增、商品性能日益复杂、商业竞争日渐激烈的今天，商品到达顾客手中，进入消费领域后，门店还必须继续提供一定的服务，这就是售后服务。售后服务可以有效地与顾客联络感情，获得顾客的宝贵意见，以顾客亲身感受的事实扩大影响。它最能体现门店对顾客利益的关切之心，从而树立门店的良好形象。

售后服务就是把"商品出门、概不退换"改为"包退包换"，并提供免费运送、安装、维修服务。事实上，售后服务作为一种服务方式，内容极为广泛。如果说售中服务目的是让顾客买得称心，那么售后服务的宗旨是让顾客用得放心，无后顾之忧。

售后服务实质上包括两个方面：一是帮助顾客解决像搬运大件商品之类常常使顾客感到为难的问题，门店应代为办理，为顾客提供方便；二是通过保修，提供知识性指导等服务，使顾客树立安全感和信赖感。这样就可以巩固已经争取到的顾客，促使他们连续购买。同时，门店还可以通过这些顾客进行间接的宣传、影响，争取到更多的新顾客。

以下为两种基本的售后服务作业。

1）高品质的退换服务

一个有自信心的家具门店一定要做到在顾客买了商品后感到满意。如果顾客刚刚买了家具后又觉得不合适，只要没有损坏，就应该高高兴兴地给顾客退换。如果的确属于质量问题，还应当向顾客道歉。

2）修理服务

修理服务对门店而言有 3 种含义：

①对于本店售后的商品的保修业务。

②对于非保修范围的顾客用品的修理。

③顾客准备要买的商品，由于其中某一可以改变的部分不合自己的需要而要求进行的修改服务。

这 3 种修理业务都有利于专卖店的业务开展。保修业务是门店出售商品的质量保证，除了及时为顾客提供修理服务之外，还必须查明原因，一方面向顾客交代清楚；另一方登记入网，作为门店制定商品质量或销售工作质量标准的依据。对于非保修范围的顾客用品，也要尽可能地帮助修理，这样可以提高门店的声誉，以吸引顾容，因为顾客找上门来修理，是对门店的信任。

售后服务即商品销售后为顾客所提供的服务。这除了一般性的所谓送货上门服务，以及退货和修理服务外，最主要的就是获得顾客对商品使用后的感受和意见。为了吸引顾客再次购物，对于这一反映必须有深入的了解，以便日后提供给顾客更进一步的优质服务。

二、常见的门店服务内容

1. 导购服务

在许多大中型的门店里常常设有导购人员，有的甚至是一些礼仪小姐，她们仪表端庄、谈吐得体，对门店的商品摆设、商品的知识有着全面的了解。每当顾客上门，她们首先亲切地问候一句"您好！"然后为顾客指引货位、介绍商品、解答问题，帮助顾客包装，甚至还为顾客提供贴心服务，可以及时反馈顾客的需求信息。

2. 咨询服务

咨询服务是指门店向顾客提供的有关商品信息或各种资料，以便顾客进行决策参考和掌握某种商品的有关知识。有些门店就是靠提供咨询服务打开了市场大门，如一些新产品，安排业务员介绍相关知识，引起顾客的购买欲望。有些门店也常设咨询处，耐心解答顾客提出的各种问题，如某类商品所处的位置、该店提供何种服务；顾客在选购商品时，也需要营业员提供商品性能、特点、使用之介绍，以帮其作出决策。很多门店甚至还邀请专家进行咨询，很受消费者的欢迎。

一些门店还专门向顾客发放一些小册子，为顾客提供一些有用的信息。比如，发放一些为顾客提供信息的小册子，如《怎样选择家具》《如何布置您的厨房》《家具保养小知知》等。这种做法深受顾客欢迎，不仅可以为现在和潜在的顾客服务，而且可以为专实店建立信誉。

3. 信贷服务

在商业信用十分发达的现代社会，一些家具门店开始向顾客提供信贷服务，其服务形式有商业信用卡、消费贷、分期付款等。通过信贷服务，可以使顾客对某种消费品的需要得到提前满足，也可以使门店积累大量的顾客信息，这些信息对改遇经营管理大有帮助。国外一些门店也发行自己的信用卡，信用卡往往可以有一定透支限额，使用者还可以得到种种优惠。这样做的好处：一是门店节约了不得不付给外部信用卡公司的销售费用；二是鼓励顾客成为自己的长期稳定顾客；三是有利于获得顾客的有关信息。

4. 培训服务

培训服务是指对购买者进行培训，让他们能正确有效地使用和保养家具。这样就会有效地培训自己未来的顾客，也可以让消费者多接触该商品，一是可以为该产品起到宣传的作用；二是能起到产品与消费者互动的作用，利用对消费者的培训得到反馈的信息，从而改进产品。

5. 大宗团购服务

大宗团购主要指各行业的企业单位、政府机关、事业单位、中间批发商、外资单位及具有团购能力的公司商号向门店进行的大宗采购活动。

大宗团购服务一般由专实店服务台负责，其作业要点有：
①帮助顾客找到足够的货物。
②为顾客的购买提供专业的意见或推荐顾客进行购买。
③为顾客的大宗货物提供方便。
④协助送货上门。

6. 送货服务

送货是一项极其重要的服务项目。家具不是小件商品，顾客买了家具之后要搬回家比较困难，尤其是高档、沉重的家具。

7. 包装服务

为顾客购买的商品予以妥善的包装，也是为顾客提供的一种重要的服务。

8. 退换服务

这是当消费者买到不称心、不适用的家具时，为他们提供的一种服务。通过退货、换货服务可以使消费者最终购买到满意的商品，消除他们心中的不愉快。处理商品的退换，是顾客比较敏感的服务之一，各个门店的退换政策是不一样的，可以不退、不换，也可以实行"顾客总是对的"、有求必应的政策。例如，国外一些大门店，实行"无理由退换"制度，即顾客在购买商品的一定时间内，只要不满意，无任何理由均可以退换。这样做虽然会带来一些费用，但也可以树立良好的商业信誉。

9. 物品寄存服务

为了方便顾客购物时"轻装上阵"，门店往往提供物品寄存服务，让顾客把物品寄存在服务台的柜子里。物品寄存服务有以下要点：

①每个寄物柜均备有一个塑料号码牌，号码必须和柜子的编号一致，并且在顾客寄物的同时面交顾客，作为领取时的凭证。

②从寄物柜拿出物品时，一定要看清号码牌并拿出正确的寄存物品给顾客，不得混淆。如发生错领，应立即报告当值主管。

③如果门店设有自动存物柜，就要做好兑换硬币的服务工作。如顾客的物品太大而放不进去，可请顾客存放在服务处。此外，服务人员应随时做好替顾客开箱的准备（有时箱子会打不开）。

④顾客在存放物品时，应嘱咐其不要将拎包、手机、相机等贵重物品存放在内，否则丢了不负责赔偿，并在自动存物箱上面应注明这一点。

10. 物品招领服务

当顾客有未带走的物品、未领回的寄存物品或是有顾客前来寻找（询问）遗失的物品时，必须记录在固定的"顾客遗忘物品记录单"上，以备顾客前来领取，或是在有人拾得遗忘物品时得以迅速归还失主。

为了严格管理并有效控制顾客遗忘或拾获的物品、现金及任何有价证券，门店必须确认每一笔遗失物品均如实填写在记录单内，物品招领服务作业时应注意下列事项：

①请拾获物品的顾客或员工将拾获物品的名称清楚、准确地填入"顾客遗忘物品记录单"。

②拾获物品超过保留天数仍未有人前来领取时，则应尽量设法寻找失主。

③若在门店内拾获现金、有价证券以及贵重的物品时，应在登记后立即存放在特定的地方保管（金库），并向上级主管报告。若24小时内仍无人认领则转报公安机关。

④遗忘物品的处理应统一在服务台进行。领取时，应将发票与"顾客遗忘物品记录单"进行核对，如核对无误即如数奉还，并请领取者签名以示负责。

⑤主管应保持警惕，以防门店员工私自收藏拾获的物品、现金，或串通熟人假冒顾客前来领取。

11. 提供广播服务

广播服务包括促销广播、音乐播放及广播找人等。

1）促销广播

频繁的促销广播可以使店内的气氛更加活跃，让顾客对店内的活动有深刻的印象，进而带动店内业绩的持续增长。

促销广播必须每隔一段固定的时间就播放一次。广播时，应先拟好广播稿并默念几次，以求语句的顺畅。广播的音量必须适中，音质明亮柔美，语速不急不缓，不可夹带嬉笑声播放出来。

2）播放音乐

平时播放音乐的音量应以最舒服的感觉为主，不能过高，以免引起顾客的烦躁。门店应事前准备好各种日常的音乐播放目录及各广播项目的内容。

3）广播找人

当顾客要求广播找人时，第一个接待的员工要问清要找的人姓名、住址以及顾客本人的姓名，将要找的人的资料记录在便条上，并马上与广播室联系。

12. 赠品发放服务

1）发放原则

门店的赠品一般由供应商提供，其发放服务的原则如下：

①赠品的发放必须以告示及传单所公布的发放方法为准。

②门店内不允许任何供应商现场发放赠品及广告活页。

③赠品凭购买小票发放，发完即止。

④发出的赠品不予退换。

⑤赠品的发放须有台账记录，有相关人员及顾客的签名。

⑥活动结束后，要进行清点。

2）具体服务流程

①由供应商提出发放赠品的申请和方案，报请采购部门批准。

②采购部批准后，将赠品清单及方案提前一周传到营运部门。

③收货时根据采购清单及订单进行赠品收货，在商品上贴赠品标签后填写"赠品携入／携出明细表"。

④顾客凭购买小票领取赠品，客服部人员画线盖章；剩余赠品由供应商取回，供应商如未取回的，移交门店相应部门处理。

13. 其他服务

一个门店的服务还包括很多方面，凡是能想得到并实施了行动的，都可以开发出自己的特色服务，在其他的服务中发掘出新的利润增长点。其他服务包括但不限于下列服务：

①安装维修服务。

②向导服务。

③病弱顾客护理服务。

④休息室。

⑤照看小孩。

三、客户服务质量的提高

1. 由谁提供服务

尽管各门店的处境不同，但各个门店都有意识向完善服务方面努力。在产品价格日渐透明的情况下，品牌门店由于注重售后服务，更容易吸引消费者。其中，最重要的优势在于服务。为了吸引更多的消费者，必须要提高服务质量，如为客户提供送货上门、免费上网、信息咨询等特色服务。此外，门店应注重人性化，集购物、娱乐、体验、休闲于一身。

原则上讲，门店内的所有一线员工都是直接为顾客提供服务的人员。但是，决策者、领导层才是真正为顾客提供服务的主角，店员只能是服务的执行者。

决定服务质量和服务效果的本源在于专实店经营者对顾客服务的意识到底如何。从企业管理角度来看，门店的顾客服务理念和服务规范有大的方向才能确定小的方向，有管理才会有执行。管理是否能够起到表率和带头作用，直接关系着整个专实店的细节服务问题。

2. 如何提供优质服务

明确了为谁服务和谁来服务之后，下面需要思考的就是如何提供优质的服务。

1）售前服务

如何激发消费者购物的欲望？如何激发消费者购买某种能给门店带来利润的产品的欲望？对此，售前服务往往在整个售前、售中、售后的服务过程中占有很大的分量。

一般来讲，售前服务主要包括两大板块：一是消费者来专实店之前的"售前服务"，如通过各种方式向顾客提供购物咨询服务、广告宣传服务、电话热线服务、促销资讯传递等；

二是指在顾客已经进入专卖店、但尚未发生购买行为之前的这个阶段，这个阶段又可看作售前服务中的"前线阵地"，其内容主要有迎宾服务、存包服务、总台咨询服务、导购、产品介绍、产品推介等。如果这个环节能让顾客满意，顾客基本上就会发生或多或少的购买行为，至少会对这家门店有一个很好的印象和服务满足感。

2）售中服务

消费者会不会把钱从钱包里掏出来，最关键和直接的因素就在于售中服务环节。该环节主要是由顾客挑选、店员协助购买、产品体验试用，以及收银结算、送货等几个大块构成。其中，整个门店所表现出来的购物气氛直接影响顾客的购买情绪，而店员的服务积极性和导购主动性又能在很大程度上影响顾客的购买情绪。如果店员在导购中的心态没有摆正，一心想着掏顾客的腰包，就很可能会因为过分促销而让顾客产生反感，导致交易失败。此外，现在很多顾客都已经养成了享受服务、挑剔服务的购物习惯。当顾客遇到购买疑难需要咨询或在试用产品时，哪怕店员的一个白眼或一句语气不好的话语，都可能让顾客非常生气，进而导致购物不愉快甚至让顾客扭头就走。

在处理这种问题上，我们可以多借鉴一下国外很多知名门店的应对举措，而更关键的在于要防患于未然，即加强对门店员工进行系统、定期的强化教育和情景训练。

3）售后服务

现代营销理论证明，培养一个新顾客要比留住一个老顾客所支出的成本高很多。如何通过售后服务建立顾客忠诚、提升品牌形象，理应作为专卖店留住老顾客的有效法宝。

在售后服务中，只要能够牢记一个法则，基本上就不会出现大的波折，这个法则即第一条，顾客永远是对的；第二条，如果对此有疑义，请参照第一条执行。为什么这样说呢？其实这句话本来是用在门店服务中，之所以把它挪到了"售后服务"情景里面，是要告诉我们这样一个道理：顾客并非真的存心找我们麻烦。所以，如果某位顾客一旦向我们反映了产品的售后服务问题，就一定要教导店员，对顾客礼貌、礼貌、再礼貌，万万不可以认为反正顾客已经买过我的产品了，理不理都没有关系。

全程跟踪售后服务和主动性服务更应该是现在倡导的一种售后服务理念。售后服务并非是在出了问题以后才提供服务。门店对顾客进行主动回访、主动服务，更容易培养门店与消费者之间的感情，更能实现顾客忠诚和品牌提升的完美结合。

4）其他服务

除了这些，专卖店把向顾客提供的服务内容进一步充实，使之进一步富有特色。譬如，当顾客在购物时，可以提供一些辅助服务，如为顾客提供一个舒适的环境，播放轻松的钢琴音乐，或者是在夏天提供纯净水等。

服务，看起来非常容易控制，说起来非常容易操作，却往往是最容易出现问题的一个环节。如何提高服务质量，作为管理者或员工都要有全局的思想和团队的概念。认真对待每一件工作，哪怕是非常微小的事，也要防微杜渐，正所谓"千里之堤，毁于蚁穴"，顾客的不满、投诉就是"蚁穴"，如何把服务之堤筑得更牢固，就需要我们做好控制。

任务 2　顾客投诉处理

投诉是任何行业客户服务中都无法回避的一个问题。很多企业把投诉视为洪水猛兽，提出"零投诉"这样一个事实上根本不可能实现的目标。顾客有意见就可能投诉，再优质的服务也不可能保证每一位顾客都没有意见，因些，投诉实际上是不可避免的。

顾客对产品或者服务有意见，向门店提出了投诉，门店及时处理顾客的投诉，一方面，平息了顾客的不满，让顾客以后持续购买我们的家具产品；另一方面，我们不断通过顾客的投诉找到我们产品或者服务的不足，持续加以改进，也能够在激烈的市场竞争中取得优势。因此，投诉从一定程度上讲也是一件好事情。

要把投诉这一坏事变好事。当发生顾客投诉时，门店工作人员应该认真对待，并从顾客的角度考虑问题，不能够推诿搪塞，更不能责怪顾客，要本着双方都满意的原则来处理问题。为此，要掌握必要的处理程序。处理顾客投诉的程序如下：

①分清投诉的类型。
②确认投诉的问题。
③进行协商。
④实施处理。

一、分清投诉的类型

顾客投诉的类型五花八门，在处理投诉时首先应分清顾客投诉的类型。顾客投诉按引起投诉的原因，一般可分为 3 类：

①对商品的投诉。

②对服务的投诉。

③对环境的投诉。

1. 对门店商品的投诉

1）价格偏高

顾客对商品价格比较敏感，顾客对购买家具这类大宗商品的重视，绝不是日常用品类的小件物品可比的，通常都会货比三家，因此对价格的横向比较颇为注重。顾客一般会抱怨某商店的价格水平高于商圈内的其他商店的价格，希望门店对价格进行一定幅度的下调。

2）商品质量差

家具的品质不是在购买时都能一眼看透的，往往在使用的过程中才体现出来。因此，这类抱怨属于顾客购买行为完成之后的"信息扭曲"，即顾客在使用商品的过程中发现商品不尽如人意而迫使自己的内心接受商品的过程。当"信息扭曲"达到一定强度，消费者就会要求退货，甚至诉诸法律。

3）缺乏应有的信息

顾客购买的商品有时会发现缺乏应有的信息，造成心理契约违背。

4）商品缺货

有些热销商品或特价品卖完后，没有及时补货，使顾客空手而归；促销广告中的促销特价品，数量有限，顾客专程而来，却根本买不到。

因为商品本身引起的顾客抱怨，可归纳为供应责任、门店责任及使用责任 3 个方面。

供应商对商品的质量负主要责任，但门店并非完全没有责任。因为他们引进质量有问题的商品并公开陈列出售，即使商品不是他们生产的也难以摆脱受到批评的待遇。

商品标志上缺乏相关信息也同样需由供应商和门店共同负责。而商品污损、破裂则主要是由进货时未能详加清点、陈列或存放时管理不当、出售时未细致检查所致，可以说完全是门店的责任。

另外一个可能的责任方就是顾客。顾客由于使用方法不当而出现的商品的问题，大部分由顾客负责。倘若商品本身缺乏详细、明确的使用说明，则供应商也要承担一定的责任；而且，门店也有责任详细地告诉顾客有关商品的使用方法，并尽可能地使顾客对此有足够的了解。特别是当顾客问及商品的使用时，门店人员以"不知道"回答或是敷衍了事，则门店就更是难辞其咎了。

2. 对门店服务的投诉

由于门店服务而引起的投诉可分为对服务者和服务方式两方面。

1）对服务者投诉

顾客对门店服务者投诉大体上可以分为以下3类：

（1）收银员工作不得当：收银员多收顾客的货款、少找顾客零钱，收银员面无表情，让顾客等待结算时间过长，这些都会引起顾客的投诉。

（2）导购员态度不佳：顾客常常有不少疑问，他们会经常询问导购员。有时导购员忙于其他事，没有理会顾客的询问，或回答时不耐烦、出言不逊等，都会引起顾客的投诉。

（3）存包处工作人员态度不佳：带包的顾客要存取背包、提袋，但工作人员没有按照先后顺序接待顾客，使顾客等待时间较长；工作人员不熟悉存包柜的编号，动作迟缓；工作人员拿取包袋时动作过大，造成物品的损坏；工作人员取包时发生错误等。

2）对服务方式投诉

顾客对门店的服务方式产生的投诉有以下5种：

（1）应对不得体：门店的服务人员应对顾客的方式，是顾客对门店服务质量产生评价的主要方面。

常见的应对不得体的表现有以下3种：

①在态度方面：

a. 一味地推销，不管顾客反应。

b. 只顾自己聊天，不理顾客。

c. 紧跟顾客，像在监视顾客。

d. 顾客不买时，马上变脸。

②在言语方面：

a. 不打招呼，也不回话。

b. 说话过于随便。

c. 完全没有客套话。

③在销售方式方面：

a. 不耐烦地推介商品给顾客。

b. 强制顾客购买。

c. 对有关商品的知识一无所知，无法回答顾客询问。

（2）给顾客付款造成不便：

①算错了钱，让顾客多付了钱款。

②没有零钱找给顾客。

③不收顾客的大额钞票。

④金额较大时拒收小额钞票。

（3）运输服务没有到位：

①送货时送错了地方。

②送货时污损或损坏了商品。

③送货周期太长，让顾客等得过久。

（4）未能守约：

①顾客按约定时间提前订货，却没有准时到货。

②答应帮顾客解决问题，顾客如约赶来时却没有解决好。

（5）商品说明不符合情况：

①按商品标志买回去的商品却发现颜色不对或样式不对。

②商品数量不足。

③成套的商品缺了一件或互相不配套。

顾客的抱怨大体上由商品及相关的服务而引发，但其他情况也有不少，如因顾客对新产品、新材料的不习惯而产生投诉。这种投诉既非产品问题，也不是因为服务人员不礼貌，所以较难处理。

3. 对门店坏境的投诉

门店环境直接影响着消费者的心情。光线柔和、色彩雅致、整洁宽松的环境常使顾客流连忘返。顾客对购买环境的投诉主要有以下原因：

1）光线太强或太暗

门店中基本照明的亮度不够，使货架和通道地面有阴影，顾客看不清商品的价格标签；亮度过强，使顾客眼睛感到不适，也会引来他们的投诉。

2）温度不适宜

门店的温度过高或过低，都不利于消费者浏览和选购。例如，10 月下旬就已是寒风阵阵了，门店如果不开暖气，石材铺就的地面就会显得更加寒气逼人，无疑就会缩短顾客停留的时间。冬去春来，气候变化无常，乍暖乍寒，没有及时地调整门店的温度、夏天空调温度开得太高等都会影响顾客的购买情绪。

3）地面过滑

门店的地面太滑，顾客行走时如履薄冰，老年顾客以及儿童容易跌倒，都会引起顾客的投诉，有时事故还会引起法律纠纷。

4）噪声太大

理货员补货时大声喧哗，商品卸货时声音过响，门店的扩音器声音太大等，都会引起顾客的反感和投诉。

5）楼梯铺设不合理

出入口台阶设计不合理，上下楼梯过陡等。

6）门店外部环境的不合理

停车位太少；停车区与人行通道划分不合理，造成顾客出入不便等。

二、确认投诉问题及处理

1. 正确确认顾客投诉问题的重点

（1）让申诉者说话，处理人员则要仔细聆听。当顾客抱怨或投诉时，其情绪一般都比较激动，处理接待人员要以冷静的心情，认真倾听顾客的不满，不要做任何解释，让顾客将抱怨完全发泄出来，使顾客心情平静下来，然后再询问一些细节问题，确认问题的所在。

在倾听时，要运用一些肢体语言，表达自己对顾客的关注与同情。例如，目光平视对方说话等。

（2）要明确了解对方所说的话。对于投诉的内容，在觉得还不很清楚时，要请对方进一步说明，但措辞要委婉。例如："我还有一点不十分明白，能否麻烦您再解释一下？"

尽量不要让顾客感觉到被询问，要仔细地聆听对方说话，并表示同感，这样能帮助顾客说明问题的关键所在。

"但是""请您稍等一下"这类打断对方说话的言辞，是不能使用的。

足以给顾客留下受人责难或被人瞧不起的印象的话，也是不能说的。

不要考虑不周就贸然作出说明。

（3）在倾听了顾客的投诉以后，要站在消费者的立场来回答问题，即支持顾客的观点，使顾客意识到门店非常重视自己，他的问题对门店来说很重要，门店管理层将全力以赴来解决问题。

遵守上述原则，有助于双方在不引起反感的情况下掌握事情的真相。将所理解的问题从处理人员的角度表达出来，请对方予以确认。

2. 投诉问题分析

在分析投诉问题的类型及确认了投诉的意愿后，就必须评估投诉的问题，评估核定投诉问题的严重性，具体包括下列各项内容：

①问题的严重性到何种程度。

②掌握问题达到怎样的程度。

③假如顾客所提的问题没有事实根据和先例，应该如何使顾客承认现实的状况。

3. 怎样与投诉者进行协商

一般的情况，由现场的承办人负责与顾客交涉。因此，门店管理人员的工作并不在于解决顾客问题，而是在于安排能解决这一问题的比较合适的人选。有时候，对顾客的要求也不得不说"不"。但是，这个"不"并不代表没有协商的余地。

协商时要注意协商的方式方法以及尽可能地提出双方能接受的方案。

进行协商，有两个阶段：

1）为解决问题可能采取的补偿对策，要限定其范围

解决任何投诉，都必须先决定为解决问题可以提供的上限与下限的条件。决定条件时，必须考虑以下问题：

①门店与投诉者之间是否有长期的交易关系。

②把问题解决之后，顾客有无今后再次购买的希望。

③争执的结果可能会造成怎样的善意与非善意的影响。

④顾客的要求是什么？

⑤门店方面有无过失。

作为顾客意见代理人，在要决定给投诉者某种补偿时，一定要考虑这些条件。例如，投诉者对门店部分问题有所不满与门店方面有全面性过失的时候，后者的条件应该更优厚一些。如果判断出顾客方面的要求不合理，而且日后不可能再有往来的顾客，大可明白地向对方说"不"。

2）与投诉者协商时要注意的问题

①要仔细聆听投诉者所说的话。对于双方所要表达的想法及感情，要抓住重点，并摘要记录。

②不能有防卫对方的姿态与责难对方的态度，应该把自己的想法向对方明白表示。

③请求投诉者提出他的需求。

在与顾客协商时，应该尽量提出可行的解决方案。在制订解决方案时，要考虑以下问题：

（1）了解并掌握问题的关键所在，分析发生问题的严重性。

通过倾听顾客对抱怨的阐述，来判断问题的严重性，了解消费者对门店的期望。例如，给顾客造成的损害如何，顾客希望给予怎样的赔偿，赔偿多少等。

（2）确定责任归属。

有时消费者投诉的责任不在门店，可能是生产厂家造成的，也可能是顾客自己的缘故，但门店仍然要协助解决。如果责任在顾客，门店要有使顾客信服的解释；如果责任确实在门店，要在合理的范围内给顾客一个满意的答复。

（3）按照门店既定的规定处理。

门店在出售商品过程中，发生顾客投诉与抱怨的情况是难以避免的，事先一般都制订了处理办法与规定。事件发生时，对于常规性的抱怨，可以遵照既定的办法处理，如退换商品等；例外事件发生时，要遵照既定的原则进行处理，同时要有一定的弹性，使双方都能满意。因为例外事件影响较大，一经媒体曝光会造成难以估量的损失。

（4）明确划分处理权限。

门店要视顾客投诉或抱怨的影响程度（或危害程度）来划分处理的权限，如商品退换，一线人员就可以办理；对消费者的赔偿问题，则必须由管理人员来处理。顾客的抱怨一旦发生，根据其影响程度的大小来确定处理人员，可以使顾客的问题迅速得到解决，为门店赢得主动。

（5）与消费者协商处理方案，使他们同意处理方法。

通常情况下，顾客的要求和专卖店的应允会有一定的差距，这就需要对顾客做耐心的说服工作，使顾客从实际出发，放弃其不切实际的要求，冷静地坐下来共同协商问题。

4. 投诉的处理与实施

协商有了结论，接下来要做适当的处理，处理工作并不因与顾客的协商达成共识而结束，只是说明已经达到了解决问题的阶段。

究竟由什么人，在什么时间之前，做什么事？这些都需要明确确定。同时，要确认是否按照约定的条件，真正进行实施。在与顾客约定解决问题的方法之后，再违约不履行，不但使你过去的一切努力都化为泡影，而且会给门店信誉造成恶劣影响。

在与抱怨者会谈协商同意的条件中，有时也包括约定今后调查有关产品的改善内容，这些几乎都是委托门店其他部门，甚至是门店以外的调查机构来执行。这时，由于相关信息未能传达给适当的人等因素，可能出现调查的业务未能按照你与顾客所约定的条件完成，或在约定日期前未能完成的情况。这种情况更容易加重顾客的不满。因此，委托外部进行的业务，是否按预定的时间表在进行？这一监督和追踪的任务是应由门店来负责的。

要使抱怨处理在有组织、有计划的条件下进行，首先要做好一定的组织工作。主要包括人员的配备与任命，统辖训练及设定指挥系统。

三、化解顾客投诉

化解顾客投诉的基本方法和要点有：真正了解顾客投诉的原因，妥善使用"非常抱款"等话语，善于把握顾客的真正意图并作好记录，归纳顾客投诉的基本信息。

1）真正了解顾客投诉的原因

化解顾客投诉需要了解顾客不满的真正原因，然后有针对性地采取解决的方法。然而，了解投诉的原因并不是一件简单的工作，处理人员除了需要掌握聆听的技巧外，还要善于从顾客表情和身体的反应中把握顾客的心理，了解顾客的真实意图。

所谓顾客的反应，就是当处理人员与顾客交谈时，对方脸上产生的表情变化或者态度、说话方式的变化等。

就表情而言，如果顾客的眼神凌厉，眉头紧锁，额头出汗，嘴唇颤抖，面部肌肉僵硬，这些表现都说明顾客在提出投诉时情绪已变得非常激动。在语言上，他们通常会不由自主地提高音量、语意不清、说话速度加快，而且有时会多次重复他们的不满，这些现象说明顾客处在精神极度激动之中。就顾客身体语言而言，如果是身体不自觉地晃动，两手紧紧抓住衣角或者其他物品，则表明顾客心中不安及精神紧张。有时顾客的两手会做出握拳等细微的动作，这是顾客急于发泄情绪、希望引起对方高度重视的不自觉的身体表现。

2）妥善使用道歉性话语

在处理顾客投诉时，首先要冷静地聆听顾客的委屈，整体把握其不满的真正原因。然后，一定要妥善而且诚恳地使用"非常抱歉"等道歉性话语以平息顾客的不满情绪，引导顾客平静地把他们的不满表达出来。

表达歉意时态度要真诚，而且必须是建立在凝神倾听了解的基础上。如果道歉与顾客的投诉根本就不在一回事上，那么这样的道歉不但无助于平息顾客的愤怒情绪，反而会使顾客认为是在敷衍他而变得更加不满。

3）善于把握顾客的真正意图

只有切实了解顾客的真实意图，才可能使解决的方法对症下药，最终化解顾客的投诉。但是，顾客在反映问题的时候，常常不能明白地表达自己心中的真实想法。这种表现有时是因为顾客顾及面子，有时是其过于激动的情绪所导致的。

因此，处理人员在处理顾客投诉时，要善于抓住顾客表达中的"弦外之音、言外之意"，掌握顾客的真实意图。以下两种技巧有助于处理人员做到这几点。

（1）注意顾客反复重复的话。

顾客或许出于某种原因试图掩饰自己的真实想法，但却常常会在谈话中不自觉地表露出来。这种表露常常表现为反复重复某些话语。

值得注意的是，顾客的真实想法有时并非其反复重复话语的表面含义，而是其相关甚至相反的含义。

（2）注意顾客的建议和反问。

留意顾客投诉的一些细节，有助于把握顾客的真实想法。顾客的希望经常会在他们建议和反映的语句中不自觉地表现出来。

4）记录归纳顾客投诉的基本信息

处理顾客投诉，其要点是弄清顾客不满的来龙去脉，并仔细地记录顾客投诉的基本情况，以便找出责任人或总结经验教训。记录、归纳顾客投诉基本信息更是一项基本的工作。因为门店通常是借助这些信息来进行思考、确定处理的方法。如果这些报告不够真实和详细，可能会给门店的判断带来困难，甚至发生误导作用。

任务3　如何处理客户的投诉

一、注入"善待顾客投诉"的文化理念

要正确处理顾客的投诉，就必须站在顾客的立场上考虑问题，只有这样，才能真正理

解顾客投诉的重要性，并由此产生对投诉的重视。要有关心和热情对待的态度。在产品技术发展过程中，任何一个企业、任何一种技术产品，都可能存在个别技术瑕疵。产品出现质量问题难以避免，关键在于问题出现以后企业如何去解决这个问题。企业是否始终坚持"以顾客为中心"的经营理念，是否能够以诚实合作的精神面对新闻媒体的关注，是否敢于正视问题，并以积极、诚挚的态度去解决，是否愿意为用户提供最完善的服务。对这些问题的回答，是衡量一个企业是否值得用户信任、是否能够长期发展的试金石。请我们的企业进行以下自我诊断：

——你有专门的部门来登记、管理、解决顾客的投诉吗？

——你是否建立了一个正确的行动计划来有效地解决顾客的问题？

——你是否及时地对顾客的不满作出反应？

——你是否建立了一个有组织的部门使顾客得到合理的答复？

——销售经理不能解决的问题是否能及时转至有关人员直至问题被解决？

——你是否奖励那些在赢得顾客方面有突出贡献的员工？

——你是否建立了正式渠道来满足顾客的特殊要求？

总之，对顾客提出的投诉采取积极的态度，即使是那些不容易解决甚至是不合理的投诉，也应鼓励顾客把它们讲出来，这样做往往会给企业带来出乎意料的利益。

二、建立四道"防线"

1. 投诉与建议系统

以顾客为中心的组织应当能方便顾客传递他们的建议和投诉。很多餐厅和旅馆都为顾客提供表格，以反映他们的好恶；医院可以在走道上设置建议箱，为住院病人提供意见卡，以及聘请一位病人专门处理病人投诉；一些以顾客为中心的公司，如宝洁公司、松下公司、夏普公司等都建立了一种称为"顾客热线"的免费电话，从而最大限度地方便顾客咨询、建议或者投诉，这一信息通道有利于企业迅速有效地解决问题。为了确保彼此了解，要形成一个习惯，用你自己的话复述顾客的要求，然后问对方是否正确。

2. 顾客满意调查

一项在新加坡商场中所作的调查表明，当顾客对劣质服务不满意时，会有如下反应（多项选择）：70%的购物者将到别处购买；9%的人表明去投诉太麻烦；4%的人会告诉其他人不要到提供劣质服务的商店购物；17% 的人将对劣质服务写信投诉；9% 的人会因为劣质服务责备销售人员。上述结果说明，投诉与建议系统并不能全面了解顾客的满意和不满意，衡量顾客满意程度必须通过周期性的调查获得顾客满意的直接数据。如对近期顾客进行随机抽样，向顾客发放调查问卷，打电话给他们，以发现他们对公司行为各方面的感受。同时，也应让购买者发表对公司竞争业绩的意见，在收集顾客满意数据时，询问一些附加问题，用来测定顾客的再购买意向，也是十分有用的。

3. 幽灵购物法

另一种了解顾客满意的有效方法是，雇用一些人员装作潜在购物者，以报告他们在购买公司和竞争者产品的过程中所发现的优点和缺陷。这些幽灵购物者甚至可以故意找些麻烦以考察公司的销售人员能否将事情处理好。公司不仅可以雇用幽灵购物者，而且管理者自身也应该不时地离开办公室，在不为人知的情况下，到本公司和竞争者处亲自体验一下被当作顾客的经历。新加坡航空公司就应用这种方法，让公司职员有时装作幽灵顾客检查飞行服务，掌握机组人员的工作表现。

4. 顾客失去分析

公司应当同停止购买或转向其他供应商的顾客进行接触，了解为什么会发生这种情况。IBM 公司每当失去一个顾客时，就会竭力探讨分析失败的原因，是价格太高、服务有缺陷，还是产品不可靠等。从事"退出调查"和控制"顾客损失率"都是十分重要的。因为顾客损失率上升，就明显地表明公司难以使顾客感到满意。

三、处理顾客投诉八步法

1. 道谢

把投诉视为宝贵的信息并向投诉者致谢。对顾客说："感谢你提出意见，我们一向很重视自己的信誉，发生你所说的事情，深感遗憾。我们一定了解清楚，加以改正。"

2. 询问对方提出投诉的原因，并记下重点

这样做，表示企业对顾客意见的重视，这是解决顾客投诉的好方法，特别是对一些情绪激动的顾客，你把他讲的话记下来，可以使他冷静下来。耐心地听完顾客说完意见，不要打断对方的话，也不要迫不及待地为自己辩解。争论无疑是火上加油，要让顾客把怨气全部

发泄出来，待他平静以后，再加以说明。

3. 为失误而向顾客致歉

向顾客致歉固然重要，但不要一开始就道歉。先致谢再道歉可同顾客建立更强有力的友好关系。向顾客道歉，但对其具体的指责，必须在搞清事实后才能接受。

4. 了解顾客的要求

即准确掌握顾客对投诉处理的态度和底牌，让处理能够投其所好。你不该告诉他为了解决问题应该做些什么，而是问他希望你怎么做。为改变处境，你只须采取他要求并且觉得合适的改进措施就行了。除非他的要求绝无可能或毫无道理，否则就应保证马上照办，然后真的实行。

5. 承诺立即解决问题

在了解清楚事情的始末和顾客的要求之后，马上向顾客承诺会立即解决问题。承诺重点在于让顾客知道会立即解决问题，而不是想拖延时间或者先把他打发走而已。

6. 马上采取行动

反应快表明你对改正服务的态度认真。迅速采取措施，消除顾客投诉的原因。拖延处理顾客的投诉，是导致顾客产生新的投诉的根源。及时处理可以弥补过去工作上的疏忽而带来的对顾客的不良影响，是赢得顾客信任的最好方式。顾客的投诉，即使看起来很严重，如果能及时得到处理，也能使之不会长期损害顾客和销售商之间的相互关系。但如果对之不闻不问，问题便会越来越严重，到最后连顾客也失掉。

7. 检查顾客满意度

事后，最好打电话了解顾客是否满意，或请你的老板给顾客写一封表示感谢的信，这样做一定会使顾客大为感动。

8. 防范于未然

把顾客的投诉在全公司广而告之，防止再度出现同样的问题。要修正顾客投诉管理系统，不要一出问题，就对员工横加指责。

参考文献

［1］菲利普·科特勒，加里·阿姆斯特朗.市场营销：原理与实践 [M]16 版.楼尊，译.北京：中国人民大学出版社，2015.

［2］迈克尔·所罗门.消费者行为学 [M].12 版.杨晓燕.等，译.北京：中国人民大学出版社，2018.

［3］高原.推销员培训手册：原一平的成功之道 [M].成都：四川大学出版社，2018.

［4］王大王，齐国庆，范锦雨.家具专卖店管理三要素 [M].北京：经济管理出版社，2009.

［5］理想·宅.定制家具设计与制造 [M].北京：中国电力出版社，2018.

［6］朱迪思·米勒.DK 世界家具大百科：从古典到当代 [M].许万里，杨安琪，赵毅，译.北京：华夏出版社，2020.

［7］何宝通.中国传统家具图史 [M].北京：北京联合出版公司，2019.

［8］王世襄.王世襄集·明式家具研究 [M].北京：生活·读书·新知三联书店，2020.

［9］理想·宅.设计必修课：室内家具陈设 [M].北京：化学工业出版社，2019.

［10］吴飞彤.千万别卖家具：终端销售攻略（升级版）[M].北京：海洋出版社，2016.

［11］王献永.家具行业操盘手（家具行业问题与困难的终结者）[M].北京：中华工商联合出版社，2018.

［12］周杨，赵龙.中国家具王牌实战销售 [M].北京：中国轻工业出版社，2011.

［13］王建敏，周杨，赵龙.家具导购员（中国家具行业职业技能培训教材）[M].北京：中国轻工业出版社，2010.

［14］王大王.家具企业市场营销管理 [M].北京：经济管理出版社，2014.

［15］央视风云.家具里的中国 [M].北京：中国青年出版社，2015.